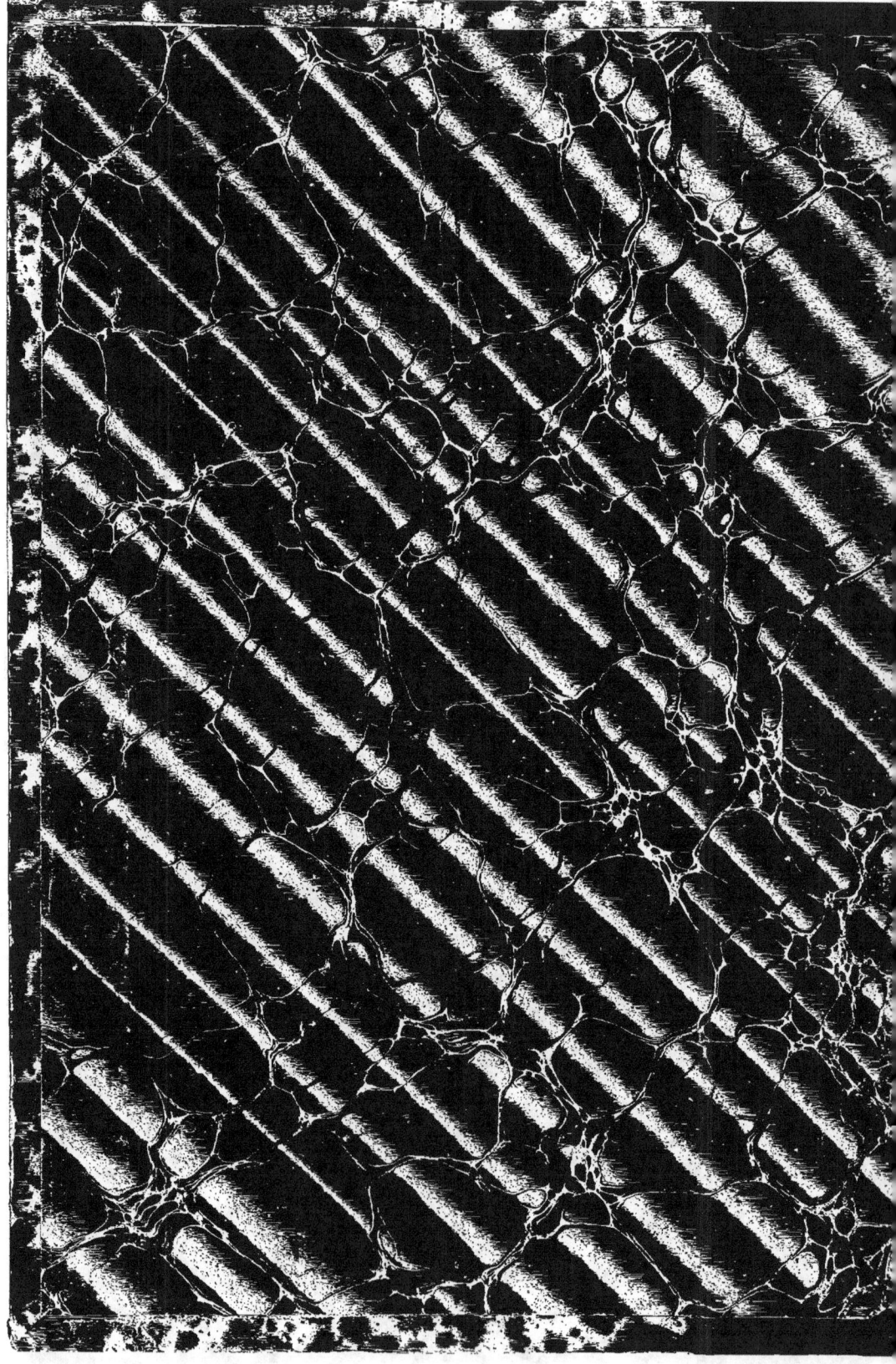

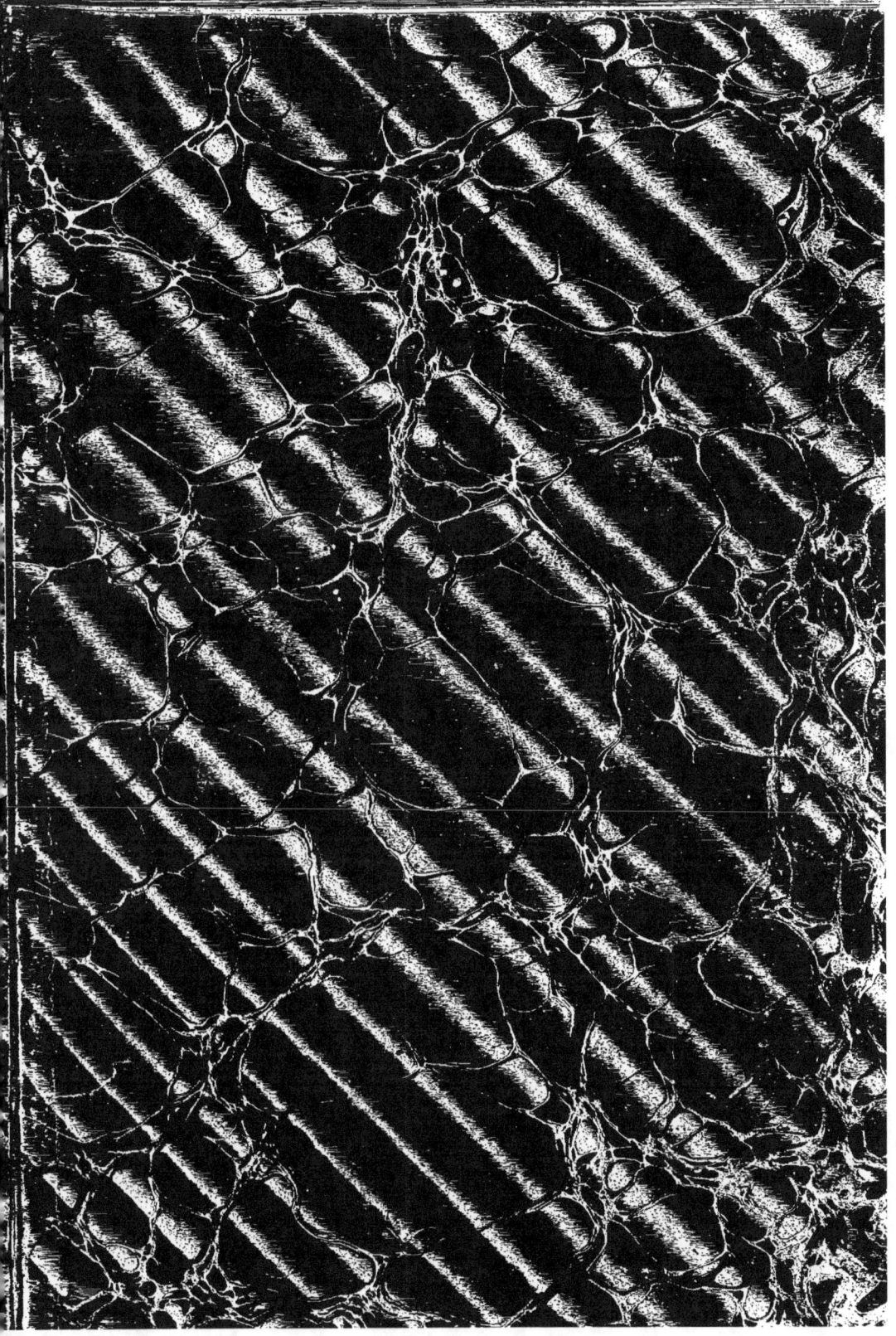

Ln 27 20247

JOSEPH VERNET,

SA VIE, SA FAMILLE, SON SIÈCLE,

D'APRÈS DES DOCUMENTS INÉDITS.

JOSEPH VERNET,

SA VIE, SA FAMILLE, SON SIÈCLE,

D'APRÈS DES DOCUMENTS INÉDITS,

PAR

Léon Lagrange.

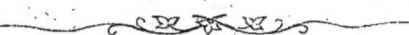

EXTRAIT DE LA REVUE UNIVERSELLE DES ARTS,
PUBLIÉE A PARIS ET A BRUXELLES,
SOUS LA DIRECTION DU BIBLIOPHILE JACOB.

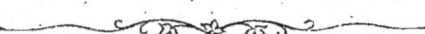

BRUXELLES
IMPRIMERIE DE A. LABROUE ET COMPAGNIE,
RUE DE LA FOURCHE, 36.

1858

JOSEPH VERNET,

SA VIE, SA FAMILLE, SON SIÈCLE,

D'APRÈS DES DOCUMENTS INÉDITS.

Les biographies nous ont habitués à considérer les grands hommes comme autant de statues, isolées sur leur piédestal : le génie se présente ainsi à l'état de demi-dieu, planant au-dessus des boues de son siècle, du haut des cimes inaccessibles où il est seul, sans famille, sans amis.

Rien de plus froid que ce point de vue. Un grand homme n'est pas une abstraction, — un grand artiste moins que tout autre : la foule se presse autour de sa personne, ses contemporains le coudoient, son époque fait groupe avec lui; les liens du sang, ceux de l'affection, les intérêts, les habitudes même, mille fils invisibles le rattachent au milieu où il a vécu.

C'est surtout vis-à-vis d'un artiste français que ce procédé d'isolement biographique devient injuste, mensonger, dangereux pour la vérité de l'histoire. L'art français n'a pas su, comme l'art italien du xvie siècle, se créer une *Bohême* splendide et y vivre de sa vie propre, en dehors et au-dessus des conventions sociales. L'art français est bourgeois : né dans la roture, ni faveur ni brevets n'ont pu le décrasser; il lui appartient par ses mœurs, par ses préjugés, par ses affections, par ses vertus domestiques; bon fils, bon père, bon époux quelquefois, bon citoyen toujours, — telle est son épitaphe.

Or, nul n'a mieux mérité cette épitaphe bourgeoise que le peintre dont il s'agit ici, — Joseph Vernet, — le chef d'une dynastie qui règne encore. Pour bien comprendre sa vie et son talent, il ne suffit pas de voir ses œuvres; il faut, sous les habits de l'artiste, chercher l'homme, s'asseoir à son foyer, au milieu de ses enfants, de ses camarades, le suivre en un mot dans la cohue de son siècle.

Jamais tâche de portraitiste ne fut rendue plus commode par

la complaisance du modèle. Joseph Vernet a pris soin de laisser sur lui-même des documents exacts et authentiques, mais assez incomplets, Dieu merci, pour donner encore un peu de champ à l'imagination. Ce n'est pas, à proprement parler, un journal ; ce sont des notes à la volée, écrites selon le hasard du moment, sans prévision de la postérité, sans autre but que de se rendre compte de ses dépenses journalières, et peut-être aussi du revenu de son talent. — Préoccupation de boutique, dira-t-on, peu digne d'un grand artiste. — Hélas ! combien d'autres tiennent aussi leurs *Livres de raison,* qui les auraient brûlés au bon moment, de peur de déchoir aux yeux de la gentilhommerie de l'art ! J. Vernet a légué les siens à ses enfants comme un exemple de bonne administration, et son petit-fils les a confiés à un dépôt public, pour conserver à l'avenir cette trace précieuse d'une vie des plus remplies et des plus douées qui fut jamais.

Il y a de tout dans ces *Livres de raison :* il y a d'abord un désordre qui ferait rougir un épicier et qui réhabilite l'artiste. Les années chevauchent les unes sur les autres ; les commandes de tableaux s'emboîtent dans les dépenses journalières ; les recettes d'apothicaire coudoient les souvenirs intimes ; les listes d'adresses font chassé-croisé avec les bilans financiers. Créances et dettes — comptes de tailleur et de sage-femme — naissances et décès — notes de voyage et remèdes particuliers — prix des couleurs, mesures des toiles, et secrets pour les confitures — les plaisirs du paysagiste, ceux du musicien, du chasseur, et surtout du père de famille — les détails les plus vulgaires et les plus curieux, les faits les plus disparates se mêlent, se confondent, se brouillent de la façon la plus originale, la plus imprévue et, pour tout dire en un mot, la plus vivante.

I

Joseph Vernet est né à Avignon, le 14 août 1714. — « Die « decima quarta augusti, Claudius-Josephus, filius naturalis et « legitimus Antonii Vernet et Mariæ-Theresiæ Granier conjugum, « natus hodie hora 2 matutini, baptisatus fuit. Suscipientibus « Claudio Monier et Ludovica Monier. » — Ainsi s'exprime le registre des baptêmes de la paroisse Saint-Genest.

Du père, Antoine Vernet, on sait peu de chose. Il peignait

l'attribut et habitait Avignon. On voit de sa main, au musée de cette ville, deux panneaux de chaise à porteurs. Or, la décoration des chaises à porteurs, des carrosses, des portes d'appartement, a pu entraîner le père Antoine Vernet à représenter quelquefois des fleurs, des petits génies à la Pompadour, et même des sujets de paysage. Mais de là à voir dans ce brave homme un paysagiste distingué, — comme l'ont fait certains biographes, — il y a loin. A ce compte, un décorateur de voitures qui peint un lévrier ou un cheval sur une portière serait un peintre d'animaux au même titre que Paul Potter et Rosa Bonheur.

Les *Livres de raison* de J. Vernet ne font mention de son père qu'une seule fois, sous le titre : — « Lettres écrittes... — à mon père le 15 septembre 1745. » — Voilà pour la mort d'Antoine une date approximative.

Le nom de Vernet paraît avoir été très-répandu à Avignon. Le savant M. Achard, archiviste du département de Vaucluse, a relevé sur les registres des paroisses un grand nombre d'actes de baptême relatifs à des Vernet. Les prénoms sont presque partout les mêmes, — Jean, François, Joseph; — la profession n'est indiquée que pour Jean-François, docteur en droit, père en 1674, et pour André Vernet, peintre, qui fait baptiser un de ses enfants le 5 mars 1669. Cet André a pu être le père ou le frère aîné d'Antoine; et, par conséquent, le grand-père ou l'oncle de notre Joseph. On voit jusqu'où remontent, dans la famille Vernet, les traditions de l'art.

Quant aux vingt-deux enfants que M. Horace Vernet, — d'après une biographie récente (1), — prête généreusement à son bisaïeul, il ne m'appartient pas de les lui contester. Les registres des paroisses d'Avignon ne sont pas si explicites : ils lui en accordent beaucoup moins. Malgré les recherches de M. Achard et les miennes, il n'a pas été possible de découvrir plus de cinq actes de baptême se rapportant à des enfants d'Antoine Vernet. Et cependant ce chiffre de vingt-deux serait, au dire de M. Silvestre, une tradition de famille. Quel que soit le respect dû à M. Horace Vernet, comment ne pas se défier un peu de cette tradition, quand on voit, dans ce même livre, l'auteur de *la*

---

(1) *Histoire des artistes vivants. Études d'après nature*, par Théophile Silvestre. — Horace Vernet. — Paris, 1857.

Smala affirmer que son aïeul Joseph était l'aîné des vingt-deux enfants? Ici encore, les souvenirs de famille ne s'accordent pas avec les actes de baptême. Voici, d'après les documents authentiques et officiels, l'ordre de primogéniture des enfants nés d'Antoine Vernet et de Thérèse Granier et baptisés à la paroisse Saint-Genest d'Avignon.

« — 8 octobre 1712. Ludovica, filia naturalis et legitima
« Antonii Vernet et Mariæ-Theresiæ Granier conjugum, nata heri
« hora prima post meridiem. »

« — 14 août 1714. Claudius-Josephus... etc... » (*vid. sup.*)

« — 15 septembre 1716. Joannes-Antonius, filius naturalis et
« legitimus Antonii Vernet et Theresiæ Granier conjugum, natus
« hodie hora 2 matutina... »

« 24 février 1719. Maria-Ludovica, filia nat. et legit. Antonii
« Vernet et Mariæ-Theresiæ Granier conjugum, nata heri hora 5^a
« serotina... »

« — 14 janvier 1720. Elisabetta-Maria, filia naturalis et legi-
« tima Antonii Vernet et Theresiæ Granier conjugum, nata heri
« hora 7^a serotina... »

L'ordre de primogéniture de ces actes est confirmé par les *Livres de raison*, où Joseph distingue toujours sa « sœur aînée (Louise), » sa « sœur d'Avignon (Marie-Louise) » et sa « sœur Élisabeth. »

Aux cinq enfants d'Antoine, dont nous venons de donner la liste, il faut toutefois en ajouter un sixième. Il est hors de doute que J. Vernet a eu un autre frère, nommé François, peintre de paysage et d'histoire : il a laissé pour preuves de son existence, à Avignon, un tableau de sainteté que conserve l'église de Saint-Agricol, et deux paysages recueillis par le musée. Son nom se voit aussi au bas de l'estampe *les Plaisirs de l'été*, gravée par Martini d'après Joseph; enfin, il tient une grande place dans les *Livres de raison* et dans la vie de son frère, et nous aurons à compter avec lui. L'absence de son acte de baptême (1) établit

(1) Par une coïncidence bizarre, parmi les actes relevés par l'excellent M. Achard, se trouve le baptême d'un *François* Vernet, fils d'*Antoine* et de Sébastienne Cairanne. Jusqu'ici, rien de plus simple. Antoine a pu être marié deux fois. Mais la date rend cette hypothèse impossible. Cet acte est du 19 juin 1639. Or, Antoine, père de Joseph, vivait encore en 1745. Il faudrait admettre qu'il a vécu cent vingt-six ans. Dans ce cas, le peintre du Port de Marseille, blasé sur les centenaires, n'aurait pas considéré le centenaire Annibal Cancoux comme une merveille digne de figurer dans son tableau.

une forte présomption en faveur des seize autres prétendus enfants d'Antoine. On l'avouera néanmoins, le chiffre est un peu fort. Quelque inexacts que puissent se supposer des registres de paroisse, l'omission de seize noms est dénuée de probabilité.

Donc, — pour conclure cette question d'état civil, — Antoine Vernet a eu six enfants connus et certains, et seize inconnus, n'ayant pour garant de leur existence que les souvenirs peut-être confus de l'auteur de la *Smala*; — et Joseph Vernet, le peintre de marine fut, non pas l'aîné, mais le second de la famille.

Il sera temps plus tard de revenir sur les frères et sœurs de Joseph : ce dernier a seul le droit de nous occuper tout d'abord.

Joseph Vernet apprit de son père, et, j'aime à le croire, de quelque autre artiste avignonais, les premiers éléments du dessin (1). Lui-même n'a rien dit de ses commencements : la

(1) Mariette, dans son *Abecedario*, à propos de Vialy, élève de Rigaud, dit en propres termes : « C'est lui, je pense, qui a mis le pinceau entre les mains de M. Vernet. » — Ailleurs, il donne quelques détails sur ce Vialy : « C'était un goût très-répandu en Provence, d'avoir des chaises ornées... Vialy, qui était de ce pays, ne s'occupa d'abord qu'à peindre des chaises à porteurs. » — Enfin, M. Ph. de Chennevières (*Recherches sur quelques peintres provinciaux*, 2ᵉ vol. page 250) établit que Vialy a habité Aix. — Or, ce nom se présente souvent dans les *Livres de raison*. Jos. Vernet, à Rome, est en correspondance avec Vialy, en 1745-46. — En 1755, en Provence, il exécute pour lui deux petits tableaux à 200 livres la pièce. — En 1759, pendant qu'il peint le Port de Bayonne, c'est Vialy qui lui fait, à Paris, ses commissions de toiles, de papiers à pastel, de journaux. — En 1762 et 1765, au premier de l'an, Vialy envoie des cadeaux. — En 1767, J. Vernet lui vend une suite des *Estampes des Ports* et lui offre deux autres estampes gravées d'après ses tableaux. Enfin, en 1769, il achète à Vialy 270 bouteilles de vin de Mont-de-Vergue (Mont-de-Vergue est une petite colline, isolée dans la plaine, à une lieue à peu près d'Avignon). — Voilà des faits, voilà des dates, il ne s'agit que de les grouper.

Où est né Louis-René Vialy? Son prénom de René semble indiquer Aix, mais sa vigne de Mont-de-Vergue témoigne en faveur d'une origine avignonaise. Il vint au monde en 1680 : comme Antoine Vernet, père de Joseph, et peut-être sous lui ou avec lui, il a peint des chaises à porteurs. Est-ce à Avignon ou à Aix qu'il a donné les premières leçons à Joseph Vernet? Peu importe : il a pu, dans un voyage à Avignon, deviner les dispositions du jeune artiste, comme il a pu ne les encourager que lorsque ce dernier est allé à Aix, appelé par madame de Simiane. Toujours est-il que Joseph Vernet le connaissait avant d'aller à Rome, puisque, de Rome, il correspond avec lui. Rien ne s'oppose donc à accepter pour vraie l'assertion de Mariette : « C'est Vialy qui a mis le pinceau entre les mains de Joseph Vernet. »

Les notes des *Livres de raison* complètent la biographie de cet artiste intéressant. Il quitta la Provence, entre 1755 et 1759, et s'établit à Paris. Joseph Vernet donne

première note datée de ses *Livres* est de 1735. Mais voici sur son enfance quelques détails peu connus (1) qui trouvent naturellement ici leur place :

« Vernet fut de ce nombre d'hommes qui annoncent, presque en naissant, ce qu'ils doivent être un jour. Son père était peintre à Avignon ; son talent et sa fortune étaient médiocres. Sa mère lui a souvent raconté que le hochet qui lui plaisait davantage, et avec lequel elle était sûre de le faire rire lorsqu'il criait, était un des pinceaux de son père. Ce fait, qui ressemble un peu à un conte de vieille femme, paraîtra mériter plus d'attention lorsqu'on saura que cet enfant s'amusait, dès l'âge de trois ans, avec les crayons de son père. On était obligé de les cacher soigneusement, parce qu'il s'emparait de tous ceux qu'il trouvait et ne manquait pas, comme on peut croire, de gâter les dessins qu'il s'avisait de retoucher ; ce qu'il y a de sûr, c'est que Vernet, à l'âge de cinq ans, commençait à dessiner la figure ; et sa mère, à son retour d'Italie, lui montra plusieurs têtes qu'il avait dessinées à cet âge et qu'elle avait conservées. A sept ou huit ans, son père lui donna une petite palette et un chevalet. Il lui accordait, pour récompense de ses études de dessin, la permission de peindre les esquisses dont il était le plus satisfait ; il le destinait à peindre l'histoire, et les dispositions du jeune Vernet faisaient espérer qu'il réussirait dans ce genre ; ses progrès furent même si rapides et si marqués, que les amis de son père le déterminèrent à l'envoyer de bonne heure à Rome, perfectionner son talent naissant par l'étude des grands modèles. Vernet avait quinze ans et demi lorsqu'il partit d'Avignon. »

son adresse, conforme à celle qu'indique le *Mercure*, à propos du portrait du centenaire Annibal : — « M. Vialy, rue d'Argenteuil, derrière la paroisse St-Roc, à Paris. » — Il est mort, suivant Mariette, en 1770, âgé de près de quatre-vingt-dix ans.

(1) Ces détails sont extraits d'un petit livre assez rare et curieux : *Épître à Hubert Robert*, par Fournier Desormes. Paris, Persan et C*e*, 1822. C'est dans les notes (page 83) que l'auteur consacre à J. Vernet une véritable notice, d'une vingtaine de pages : « Un homme de mérite, dit-il, qui avait joui de toute l'intimité de Vernet, m'a communiqué quelques traits de la vie de cet homme célèbre. » Mais, ou M. Desormes a cru devoir s'abstenir d'indiquer à quelle source il puisait sa notice, ou son *homme de mérite* l'a étrangement abusé, car sa communication n'est que la reproduction textuelle d'une lettre de M. Pitra, administrateur de la ville de Paris, adressée à Grimm, en décembre 1789, et publiée dans le tome V de la *Correspondance littéraire* (3e partie, page 305, édition Buisson, 1813).

La précocité merveilleuse de J. Vernet, bien qu'un peu exagérée ici, est un fait incontestable. Mais la dernière assertion rentre dans le domaine de la fable; elle ne s'accorde ni avec l'opinion admise par les biographes de Vernet, qui le font arriver à Rome à dix-huit ans, ni avec la vérité historique, que des pièces récemment découvertes nous permettent de rétablir.

En effet, deux lettres de la marquise de Simiane montrent l'artiste avignonais occupé à exécuter divers travaux dans son hôtel d'Aix en 1732, c'est-à-dire l'année même où il serait arrivé à Rome, selon les uns, et, selon M. Pitra, trois ans après être parti d'Avignon pour l'Italie. On me saura gré peut-être de citer la prose de Pauline, où se sent encore le souffle de son aïeule Sévigné.

« — . . . . Il n'est pas possible de faire venir votre peintre « et ses toiles, mais quelle phantaisie de les venir achever à Aix, « la tapisserie est dans le meme cas, il faut attendre quelques « iours, et que le peintre travaille ches luy, ie vous en prie... » (Autographe) — 29 août 1731.

Bien que le peintre ne soit pas désigné par son nom, la seconde lettre ne permet pas de douter qu'il ne s'agisse de J. Vernet.

« — A Aix le 4ᵉ janv. 1732.

« Il n'y a rien de si touchant, mon cher marquis, que les re« presentations de la gigantesque mademoiselle Vernet, mais il « n'y a rien de si dur qu'une creature qui a deja depensé cin« quante mille franc a une maison dont la valeur intrinseque est « bien de vingt. Ayez donc la bonté de permettre que desormais « les inutilités en soient bannies. C'en sont de veritables que des « tableaux dans une antichambre de laquais. Il les a commencés « malgré moy en disant toujours que l'on les luy avoint com« mandés, je luy ay representé cent fois notre convention et que « je voulois m'y tenir. Si au bout de tout cela vous le vouliez « absolument je vous sacrifierais des choses plus considerables, « mais si vous le voulez bien je suivray a la lettre ma convention « et laisseray le peintre remplir sa destinée et son proverbe, vous « sçavez, mon cher marquis, qu'il est venu icy contre ma vo« lonté. Ainsi il ne peut donner cette raison pour pretexte. »

Ces lettres sont adressées au marquis de Caumont (1), un des

---

(1) Joseph de Seytres Caumont, né en 1688 à Avignon, mourut en 1745. C'est à

plus savants antiquaires du xviiie siècle, l'ami et le conseil habituel de madame de Simiane. Elles confirment un fait d'ailleurs connu, la protection toute spéciale dont il entourait J. Vernet. C'est à lui, en effet, que le jeune Avignonais a dû d'échapper à son proverbe : — Gueux comme un peintre.

Il n'était pas facile, à cette époque, à un jeune artiste de province de venir disputer à Paris les encouragements accordés par le roi aux talents de quelque espérance. S'il habitait le Midi surtout, on jugeait inutile de lui faire entreprendre le voyage de Paris sans autre but que de solliciter la pension de Rome. Il valait mieux se rendre tout droit en Italie. L'initiative de la noblesse du pays suppléait alors à la munificence royale. Il n'était pas rare de la voir envoyer à Rome ses pensionnaires, comme le roi envoyait les siens, et les y entretenir à ses frais pendant le nombre d'années nécessaire à leurs études. Un contrat d'honneur liait les deux parties, et, de même que les élèves royaux étaient astreints à des envois annuels de leurs œuvres, les boursiers de la noblesse s'obligeaient à exécuter pour leurs bienfaiteurs soit des copies, soit des dessins, ou des tableaux de leur invention, témoignages de leurs progrès et de leur reconnaissance. C'est par suite d'une convention de ce genre que la plupart des artistes méridionaux sont allés en Italie, sans passer par Paris : le paysagiste Constantin, mort il y a treize ans, fut un des derniers ; il se plaisait à répéter le nom des grands seigneurs et amateurs d'Aix qui s'étaient cotisés afin de fournir à son voyage et à sa pension. Pour J. Vernet, les seuls protecteurs qu'on puisse lui prêter avec certitude sont le marquis de Caumont, dont nous avons parlé, et le comte de Quinson, amateur distingué de cette ville d'Avignon, qui en comptait un si grand nombre. Malgré l'intérêt qui s'attache dans un roman à tout jeune artiste partant, la bourse vide et le cœur riche d'espoir, à la conquête de l'inconnu, il est évident que, sans ses nobles protecteurs, J. Vernet n'aurait pu aller se former à Rome. Alors, pas plus qu'aujourd'hui, on ne voyageait sans argent. Il en fallait pour la route d'Avignon à Marseille, il en fallait pour la traversée de Marseille à Civita-Vecchia, il en fallait pour vivre à Rome et y étudier utilement, il en fallait

son fils Joseph-François-Xavier de Seytres Caumont que revient l'honneur d'avoir protégé le Persan Jean (Althen), l'introducteur de la garance. Le père avait donné à la France un grand artiste, le fils la dota d'une riche industrie.

toujours, il en fallait partout. Certes, les ressources bornées d'Antoine Vernet n'auraient pas suffi à tant de dépenses, surtout si l'on admet qu'il ait eu vingt-deux enfants sur les bras.

Le marquis de Caumont fit précéder son protégé d'une lettre de recommandation pressante, adressée au père Fouque, savant jésuite avec lequel il entretenait une correspondance suivie. Les réponses seules du père Fouque ont été conservées. Elles sont intéressantes à plus d'un titre et valent la peine d'être citées.

« — 27 janvier 1734.

« .... En ce qui touche le sieur Vernet, ce jeune peintre
« de votre ville que vous me recommandez, je lus l'article de
« votre lettre qui le regarde à ce même ami dont je m'étais servi
« auprès de M. Weulghs (1) pour le disposer en faveur du sieur
« Franque (2). Mon ami me repliqua rondement que la chose
« était infaisable, et, pour m'en convaincre, il me raconta le fait
« suivant. Un jeune peintre de l'Academie ayant fait son temps,
« et devant par consequent retourner en France, M. le duc de
« Saint-Aignan notre ambassadeur souhaita que M. Weulghs lui
« laissat encore quelque temps l'usage de la chambre qu'il habite
« sans lui donner de nourriture, afin qu'il put finir un tableau
« commencé pour Son Excellence. M. Weulghs eut l'égard qu'il
« devoit a cette recommandation. Il jugea néanmoins à propos
« de mander à M. le duc d'Antin ce qu'il avoit fait, et celui-ci le
« confirmant n'a pas laissé de lui ajouter assez sechement qu'il
« auroit mieux fait de lui en rendre compte avant de rien accor-
« der. La chose est toute recente. Ce mot de M. le duc d'Antin
« n'a pas mis M. Weulghs en bonne humeur, jugez si la con-
« joncture est bonne pour faire la proposition que vous me
« marquez. »

Quelques mois après, le père Fouque écrivait encore :

— « 18 novembre 1734 — .... J'ai assuré le sieur Ver-
« net que je ferois pour lui tout ce qui dépendroit de moi à cause
« de vous. Je le vis pour la première fois le 3 novembre, et il

---

(1) Voilà un nom qui a mis sur les dents le XVIIe et le XVIIIe siècle ! Il n'est sorte d'orthographe fantastique qu'on ne lui ait appliquée. Nicolas Wleughels (c'est ainsi qu'il l'écrit lui-même), né en 1667 ou 1669, mourut directeur de l'Académie de France à Rome en 1737.

(2) François Franque, architecte, né à Avignon, mort à Paris, contrôleur général des bâtiments de l'Hôtel des Invalides.

« s'est encore présenté depuis deux jours. Il me parait joli gar-
« çon ; s'il y a moyen de l'introduire auprès de gens qui puissent
« lui être utiles je ne le manquerai pas. »

Ces lettres du père Fouque doivent nous servir à fixer l'époque de l'arrivée de J. Vernet à Rome : suivant l'opinion admise par la plupart de ses biographes, il avait alors dix-huit ans. M. Pitra, nous l'avons vu, va plus loin : J. Vernet, selon lui, serait parti d'Avignon à quinze ans et demi. Or, le 4 juin 1732, il travaillait encore à l'hôtel de Simiane, à Aix ; né le 1er août 1714, il touchait de bien près à ses dix-huit ans. Faut-il croire que l'artiste avignonais arriva à Rome l'année suivante, en 1733 ? Mais comment supposer qu'il soit resté plus d'un an sans voir le père Fouque ? — D'ailleurs, le marquis de Caumont aurait-il attendu, pour solliciter le logement à l'Académie, l'arrivée de son protégé à Rome ? N'est-il pas plus vraisemblable, au contraire, qu'avant de le laisser partir d'Avignon, il ait voulu sonder le terrain en écrivant, vers la fin de 1733, la lettre à laquelle le père Fouque répond en janvier 1734 ? — La démonstration, je l'avoue, n'est pas aussi claire qu'on pourrait le désirer. Toutefois, les probabilités établissent de fortes présomptions contre l'opinion commune, et, en nous appuyant sur les dates des lettres du père Fouque, il nous paraît légitime de conclure que Joseph Vernet n'arriva à Rome que vers le milieu de 1734, c'est-à-dire au moment d'achever sa vingtième année.

Il faut revenir à M. Pitra, l'ami anonyme de Fournier Desormes, pour les détails du voyage de J. Vernet : — « Son père, dit-il, lui remit une douzaine de louis, et le recommanda à un voiturier qui se chargea de le conduire à Marseille. Vernet m'a souvent raconté que c'est de ce voyage que date la première impression de ce sentiment qui détermina son choix pour le genre dans lequel il s'est rendu si célèbre... Vernet n'a jamais oublié l'impression que lui fit éprouver la vue de la mer, lorsqu'il la découvrit, pour la première fois, d'une montagne située à deux lieues de Marseille (1). Cet immense bassin qui se prolonge à perte de vue, les îles d'If, de Pomeguai (Pomègues), placées en face, à

---

(1) Cette montagne s'appelle *la Viste* (*la Vue*). C'était une station obligée pour tout voyageur venant d'Avignon à Marseille par la route d'Aix. Aujourd'hui le chemin de fer, en changeant la direction de la route, a supprimé *la Viste*.

trois lieues de distance de la terre, comme des fabriques mises au milieu de ce lac pour en briser l'uniformité ; Marseille et cette foule de bastides qui couronnent la droite de ce tableau ; le petit port et la péninsule de Martigues (1), placés sur la gauche de cette grande rade, à laquelle une multitude de vaisseaux donnent une sorte de vie et de mouvement ; tout l'ensemble de ce superbe spectacle enflamma le génie de notre jeune peintre, et ce moment décida qu'il ferait tous les chefs-d'œuvre de marine dont il a enrichi l'Europe. Vernet s'élança de la voiture, saisit ses crayons, s'assit au pied d'un rocher qui l'abritait du soleil, et ni les instances ni les prières de son conducteur ne purent parvenir à l'en arracher et à l'engager à le suivre : il ne quitta ses crayons que lorsque le soleil cessa de l'éclairer ; ce ne fut qu'alors qu'il rejoignit, mourant de faim, le voiturier à l'auberge où celui-ci l'attendait. Le lendemain, Vernet se procura de la toile et des couleurs, et se tint renfermé sept jours, pour peindre le plus détestable tableau de marine qu'il ait fait, dit-il, de sa vie, mais qu'il aurait bien voulu retrouver, lorsque, dix ans après, il revint de Rome à Marseille..... C'est au port de Marseille que Vernet s'embarqua pour aller à Rome.... »

Est-ce dans la traversée de Marseille à Civita-Vecchia qu'il convient de placer la fameuse tempête qui fait à elle seule les trois quarts des frais de la biographie de J. Vernet ? Je le croirais volontiers. Joseph Vernet, destiné par son père à la peinture d'histoire, envoyé à Rome pour se former au *genre noble* par l'étude de l'antique et des grands maîtres, à peine arrivé, tourne bride et ne peint que des paysages et des marines. A quoi attribuer ce changement subit, sinon à un événement extraordinaire qui l'a éclairé sur sa vocation ? Cette tempête, pendant laquelle il s'est fait attacher au mât du navire, lui a révélé la mer, ses dangers, ses émotions, et, de ce baptême des vagues en fureur, il est sorti peintre de marines. Toutefois, J. Vernet, on le sait, n'a été qu'à demi peintre de marines. Jamais — ou peu s'en faut — il

---

(1) M. Charles Blanc, dans sa monographie de Vernet (*Histoire des peintres de toutes les écoles*), reproduit ce passage. Mais pourquoi ne pas laisser à M. Pitra son erreur géographique, au sujet des Martigues ? La ville des Martigues n'est pas sur la mer, mais sur l'étang de Berre ; si, du haut de *la Viste*, on pouvait la découvrir, ce qui est matériellement impossible, c'est à droite qu'on l'apercevrait, et non à gauche.

n'a placé la scène d'un de ses tableaux en pleine mer, jamais il n'a perdu la terre de vue : il est de l'école de Lucrèce : *Suave mari magno...*, et il sait peindre un naufrage sans se mouiller le bout du pied. Aussi ne faut-il pas exagérer l'influence de cette tempête sur la destinée de J. Vernet; l'impression qu'elle lui laissa ne fut ni plus vive, ni plus durable que celle qu'il ressentit des hauteurs de *la Viste*. Mais, en se complétant l'une par l'autre, elles lui révélèrent le genre qui est devenu le sien — le paysage maritime. C'est ce premier voyage, sur terre et sur mer, qui décida de sa vocation artistique.

II

Une fois à Rome, J. Vernet n'a plus l'air de savoir pourquoi il y est venu. Il passe devant le Vatican sans y entrer, et se met à courir la campagne. Au lieu de chercher les leçons de M. Wleughels, il s'en va déterrer, dans la foule d'artistes obscurs qui encombrent Rome, un paysagiste presque inconnu, Bernardino Fergioni (1), et le fait son maître. Mais J. Vernet a-t-il jamais eu un maître? — S'il est un homme qui ait droit à ce titre, ce n'est pas ce fabuleux Fergioni, c'est Manglard. On fait trop bon marché en France de tout artiste qui n'a pas vécu à Paris, et, de plus, on a l'habitude de ne juger un peintre que sur les tableaux qu'il a au Louvre. A ce compte combien d'hommes, très-grands ailleurs, ne peuvent être à nos yeux que de très-petits garçons! De ce que Manglard est représenté au Louvre par un tableau médiocre, en conclure que ses conseils n'ont pu avoir une influence sérieuse sur J. Vernet, comme le fait M. Henri de Laborde dans une étude (2) consacrée à ce dernier, nous paraît une déduction hasardée. Manglard a passé la plus grande partie de sa vie en

(1) Mariette lui a consacré une petite notice (*Abecedario*, t. II) : « Bernardino « Fergioni est né à Rome, en 1675... Un voyage qu'il fit en Toscane le conduisit « à Livourne, où il se lia d'amitié avec M. Atto, excellent peintre de marines; les « tableaux de ce peintre firent une si forte impression sur lui, qu'il résolut dès lors « de peindre de semblables sujets; il se mit pour cela à faire des études particulières « de vaisseaux et de toutes sortes de bâtiments, et, étant revenu à Rome, il y a « paru avec éclat... Il vivoit encore en 1717. » On peut ajouter et en 1734-35, si toutefois Fergioni a été le maître de J. Vernet, ce que Mariette ne dit pas.

(2) *Le Paysage et les Paysagistes en France*. I. Joseph Vernet, dans le tome XIV de la *Revue des Deux Mondes*, 1852 (page 109).

Italie : c'est là qu'il est mort. C'est là aussi qu'il faut chercher ses œuvres (1). Il a laissé ses plus beaux tableaux à Rome, à Gênes, à Turin ; pour ne parler que de cette dernière ville, la galerie du roi de Sardaigne possède de ce maître deux marines très-remarquables. La composition en est excellente ; on y reconnaît un certain style et un plus grand aspect que dans la plupart des tableaux de J. Vernet. L'élève a gagné en finesse, en légèreté ; il a plus d'esprit de détail, plus de caprice dans la touche ; son répertoire plus étendu lui permet d'embrasser plus d'objets, et il les traite tous avec une facilité égale. Mais le maître a plus d'accent, et en définitive — il faut bien le reconnaître — c'est à Manglard que revient la priorité du genre. C'est lui qui, le premier, combinant les leçons qu'il avait reçues de Van der Cabel, élève lui-même de Van Goyen, et l'exemple de Claude Lorrain, eut l'idée de ce genre mixte qui réunit à la fois le pittoresque des scènes maritimes, l'émotion des spectacles du ciel, et le charme des ruines italiennes. J. Vernet, en arrivant à Rome, n'avait que le germe de ce genre nouveau : il le reçut tout fait des mains de Manglard. Mais plus que lui encore il a délayé la marine dans le paysage, il a donné plus d'importance à l'action des figures, et à tous les éléments d'imitation de cette peinture bâtarde il a ajouté l'enthousiasme de Salvator Rosa.

Faut-il rapporter, au sujet des premiers travaux de J. Vernet à Rome, toutes les anecdotes qui courent les recueils? Il y a l'histoire du *cardinal*, — celle du *perruquier*, — celle du *tailleur*, que l'on pourrait nommer : *Habit, veste et culotte* (2). Ceux qui en sont curieux les trouveront sans peine. Pour moi, je veux m'attacher dans cette étude à ne me servir que de documents inédits ou peu connus. Et puis, l'avouerai-je? Ces historiettes si bien à point m'ont toujours paru un peu suspectes. Ceux qui les mettent en circulation ne manquent pas de les tenir d'amis par-

(1) « Adrien Manglard, né à Lyon, le 10 mars 1695, étoit venu s'établir à Rome, « où il est mort en 1760, le 1ᵉʳ août, âgé, dit-on, de soixante-neuf ans (soixante-cinq, « si les dates sont justes)... Ce qui lui fait le plus d'honneur est d'avoir eu pour « imitateur M. Vernet... » (Mariette, *Abecedario*, t. III.)

(2) C'est Diderot qui a mis en circulation, dans son Salon de 1767, l'anecdote d'*Habit, veste et culotte*. Celles du *cardinal* et du *perruquier* sont rapportées par M. Pitra (corresp. littér. de Grimm, *loc. cit.*). La biographie de Michaud, M. H. de Laborde, M. Charles Blanc les ont également reproduites.

ticuliers de l'artiste, lesquels les tiennent de l'artiste lui-même. Mais l'artiste a pu — sinon les inventer — au moins les arranger tout à sa gloire : car il ne les a racontées qu'une fois sa position faite, et alors le désir de se rendre intéressant, ou l'amour-propre, ne l'aurait-il pas engagé à broder un peu la vérité? Laissons donc en paix tailleur, perruquier et cardinal, et tenons-nous-en aux *livres de raison*.

C'est en 1735 que commence dans les *livres de raison*, sous le titre : — « Ouvrages qui me sont ordonnez, » — la liste des tableaux exécutés par J. Vernet jusqu'en 1788, un an avant sa mort. Quelques extraits publiés ailleurs (1) ont pu donner une idée de ce curieux répertoire, qui n'a de précédent que le *Liber veritatis* de Claude Lorrain. On y voit défiler, série brillante et non interrompue, les rois, les princes, les cardinaux; — les lords anglais, les barons allemands, les comtes russes et suédois; — les grands seigneurs, les grandes dames de la cour de Louis XV et de Louis XVI, les amateurs bourgeois, — en un mot tout ce qui, dans ce xviiie siècle si éclairé et si frivole, a aimé les productions de l'art et a su les payer à leur prix.

L'année 1735 ne présente que deux commandes :

— « Pour M. Pusque Lestagnol deux tableaux en marine en toile de teste (2) ordonnez l'an 1735. » — Le nom est obscur et les tableaux n'ont guère plus d'un pied carré, mais ce sont des marines : déjà le peintre a trouvé sa veine.

Même disette l'année suivante : — « Pour M. Gnasquet deux marines toiles de 4 palmes (3) ordonnez l'an 1736. »

En 1737 l'horizon se débrouille : on y voit poindre un major allemand, esprit positif, qui veut des vues et non des sujets d'imagination, des dessins et non des tableaux, — c'est plus facile à emporter : — « Pour M. le major Sturler deux desseins à l'encre de la Chine, un d'une partie du Colisée en dedans ou lon vois une partie du palais de Neron et la facade de l'Eglise de Saint-

---

(1) *Archives de l'Art français*, t. V (3e des Documents), p. 333, et t. VII (4e des Documents), p. 145.

(2) J. Vernet a noté dans ses *Livres* les « mesures des toiles ordinaires de Rome, en pieds de France... » — « Toile da testa un pied onze pouces et demy de large sur un pied et demy pouce. »

(3) « Toile de quatres palmes trois pieds et un demy pouce de large sur deux pieds trois pouces et demy. »

Gregoire, et l'autre de la flore (1) qui est dans la cour du palais pharnese ordonnez l'an 1737. »

Enfin, en 1738, le charme est rompu et l'on voit paraître le premier amateur digne de ce nom : — « Pour M. Dania Anglois un tableau toile d'empereur (2) en rochers cascades etc. en hauteur, et deux de 4 palmes a ma fantesie en l'argeur 100 écus (3) les trois ordonnez l'an 1735. »

Ainsi, en quatre ans, depuis son arrivée à Rome, J. Vernet a produit sur commande sept tableaux et deux dessins. C'est peu, sans doute, mais c'est quelque chose déjà, si l'on pense au temps qu'ont dû prendre les études d'après nature. D'ailleurs, J. Vernet a eu encore d'autres travaux non mentionnés ici. C'est encore le père Fouque qui nous fournira sur ces deux points des éclaircissements pleins d'intérêt :

— « 12 mars 1737... Je n'ai point vu depuis longtemps le « brave Vernet, peut-être est-il à Naples, ou il avoit dessein « d'aller. Quant il reparaîtra je lui proposerai de faire pour vous « le dessin du beau centaure (4) et je lui crois assez de recon- « naissance pour entreprendre gaiement un ouvrage qui vous fera « plaisir. »

— « 10 juillet 1737... Le jeune Vernet a été malade, il a « aussi fait un voyage et un assez long séjour à Tivoli où il vou- « lait exercer son talent et le perfectionner en peignant des « paysages d'après nature. Ce sont à ce qu'il m'a dit les raisons « qui l'ont empêché d'executer le dessin du centaure qu'il vous « a promis, mais il veut toujours tenir sa parole, et il me la re- « nouvela il y a quatre ou cinq jours. »

— « 19 décembre 1737... Je ferai appeler le brave Vernet et « le presserai de vous envoyer l'essai qu'il vous a promis. L'idée « qu'il a du beau le rend lent à produire, ce qu'il travaille il le « veut parfait. »

N'est-on pas tenté d'interrompre le père Fouqué pour lui crier :

---

(1) La *Flore*, ou *Vénus drapée*, un des chefs-d'œuvre de l'art grec. Cette statue colossale, qui faisait partie de la collection du palais Farnèse, transportée à Naples à la fin du XVIIIe siècle, a donné son nom à une salle du *Museo Borbonico*.

(2) « Toile d'empereur 4 pieds et 3 pouces de large sur trois et un pouce. »

(3) 100 écus romains : l'écu romain valait un peu plus de 5 livres.

(4) Sans doute le *Centaure lutiné par Bacchus* qu'on voit au Vatican, dans la galerie du Musée Chiaramonti.

Pas de zèle! laissez donc « le brave Vernet » aller à Naples, à Tivoli, et ne lui rompez pas la tête avec votre *beau Centaure!* — A la façon dont il en parle, le savant jésuite montre qu'il ne comprenait guère ce désir de « perfectionner son talent d'après nature. »

L'année suivante est encore remplie de cette lutte. En vain le savant insiste, l'artiste — chose légère — trouve toujours moyen d'échapper. Mais, chaque fois qu'il reparaît à Rome, le bon père remet la main sur lui : il se fait sucre et miel, se tourne en cent façons, cite de petites histoires pédantes; enfin, il en vient aux gros mots, — et ainsi se continue, pendant deux ans, la persécution, ou, comme on dirait aujourd'hui, la *scie du beau Centaure*.

— « 30 janvier 1738... Vous me parliez dans votre lettre du
« 16 décembre du sieur Vernet et d'une parole qu'il vous a
« donnée. Il m'a toujours promis qu'il satisferait à l'engagement,
« quant il promet on ne peut s'empêcher de le croire, tant il a
« l'air ingénu et persuasif, mais je ne puis arriver à voir l'effet
« de ses promesses, depuis peu j'ai envoyé trois fois chez lui ; on
« ne l'y trouve jamais... Le sieur Vernet m'a dit plus d'une fois
« que ces deux centaures étaient en état de vous être envoyés
« aussi bien que l'éruption du Vesuve. Ce sont des pieces qu'il
« a copiees. Il lui restait à finir un petit tableau de son invention,
« et c'est ce tableau qu'il ne finit point. La derniere fois que je
« l'entretins je lui racontai que le fameux Girardini (1), peintre
« de Plaisance, qui travaillait pour le P. de la Chaise à peindre
« le plafond de la bibliothèque de la maison professe, ne termi-

---

(1) On sait que la maison professe des Jésuites (de Paris) est devenue le lycée Charlemagne. Si mes souvenirs de collége ne me trompent pas, les peintures existent encore. Mais je serais bien empêché d'en parler, ne les ayant vues qu'à travers la joie des agapes de la Saint-Charlemagne ou les émotions des distributions de prix. La galerie supérieure de l'ancienne bibliothèque ne s'ouvre plus que dans ces deux occasions solennelles. Quant au *fameux* Girardini, les anciens almanachs, descriptions de Paris, etc., ne le nomment pas. Mariette dans son *Abecedario*, t. II, p. 300-301, en parle assez longuement; il le nomme Jean-Baptiste, et, quoiqu'il ne dise pas qu'il soit de Plaisance, c'est bien du même qu'il s'agit, puisqu'il parle du plafond de la bibliothèque de la maison professe des Jésuites. Il peignit aussi le plafond de l'église des Jésuites à Nevers, et alla, avec le père Bouvet en Chine, voyage dont il écrivit en français une suite de relations dediées au duc de Nevers et publiées à Paris en 1700. Il était éleve de Cignani.

« nant rien parce qu'il ne pouvait se satisfaire, le P. un beau
« jour fit défaire tous les échafauds et ne voulut pas que Girardini
« touchât davantage aux peintures que l'on admire. Je menaçai
« notre jeune homme d'aller détruire les échafauds et enlever le
« tableau auquel il ne met pas la dernière main. Ma menace n'a
« rien produit jusqu'à cette heure. Je verrai dans la suite si je
« pourrai trouver quelque meilleur expédient... »

— « 7 mars 1738... Si le jeune Vernet avait autant d'envie
« de vous envoyer ses ouvrages, que je lui en ai témoigné de
« vous les faire tenir, il y a longtemps qu'ils seraient entre vos
« mains... Le 10 février ayant reçu pour lui une de vos lettres
« renfermée dans celle que vous m'écriviez du 27 janvier je la
« lui envoyai sur l'heure... Il vint me voir trois jours après, me
« renouvela toutes ses promesses, mais fâché qu'il y eut manqué
« tant de fois, je lui representai en termes graves le tort qu'il
« avait, il s'excusa le mieux qu'il put sur d'autres ouvrages qu'il
« est pressé de faire. Le plus pressé, lui repliquai-je, est de don-
« ner sans plus de délai à M. le marquis de Caumont votre bien-
« faiteur une preuve de votre respect et de votre reconnaissance
« pour ses bontés, puisque vous l'avez promis tant de fois. Vous
« me rebattez depuis 6 mois que les deux centaures sont finis,
« que vous avez aussi une eruption du Vesuve, c'est en parti-
« culier ce que M. de Caumont souhaite. Envoyez d'abord ces
« tableaux ou donnez-les-moi, et je me charge de les envoyer...
« Dans un premier mouvement il dit qu'il ne voulait point
« envoyer ces choses sans y joindre quelque ouvrage de sa façon.
« — Je pressai — il promit que dans deux jours il me donnerait
« satisfaction : il s'en passa cinq ou six sans que j'entendisse
« parler de lui, enfin, lorsque je n'en espérais plus rien, on
« m'apporta de sa part l'eruption du Vesuve et un petit tableau
« de marine representant une tempête. Le porteur était chargé
« de dire qu'incessamment j'aurais le reste... »

— « 1ᵉʳ juin 1738... J'apprends que notre brave Vernet est
« revenu de sa petite caravanne, car vous aurez sçu qu'il était allé
« vers les côtes de la mer voisines de Rome, pour y perfectionner
« son goût en étudiant la nature. J'envoie ce soir au P. Roussel
« l'Eruption du Vesuve, que nous ne pûmes joindre aux autres
« peintures qui vous furent envoyées il y a deux mois... »

Ici se terminent les extraits du père Fouque relatifs à notre objet. Bien que le savant continue de correspondre avec le marquis de Caumont, ses lettres ne contiennent plus aucune allusion à J. Vernet. — Non pas que celui-ci se tînt quitte envers son bienfaiteur, mais, dans la suite, il lui écrira directement; et, quant au bon père qui a servi d'intermédiaire, il n'a plus besoin de cette protection incommode. Sa fortune est désormais en bonne voie. A vingt-cinq ans, J. Vernet a pour client un ambassadeur.

— « Pour M. le Duc de Saint-Aignan (1) un dessus de porte en clair de lune pour faire pendant aux trois autres que je luy ay deja fait. Deux tableaux representant un l'arrivée de M. le Duc a Civitta Vecchia et l'autre l'audiance publique a Monte Cavallo.

« Un autre de la caravane au mont Vesuve e pour pendant l'interieur de cette montagne.

« Six desseins a l'encre de la Chine fait d'appres nature suivent les vües qu'on m'a ordonné l'an 1739. Tout cela sera remis en ettat d'etre envoijé a M. Stupan chargé d'en paijer les prix qui auronts ettés reglés par M. de Troy Directeur de l'Academie de France. »

A partir de 1740, la production ne chôme plus : le chiffre des commandes suit une progression marquée. — Six tableaux par an, puis dix, puis quinze. Hélas! n'est-ce pas déjà trop? Il est si jeune, cet improvisateur de tempêtes! a-t-il bien eu le temps de voir la nature, de l'étudier, de la comprendre? Déjà il traite l'Italie en pays conquis, il la découpe par morceaux et la met en portefeuille. Chaque croquis recueilli dans ses caravanes, et retourné de cent façons, enfante cent tableaux différents. Dès le premier pas, le travail — j'en ai peur — cède la place à une facilité banale, et dans cette tête légère une pensée détrône toutes les autres : produire vite et vendre beaucoup.

Son malheur est que les amateurs ne manquent pas. Tel grand seigneur qui n'avait pu — par pitié ou par égard à des recommandations puissantes — refuser une commande de quelques louis, charmé d'être sitôt servi, prend goût à sa peinture. — Avec un homme aussi expéditif, en quelques mois on a tapissé son salon. — Après le duc de Saint-Aignan, qui emporte tout un mobilier, voici le duc de Crillon, un Avignonais : — pour

---

(1) Paul Hippolyte de Beauvillier, duc de Saint-Aignan, né en 1684, mort en 1776. Ambassadeur à Rome en 1731 et à Naples en 1744.

vingt écus deux petites marines à rouler dans sa poche, qui s'y refuserait? — le marquis de Villeneufve, autre compatriote, ou peu s'en faut; — le comte de Quinson, son protecteur au même titre que le marquis de Caumont; — M. de Villotte, le père — ou dit tel — du fameux marquis qui se prétendait fils de Voltaire : il paye vingt-cinq écus, en 1741, une *Chasse au canard*, destinée à atteindre à sa vente le prix de mille livres; — M. de Canillac, d'une illustre maison qui a donné deux papes à Rome et plusieurs assassins aux Grands Jours d'Auvergne; — le fameux curieux Jean de Jullienne; — enfin, une grande dame, madame de Seignon, — sans compter d'autres Français de condition moindre.

Les Italiens se montrent peu : — quelques gens d'Église très-inconnus, — l'abbé Martelli, — le père Tacchetti, — le frère Bartoia : maigre clientèle, maigres commandes : — un « tableau en *bambocciata*, » un « tableau d'un sujet du Tasse, » — et de prix, point. Il faut joindre à ces noms le cardinal Acquaviva, chargé de transmettre une commande de la reine d'Espagne, et de la payer : aux espèces la reine ajoute un cadeau de chocolat; — le cardinal Pozzobonnelli; — le marquis Gerini, grand amateur florentin; — un Borghèse douteux; — et quelques artistes : Placido Constanzi (1), Pavesi (2), peintres secondaires; Piranesi (3), très-lié avec J. Vernet, et le vieux Solimène (4), alors âgé de quatre-vingt-cinq ans.

Les artistes français ne restent pas en arrière. Pierre, la victime de Diderot, et Michel-Ange Slodtz, tous deux pensionnaires du roi, commandent des tableaux d'une certaine importance, ainsi que Franque, architecte d'Avignon, sur lequel nous aurons occasion de revenir.

Quant aux Anglais, ils fournissent déjà un important contingent d'amateurs. Dans une période de huit ans, il s'en rencontre une douzaine, et le chiffre des tableaux exécutés pour eux s'élève à vingt-trois.

---

(1) Peintre d'histoire, né en 1688, mort en 1759; élève de B. Luti.

(2) Peintre d'histoire, de l'école de C. Maratte : la date de sa naissance et celle de sa mort sont inconnues.

(3) Les rapports du graveur Piranesi avec J. Vernet sont un fait connu; né en 1707, il mourut en 1778.

(4) Il était né en 1657. J. Vernet dut le connaître à Naples.

Une question intéressante se présente ici, dont les *Livres de raison* rendent la solution facile. A qui revient la part principale du succès de J. Vernet? — M. H. de Laborde, dans l'Etude que j'ai citée, en fait honneur aux Italiens. Cependant, à part Solimène et Andrea Gerini, les six ou sept noms italiens inscrits aux commandes n'ont aucune valeur. On voit, au contraire, quelle place importante y tiennent les amateurs de notre nation, puisque, dans le même espace de dix ans — 1735 à 1745, — on ne compte pas moins de vingt-quatre noms français. Dès 1739, le duc de Saint-Aignan possède trois tableaux du jeune artiste et il lui en commande cinq autres. Qui l'a introduit auprès de l'ambassadeur? Qui l'a introduit auprès du directeur de l'Académie, pris pour arbitre du prix de ces tableaux? Ce ne peut être un Italien; ce sera, si l'on veut, le père Fouque, ou une recommandation directe de ses protecteurs d'Avignon. Or, qui dit l'ambassade et l'Académie dit tous les Français de séjour ou de passage à Rome. Par l'ambassade, J. Vernet a connu les personnages marquants, ses compatriotes, et les Éminences italiennes; par l'Académie, les artistes français et italiens; et c'est chez les artistes qu'il a rencontré les amateurs anglais. Si les documents authentiques dont nous nous sommes servis ont une signification, c'est, à coup sûr, celle-là. Il n'est plus besoin de recourir à des anecdotes apocryphes : on aperçoit clairement la marche progressive de la réputation de J. Vernet : on la suit pas à pas. Ce n'est plus par induction, c'est par un enchaînement logique des faits, qu'on lui assigne — pour point de départ, la protection des amateurs d'Avignon, qui l'ont devinée;—pour premiers degrés, les encouragements de l'ambassade et de l'Académie, qui l'ont répandue; — pour échelons successifs, les commandes des Français de passage à Rome; — pour couronnement, l'affluence toujours croissante des amateurs de toutes les nations. Ce succès est donc avant tout une œuvre française. Les Italiens n'y ont aidé que plus tard. Les Anglais seuls pourraient disputer à la France l'honneur d'avoir couvé la gloire et la fortune de J. Vernet.

III

Entre une commande de 1743 et une autre de 1745 se trouve celle-ci, sans date : — « Pour M. Parker un petit tableau a ma fantesie. » — Or, M. Parker, on le sait, n'est autre que le beau-père de J. Vernet. Catholique anglais, réfugié à Rome, il servait comme officier dans la marine du pape. Est-ce l'amour de l'art qui l'amena chez son futur gendre? Est-ce l'amour du peintre pour la belle Virginia qui développa le goût du futur beau-père? L'imagination peut broder sur ce thème tout un roman. Toujours est-il que, le 25 juillet 1745, s'ouvre, chez le marchand de bonbons, un compte de *ciocolata* (chocolat), — *savoya* (gâteau de Savoie?), — *crostini, the, sorbetti, caffe,* — *biscotini da dame* (biscotins pour les dames), etc… Or, qu'est-ce que cette consommation inusitée de friandises, sinon les soins obligés d'un prétendant qui fait sa cour? — Enfin, le mariage se conclut : une note de perruquier nous servira de lettre de faire part. « Il sig^{re} Giuseppe il barbiere a principiato a formi (farmi) la barba il primo x^{bre} 1745 et a accomodare li capelli alla sig^{ra} Verginia, et il prezzo e stato accordato a quindici pavoli il mese tratutti dui. » — Jusqu'en novembre 1745, J. Vernet a payé son barbier pour lui tout seul : ce n'est qu'en décembre qu'il ajoute ce *tratutti dui,* qui en dit bien long.

M. Parker (1), fait désormais partie intégrante de la famille de J. Vernet. Il avait alors sa femme; mais il la perdit peu de temps après le mariage; car il n'est question d'elle qu'une fois dans les *Livres de raison,* et M. Parker seul vient en France avec son gendre et sa fille. Tantôt chargé de toucher l'argent des tableaux vendus, tantôt bailleur de fonds dans un moment critique, il est sans cesse mêlé à l'existence de ce couple heureux : c'est près d'eux qu'il vieillit, c'est dans leurs bras qu'il mourut.

Est-ce à l'influence de l'astre conjugal qu'il faut attribuer les bonheurs qui pleuvent sur la tête de J. Vernet en cette année bénie de 1745? Agréé à l'Académie de Paris, marié à une femme « veramente graziosa, » — ainsi la juge Natoire, — il voit les amateurs anglais arriver chez lui comme une avalanche. Malgré les distractions de l'amour et du mariage, il trouve le temps de produire seize tableaux, et marque à son *avoir* 4,278 livres. C'est l'essor de sa fortune : la lune de miel lui imprime un nouvel élan. En 1746, le chiffre de la production est de trente ta-

(1) Une commande de 1752 de deux tableaux pour M. Daevson de Dublin se termine ainsi : « Je dois les remettre à M. Parker peintre anglois à Rome. » Est-ce un frère ou un fils de l'officier de marine? Ce nom de peintre ne reparait plus.

bleaux et celui de la recette s'élève à neuf mille huit cents livres. On sent dans ce redoublement d'activité les préoccupations d'un père de famille.

Et qu'on ne croie pas qu'absorbé par le travail, J. Vernet n'eût pas le temps de répandre sa vie au dehors. Pour les Vernet, le mouvement est un besoin ; sans distractions, ils ne sauraient vivre. Spectacles, promenades en carrosse, parties de campagne, parties de chasse, dîners champêtres et soupers fins, tels étaient — d'après les *Livres de raison* — les plaisirs des nouveaux époux. Ils y avaient pour compagnons ordinaires un avocat de Marseille, nommé Brès (1), et un sieur Meynier, auxquels se joignaient souvent MM. Roux, Dorvalle, le Lorrain (2), et les pensionnaires de l'Académie. La société joyeuse avait loué un jardin ; c'est là qu'on allait goûter, jouer le pharaon, et vider bon nombre de bouteilles de vin de Bourgogne, de Chypre ou d'Orvieto ; c'est là qu'on recevait les amis de passage, le comte de Merle, par exemple, amateur de tableaux, dont la vente se fit en 1786 ; c'est de là qu'on partait pour faire la conduite aux artistes qui retournaient en France, à M. Challe, à M. Slodtz. La signora Virginia prenait sa part de ces amusements : que dis-je ! elle accompagnait son mari à la chasse. Car la chasse, ce plaisir favori de Carle Vernet, tient une grande place dans la vie de son père. Tantôt les chasseurs restent aux environs de Rome, à Ponte Salaro, Torre di mezza via, à la Sepoltura di Nerone, à Dercima (3), c'est la petite chasse ; — tantôt ils poussent jusqu'à Malafede, et

---

(1) M. Brès figure parmi les membres honoraires-amateurs de l'Académie de peinture et de sculpture de Marseille ; il est qualifié d'avocat en la cour, conseiller, procureur du Roi en la maîtrise générale des Ports en Provence, assesseur.

(2) Louis le Lorrain, peintre d'histoire, né en 1715, par conséquent plus jeune que J. Vernet, mourut bien avant lui, en 1759, à Saint-Pétersbourg, où il était allé chercher fortune. Mariette lui a consacré une courte notice dans son *Abecedario*.

(3) J'écris ces noms tels que les donnent les *Livres de raison* : l'excellent guide de Robello (*les Curiosités de Rome et de ses environs*, Paris, Maison, 1854) nous servira à les rectifier et à les expliquer. Ponte Salario, pont sur le Teverone, à trois milles de Rome environ. Torre di mezza via, c'est une tour à moitié chemin de Rome à Frascati, au sixième mille. Sepoltura di Nerone : on appelle ainsi un tombeau antique que l'on rencontre à gauche de la route de Florence, quatre milles après avoir passé le ponte Molle. La tradition qui fait tomber Néron dans cet endroit est tout à fait controuvée ; le tombeau appartient à Publius Vibius Marianus. Dercima, pont et ferme de Decimo sur la voie antique qui conduit à Ostie (via Laurentina).

même jusqu'à Ostie ; là, comme à Porto (1), ils poursuivent le gibier d'eau et le sanglier, et c'est pour le peintre de marines une occasion de revoir la mer ; — ou, dans une autre direction, à Torre tre Teste, à Fonte di Papa (2), ils font lever le lièvre et ils cherchent l'étourneau. Au retour, on s'arrête à l'osteria di Termine, ou l'on va souper chez M. Guillaume. Il serait trop long de les suivre dans toutes ces parties qui se renouvellent quatre ou cinq fois par mois et se résument toutes en un compte plus ou moins considérable de baïoques.

Un voyage à Naples couronne tous ces plaisirs. J. Vernet y était déjà allé seul plus d'une fois (3). Mais maintenant — 1746 — sa jeune femme l'accompagne, il voit ce beau pays sous un aspect nouveau. Un tableau pour le roi des Deux-Siciles fut le résultat de ce voyage ; il représentait une *Chasse au lac de Patria*. Le marquis de l'Hôpital, alors ambassadeur de France à Naples, n'eut garde, en bon courtisan, de laisser partir le peintre sans lui demander une copie de ce tableau, qu'il paya 750 livres ; c'était flatter à la fois le goût du roi, et le succès de l'artiste.

La société de J. Vernet à Rome se composait surtout d'artistes français. Il ne paraît pas avoir eu de grands rapports avec de Troy, directeur de l'Académie depuis 1737 ; mais il se lia d'amitié avec la plupart des pensionnaires, presque tous du même âge que lui. Le plus intime était Soufflot, le futur architecte de Sainte-Geneviève, né comme J. Vernet en 1714, venu comme lui à Rome sans pension du roi, mais admis au nombre des pen-

---

(1) Malafede, osterie bien nommée, sur la même voie Laurentine. — La ville moderne d'Ostie, à quinze milles de Rome, à peu de distance de la cité antique, attire encore aujourd'hui les chasseurs, à cause des marais giboyeux qui l'entourent, et les peintres, à cause du voisinage de Castel-Fusano, magnifique solitude, puissante forêt de pins, peuplée de buffles sauvages. — En face d'Ostie, sur la rive droite du Tibre, des ruines considérables marquent l'emplacement de Porto, ville fondée par l'empereur Claude. Cet endroit est plus connu des artistes sous le nom de Fiumicino.

(2) Torre tre Teste, ferme, à seize milles de Rome (via Prenestrina), près du chemin qui conduit à Longhezza, la station favorite des paysagistes de style. — Fonte di Papa, à la même distance sur la via Salaria.

(3) Cf. les lettres du P. Fouque. — La *Vue de Pausilype*, gravée par Daudet, est signée : « J. Vernet, f. Romæ, 1742. » — J. Vernet a peint plusieurs vues de Naples ou de ses environs. Il y en a une gravée par Le Bas, une par Helman, une par Duret, et six par Basan.

sionnaires grâce à l'intervention du duc de Saint-Aignan, par une faveur que J. Vernet ne put obtenir (1). L'amitié de ces deux hommes, dont le talent a plus d'un point de ressemblance, se continua aussi longtemps que la vie de Soufflot, et ce dernier, en mourant, désigna pour son exécuteur testamentaire le compagnon de sa jeunesse à Rome. Plus jeune de deux ans, Vien, pensionnaire en 1744, protestait par son talent sage et modeste contre le pathos coloriste où s'embrouillait la pauvre tête de son directeur. Des tendances communes rapprochaient ces deux hommes, Vien et Vernet; possédés tous deux d'un amour de la nature plus ou moins intelligent, mais sincère, ils ont, les premiers, levé un coin du voile que David devait déchirer tout entier. Un jeune artiste du Midi les suivait résolûment dans la même voie, Jean-Siffrein Duplessis, — une gloire de Carpentras. — Né en 1725, longtemps élève de ce frère Imbert qui avait cloîtré son remarquable talent de peintre dans les murs d'une Chartreuse, Duplessis vint à Rome à l'âge de vingt ans et se mit à l'école chez Subleyras. Un jour, J. Vernet le rencontra à Tivoli, où il dessinait. Entre compatriotes la connaissance est bientôt faite : on travailla ensemble, on se communiqua ses études; Vernet, frappé des dispositions de Duplessis pour le paysage, lui conseilla de s'y consacrer; il fallait une certaine hardiesse à cette époque pour abandonner les chemins battus de la grande peinture : Duplessis n'osa sortir de l'ornière. Il devint par la suite un assez bon peintre de portraits, froid coloriste, mais copiste exact de la nature; il mourut en 1802, administrateur du Musée spécial de Versailles.

(1) Un passage de l'*Almanach des Artistes* de 1776 donne la clef de ces faveurs si sollicitées et souvent obtenues. Après avoir rappelé la fondation de l'Académie de France à Rome, l'auteur anonyme ajoute : « ... M. le directeur et ordonnateur général des Bâtiments du Roi fut chargé de déterminer le choix des sujets les plus capables... et le voyage de Rome, aux frais du roi fut la récompense du mérite. Il ne s'ensuit pas de là que M. le directeur et ordonnateur des Bâtiments soit obligé d'envoyer à Rome celui qui a remporté le prix au concours. L'entière disposition des places d'élèves lui a été accordée par le Roi sans restriction. Les prix gagnés au concours sont un préjugé favorable pour le vainqueur, mais jamais un titre; et, si M. le directeur-ordonnateur veut bien, dans un brevet de nomination à une place d'élève à Rome, faire mention d'un prix gagné aux Académies de Paris, c'est une nouvelle marque de bonté qu'il donne à l'artiste pour éveiller son émulation. » (Page 87.)

L'architecte Franque était aussi du comtat Venaissin (1) : il avait précédé J. Vernet à Rome, on l'a vu par la lettre du père Fouque, où celui-ci dit l'avoir fait présenter à M. Wleughels. J. Vernet, en correspondance avec le père, Jean-Baptiste Franque, architecte d'Avignon, fut bientôt l'ami du fils et le demeura toute

---

(1) C'était une famille d'architectes, ces Franque, comme les Vernet une famille de peintres. Barjavel (*Dict. histor. du départ. de Vaucluse*) en compte deux, Jean-Baptiste et François, son fils aîné, l'académicien. *L'Almanach des Artistes* de 1776 en ajoute un troisième : « Artistes, à Avignon : Franque, architecte, frère de l'architecte du Roi, à Paris. » Enfin, des titres de propriété que j'ai eus entre les mains m'ont fourni quelques dates nouvelles, ainsi que le nom d'un quatrième Franque, antérieur à tous les autres. La comparaison de ces divers documents permet de classer ainsi les membres de cette famille :

A. - François Franque, père de

B. — Jean-Baptiste Franque, acquéreur de terrains à Avignon, en 1718 et 1727 ; il vivait en 1755, époque d'un grand débordement du Rhône ; il est mort avant 1764. Il eut deux fils :

C. — L'aîné, — François Franque, recommandé au père Fouque, par le marquis de Caumont, en 1733, reçu de l'Académie d'Architecture, en 1755 ; inspecteur des bâtiments de l'Hôtel des Invalides (*Alm.* de 1776) ; il vivait encore en 1785.

D. — Le cadet, -- noble Jean-Pierre Franque, avocat en parlement et architecte de la ville d'Avignon, — ainsi s'exprime l'acte, — vend, en 1764, sa maison et une autre habitée par la dame veuve Franque, mère du vendeur. C'est celui que l'*Almanach* de 1776 indique comme frère de François.

Voici maintenant, par ordre chronologique, les passages des *Livres* de J. Vernet, relatifs à des individus de ce nom :

1742. « Pour M. Franque un tableau toile de teste representent une marine en broüillard ordonné l'an 1742. » — Ce peut être ou Jean-Baptiste (B), ou, plus vraisemblablement, François (C).

1745. « Lettres écrittes... a M. Franque, le père (B).

1746-47 ? « Lettres écrittes... a M. Franque, » — le fils, sans doute (C), puisque, dans la même liste, pour désigner J.-B. Franque, il écrit : « Franque, le père. »

1749 ? « Adresses : M. Franque architecte rüe de la Comedie françoise a Paris. »

1752 ? « Personnes que j'ay a voir a Paris... Franque rue Genegau » (Guénégaud). — C'est aussi l'adresse que donne l'*Almanach des Artistes* pour François (C), à qui se rapportent évidemment les deux notes précédentes, ainsi que celle-ci, la dernière : « Estampes de la Vüe d'Avignon que j'ay données... à M. Franque... 1. » La Vue d'Avignon a été gravée par Martini, en 1783.

Ces dates, jointes à celles des titres des propriété que j'ai citées, ne laissent qu'une marge très-étroite pour établir l'année de la naissance de François Franque : on ne peut guère la fixer plus tard ni plus tôt que 1712.

sa vie. François Franque, après un séjour peu prolongé à Rome, s'établit à Paris : admis, en 1755, à l'Académie d'Architecture, et nommé inspecteur des bâtiments de l'Hôtel des Invalides, il mourut vers 1786, quelques années avant J. Vernet, dont il était sans doute l'aîné. — Il a déjà été question de Slodtz et de Challe. Le premier, pensionnaire du roi en 1750, vivait beaucoup avec J. Vernet, quoique plus âgé que lui de neuf ans : ce sont des comptes incessants, prêts d'argent de poche, — « pour passer la barquette, » — payement de copies exécutées pour Slodtz par un artiste nommé Grenier; et plus tard commissions d'estampes. Michel-Ange Slodtz (il portait ce grand nom) quitta Rome en 1747, emportant deux tableaux de son ami, mais lui laissant à régler quelques termes arriérés de son atelier. J. Vernet nous a conservé son adresse à Paris : — « rue des Cannettes, la première porte cochère à droite du côté de Saint-Sulpice. » —

Comme le sculpteur Slodtz, le peintre Challe se nommait Michel-Ange (que Buonarotti leur pardonne)! Était-il pensionnaire de l'Académie? Les biographies se taisent sur cet article (1). — La note de J. Vernet — « della condietta di M. Chales » — ne précise rien; car, si c'est un devoir de tradition pour les pensionnaires de l'Académie de *faire la conduite* à leurs camarades qui quittent Rome, c'est aussi pour tous les artistes français, envers ceux d'entre eux qui ne sont pas de l'Académie, une obligation de politesse, dont, aujourd'hui même, on se dispense rarement. Michel-Ange Challe eut un frère nommé Simon, sculpteur médiocre, plus tard lié avec Joseph Vernet à Paris (2). — Moins connus que les précédents, Boudard, Grenier et Bernard n'ont eu avec J. Vernet que des relations fugitives. — « J'ay dépensé, écrit-il, pour le compte de M. Boudard trois écus pour

(1) M. L. Dussieux a donné, dans les *Archives de l'Art français*, la liste des membres de l'Académie de Peinture et de Sculpture, et de celle d'Architecture, depuis leur fondation. La liste des pensionnaires de l'Académie de France à Rome aurait aussi son intérêt et servirait à éclaircir bien des questions de biographie : le soin de la publier revient de droit à l'auteur des *Artistes français à l'étranger*.

(2) Charles Michel-Ange Challe, né en 1718, peintre d'histoire et architecte, académicien en 1753, était chevalier de l'ordre du Roi, dessinateur de la Chambre et Cabinet du Roi, et professeur de perspective à l'Académie; il mourut en 1778 — Simon Challe, né en 1719 ou 1720, académicien en 1756, mourut en 1765.

l'emballage de sa Muse... — plus, pour le voiturier qui a porté à Civitta Vecchia la ditte Muse, 15 pauls. » — L'auteur de cette Muse voyageuse, J.-B. Boudard, grand prix en 1732, était à la fois peintre, sculpteur et graveur à l'eau-forte. Le duc de Parme le choisit plus tard pour son sculpteur ordinaire (1). — Grenier, sculpteur aussi, ne se rencontre nulle part; il ne figure, du reste, dans les *Livres de raison* que pour deux copies commandées par Slodtz. Enfin, Bernard, qui commande deux tableaux en 1743, était peintre à Marseille. Il eut une fille, peintre aussi, associée de l'Académie de peinture et de sculpture de Marseille en 1754, et un fils architecte à Paris en 1788.

Pour compléter la société au milieu de laquelle vivait J. Vernet à Rome en 1745, aux noms d'artistes déjà cités il faut ajouter celui de Subleyras, — un des grands peintres du xviiie siècle. Le Louvre possède de Subleyras des œuvres remarquables et charmantes. Mais c'est à Saint-Pierre de Rome, ou, mieux encore, c'est à Milan, à la galerie Brera, qu'il faut le voir, au milieu de la plus illustre compagnie des écoles italiennes, avec son *Christ en croix* et son *Saint Jérôme,* soutenir dignement l'honneur du nom français. Envoyé à Rome comme pensionnaire du roi en 1728, Pierre Subleyras s'y était établi; il avait épousé une des deux filles du musicien Tibaldi, pendant que Tremollière épousait l'autre. Un double charme attirait J. Vernet dans cette famille. Outre les conseils d'un peintre sérieux et savant, il y trouvait une femme aimable, musicienne consommée. Or, on sait de quelle passion de musique était possédé J. Vernet : on connaît l'étroite amitié qui le liait avec Pergolèse. « ...Cette amitié fut si tendre, dit l'auteur de la lettre insérée dans la Correspondance de Grimm, qu'on ne prononçait presque jamais devant J. Vernet le nom de Pergolèse, sans que les souvenirs que ce nom lui rappelait ne lui fissent répandre des larmes. Ils vivaient presque continuellement ensemble. Le peintre avait chez lui un forte-piano, pour amuser son ami; et de même le musicien avait chez lui un chevalet et des palettes. L'un faisait de la musique pendant que l'autre peignait; et Vernet m'a souvent raconté que ces moments ont été les plus heureux pour son génie et pour son

---

(1) Voir *les Artistes français à l'étranger*, par L. Dussieux, page 309. Il mourut en 1778.

cœur; les chants de Pergolèse lui donnaient le sentiment de la belle nature; « et souvent, » disait-il, « j'ai dû les teintes les plus « suaves et leur accord à l'impression que me faisaient éprouver le « charme de l'harmonie et la douce voix de mon ami. » C'est ainsi que Vernet vit créer le *Stabat* et la *Serva padrona*. Cet intermède eut le plus grand succès; mais le *Stabat*, fait pour un petit couvent de religieuses dans lequel Pergolèse avait une sœur tourière, n'en eut presque point... Ce fut Vernet qui fit entendre une seconde fois ce sublime *Stabat* à des *dilettanti*... On regarda dès lors cette composition comme le chef-d'œuvre de Pergolèse. » — Cette amitié si vive et si constante n'a laissé dans les *Livres de raison* qu'une seule ligne, sous ce titre vulgaire : — « Choses que je prête... — a sig^{re} Pietro Paulo il copista lo Stabat Mater. » — Mais cette ligne suffit pour confirmer le fait rapporté par M. Pitra et par bien d'autres, que le fameux *Stabat* fut composé sur le clavecin et dans l'atelier de J. Vernet. Il ne voulut jamais se dessaisir des brouillons; il les conserva précieusement toute sa vie, ainsi que le clavecin, et les transmit à ses enfants.

Les *Livres de raison* présentent souvent des titres de morceaux de musique prêtés à diverses personnes : le « sonatore di violino » et le « cembalaro » y ont chacun un compte ouvert à titre de professeurs, mais seulement en 1745, c'est-à-dire après le mariage. Le maître de violon était pour monsieur, celui de clavecin pour madame; le moyen de ne pas vivre en bonne harmonie!

Il reste à savoir où Joseph Vernet demeurait à Rome. Tant qu'il vécut garçon, il dut changer plusieurs fois de logis. Une fois marié, il a un domicile fixe, et il en tient note : — « J'ay donné 15 (écus) et 75 baioques pour trois mois de loyé de la maison des quatre fontaines qui sonts pour jusqu'au 20 novembre 1746. » — La rue *delle Quatro Fontane* prend naissance derrière la basilique de Sainte-Marie-Majeure, et, traversant un carrefour où sont en effet quatre fontaines, elle aboutit à la place Barberini; puis, sous le nom de *via Felice*, elle continue jusqu'à la Trinité-des-Monts, où elle se termine par la maison du Poussin. C'est encore aujourd'hui le quartier favori des artistes : aux abords de la place Barberini, la *via delle Quatro Fontane* est peuplée d'ateliers de peintres et de sculpteurs.

On peut, d'après ce qui précède, se faire une idée de la vie de J. Vernet à Rome, — vie heureuse, s'il en fut jamais. — Le travail rendu léger par la facilité de la main, la santé entretenue par les exercices du corps, l'esprit distrait par les spectacles et les promenades ; la musique servant de repos à la peinture ; — la compagnie d'une femme charmante, une société de joyeux camarades, l'affluence des amateurs, la protection de ce que Rome comptait de plus illustre, la clientèle des têtes couronnées ; — des succès toujours croissants, une fortune qui s'augmentait chaque jour ; — certes, peu d'artistes avaient trouvé à Rome plus d'éléments de bonheur. Avec un plus grand génie, le Poussin et Claude Lorrain eurent à passer par d'autres luttes et d'autres déboires, sans arriver jamais à l'aisance bourgeoise dont Joseph Vernet jouissait à trente ans.

IV

Le mariage de Joseph Vernet, contracté sous les plus heureux auspices, ne pouvait manquer d'être béni. Bientôt à tous les éléments de bonheur qui font sa vie douce et joyeuse, vient s'en ajouter un nouveau : il est père ; son nom commence à peine à devenir un titre d'honneur et déjà il lui naît un fils à qui il pourra le transmettre.

La question des enfants de J. Vernet n'est pas moins obscure que celle de ses frères et sœurs. Mêmes contradictions dans le camp des biographes. La plupart nomment Carle ; le moyen de l'ignorer ! D'autres, plus humains, accordent une fille. M. Horace Vernet — au dire de M. Silvestre — reconnaît à son aïeul trois enfants. La vérité est qu'il en eut quatre.

Il faut, pour vider la question, anticiper un moment sur l'avenir de l'homme dont nous racontons la vie. Plus tard chaque enfant reparaîtra à son tour, escorté de tous les détails fournis par les *Livres de raison*. Il suffira ici d'établir d'une façon positive les noms et les dates, afin de présenter un tableau succinct, — mais complet et authentique, — de cette famille déjà passée à l'état de problème.

L'aîné des enfants de Joseph Vernet se nommait Livio. Il vint au monde à Rome, peu de temps après le mariage. Les *Livres de raison* permettent de préciser la date : c'est en 1747 et vers le milieu de l'année : — le premier compte de sa nourrice porte qu'elle a été payée jusqu'au 4 octobre, et les payements qui suivent sont trimestriels. — Livio n'a eu de Vernet que le nom ;

son père préféra pour lui l'ambition de la fortune à l'ambition de la gloire. Soit qu'il n'eût jamais donné des preuves suffisantes de ses goûts artistiques, soit que J. Vernet se défiât encore trop de son art pour faire de son fils aîné un peintre, Livio fut voué aux Fermes. Nous le suivrons pas à pas dans les différentes phases de sa carrière administrative. Il est mort à un âge avancé.

Le second fils de Joseph Vernet naquit également à Rome, en 1750 ; c'est encore un compte de nourrice qui fixe la date. Il a peu vécu — un ou deux ans peut-être, — mais il a vécu : il mérite d'ailleurs, à cause de son nom, qu'on se souvienne de lui. Ce second fils fut baptisé Orazio. Voilà dans la famille Vernet l'origine de ce prénom d'Horace, désormais illustre. Le véritable parrain du peintre de *la Smala*, n'est-ce pas cet oncle qu'il n'a pas connu?

Carle n'est que le troisième enfant de J. Vernet. Né le 14 août 1758, à Bordeaux, il reçut aussi le prénom d'Horace. Sa vie tient une place trop importante dans l'histoire de l'art et dans la biographie de son père, pour qu'on puisse songer à l'esquisser ici. Elle se racontera d'elle-même, à mesure que nous poursuivrons ce travail. Carle a laissé — lui aussi — son *Livre de raison*, dont l'analyse trouvera place dans un appendice.

Enfin le 20 juillet 1760, à Bayonne, J. Vernet eut un quatrième enfant — une fille, — et, au dire des contemporains, une belle et charmante fille. Hélas! combien de ces frais visages ont traversé, le sourire aux lèvres, la seconde moitié du xviiie siècle, pour venir s'entasser dans le panier sanglant du bourreau! Emilie Vernet, devenue madame Chalgrin, mourut guillotinée en 1793. On l'accusait d'avoir brûlé les bougies de la Nation. — La Terreur invoquant contre une jolie femme une rancune d'épicier! quel spectacle grotesque s'il n'était horrible, et si la boutique n'avait eu pour succursale l'échafaud !

Reprenons notre récit à l'année 1747. Livio vient de naître, et son grand-père Antoine vient de mourir, soigné jusqu'à ses derniers jours par sa plus jeune fille Élisabeth. Le chef de la dynastie des Vernet — qu'il ait eu à partager son bien entre six enfants, ou qu'il ait fait en mourant vingt-deux orphelins — n'a pas laissé un copieux héritage. Car nous voyons dès lors Joseph Vernet servir à cette sœur une petite pension qu'il lui continuera tout le temps de sa vie.

Une autre de ses sœurs, — la seconde, Marie Louise, née en 1719, — avait déjà épousé à cette époque un sieur Guibert avec lequel Joseph correspond en 1746 ; rien n'empêche, par-dessus son épaule, de lire l'adresse de la lettre : — « A M. Guibert, sculpteur, pr. (près) les Religieuses des Saintes-Maries, à Avignon. » — Sculpteur, M. Guibert l'était en effet, mais sculpteur de bordures. Aujourd'hui que les plus beaux tableaux s'encadrent sans pudeur entre quatre baguettes moulées en plâtre ou en papier mâché, on ne comprend guère qu'un fabricant de bordures ait pu se décorer du titre de sculpteur. Les cadres du siècle passé sont là pour répondre. Combien de nos ornemanistes seraient capables des fines découpures, — des rinceaux fièrement cambrés — ou des légers feuillages, que le ciseau du sculpteur promenait alors autour des œuvres des peintres ! Les *Livres* de J. Vernet contiennent quelques prix de bordures payées à Guibert ou à d'autres, qu'il sera curieux de relever. — Quant à Guibert lui-même, il dut à son beau-frère de ne pas végéter en province, quoiqu'il ne paraisse pas avoir fait à Paris une brillante fortune. Plus d'une occasion se présentera de revoir cet intéressant artiste : il sera temps alors de rechercher s'il ne serait pas — pour son malheur — le même homme qu'un certain graveur nommé J.-B. Guibert dont quelques œuvres se rencontrent à Avignon.

Enfin, à cette même époque, quelques notes insignifiantes des *Livres de raison* révèlent l'existence en Italie d'un frère de Joseph Vernet. En quittant Rome pour un voyage à Naples ou en France, — en 1750 ou 1751, — ce dernier dresse un état des tableaux commencés qu'il laisse dans son atelier : cet état comprend entre autres : — « Una tela di testa ove ciè una copia fatta dal mio fratello a n° 19. » — Un compte de savetier de la même année constate aussi l'existence de ce frère : — « ... Nel fine di febraro o ricevuto un paro di scarpe, et lo pagato del tutto (il calzolaro), come anche di un paro del mio fratello. » — Mais la note la plus importante est celle-ci, quoique bien postérieure :— « Madame Michel, graveuse sur tous metteaux, à la Croix de Lorraine, rüe Satory, chez M. Frenon, marchand de vin et traitteur, à Versailles ; elle m'a vendû deux tableaux de l'Eruption du Vesuve, peint par un frere que j'avois a Naples, 244 liv. » —

Quel prénom donner à ce nouveau Vernet ? Nous n'avons pas

l'embarras du choix. Des cinq extraits de baptême cités, un seul reste disponible, celui de Jean-Antoine, né en 1716. On ne saurait en faire un meilleur usage que de l'appliquer au frère napolitain, à moins de reléguer cet infortuné au nombre des seize enfants hypothétiques qui errent autour de nous, — comme les ombres anonymes au bord du Styx, — attendant d'être reconnues.

Une anecdote, dont je puis garantir l'authenticité, confirme cette attribution. M. Horace Vernet visitait, il y a quelques années, le musée d'Avignon. Il s'arrêta, — comme toujours, — avec un vif plaisir dans la dernière travée de la galerie, consacrée par une administration intelligente aux artistes qui ont fait ou qui font la gloire du pays, et placée sous l'invocation du grand nom de Vernet. Il se tourna vers le conservateur, qui l'accompagnait : — « Vous avez, lui dit-il, des échantillons de tous les membres de notre famille qui ont manié le pinceau, — excepté d'un seul. Me voici avec mes *Mazeppa*,—le sabré et le non-sabré. — Voilà mon père, représenté par sa *Course des barberi*, et par son *Cosaque*, un succès d'autrefois. Voilà mon grand-père Joseph et son frère François ; enfin ces deux panneaux d'attributs rappellent le nom de mon bisaïeul Antoine, le chef de la famille. Il vous manque un de mes grands-oncles, frère de Joseph et de François, et comme eux fils d'Antoine : il se nommait Jean. Ses tableaux, il est vrai, ne se distinguent guère de ceux de Joseph. Tous deux signaient de même : *J. Vernet*. On les reconnaît cependant à ce qu'ils sont plus mauvais. Quand vous rencontrerez une marine évidemment faible et indigne de Joseph Vernet, mettez-là sans balancer sur le dos de Jean. »

Jean-Antoine Vernet, plus jeune que Joseph de deux ans, a donc vécu en Italie auprès de son frère. Il a étudié la peinture sous sa direction : il s'est approprié le genre, la composition, la couleur, la manière de Joseph. Il a été même jusqu'à copier ses œuvres ; et ces copies aussi bien que les tableaux de son invention, il les a signés d'une initiale commune à son frère et à lui, qui permettait de les attribuer toujours au plus illustre de la famille. Il est inutile d'insister sur ces faits : ils constituent un acte de baraterie artistique qu'on aimerait à ne pas rencontrer sous le pavillon des Vernet.

L'indélicatesse perdra un peu de sa gravité, si l'on suppose

Jean Vernet mort avant que la réputation de son frère eût atteint son apogée en Italie. Il mourut à Naples. La note citée en fait foi : — « un frère que *j'avois* à Naples; » mais rien ne précise l'année. En 1765 les *Livres de raison* présentent pour la première fois un neveu désigné ainsi : — « mon neveu Napolitain, » — et dès lors chaque renouvellement d'année enregistre ses étrennes. On ne peut méconnaître en lui le fils de Jean. S'il est venu en France auprès de son oncle, c'est qu'il se trouvait à Naples seul et sans appui. Mais cette date 1765 marque-t-elle la mort de son père, ou celle de sa mère, que Jean a pu précéder dans la tombe? — Questions insolubles, et d'un mince intérêt. — Je me trompe : il y a là un intérêt d'honneur. Si Jean Vernet a vécu jusqu'en 1765, si, malgré la haute position atteinte alors par Joseph, il a continué d'apposer sur ses œuvres de plagiaire une signature équivoque, sa supercherie devient une fraude véritable, et mérite d'être flétrie. — L'impossibilité de décider ce point permet seule d'accorder à Jean Vernet le bénéfice des circonstances atténuantes.

Il serait curieux de rechercher les œuvres de ce pseudo-Vernet. On peut *à priori* lui attribuer les tableaux de son frère qui ne satisfont pas, — et il s'en rencontre un certain nombre dans les cabinets d'amateurs, — sans parler de ceux que la gravure a popularisés. L'œuvre de Weirotter, au Cabinet des Estampes de Paris, contient une— « *Éruption du mont Vésuve*, gravée d'après le tableau de M. Vernet; Weirotter sculpsit, Naples 1779, » — qui revient de droit à Jean. En effet la note citée : « madame Michel, graveuse..., etc., » — parle d'une *Éruption du Vésuve* : or cette note, sans date, se trouve parmi les adresses du troisième volume des *Livres de raison*, commencé à l'année 1775 et interrompu par la mort de J. Vernet. Elle peut être postérieure à la gravure de Weirotter, et rien n'empêche de voir, dans le tableau de madame Michel, l'original de la gravure, rapporté de Naples par Weirotter lui-même.

Une estampe d'Anne-Philiberte Coulet, très-répandue dans le commerce, — l'*Heureux Passage*, — porte pour nom d'auteur : — « Peint par Y. Vernet. » — De plus elle a ceci de particulier, que les figures s'éloignent complétement du type favori de Joseph. Au lieu des bonshommes élancés, maigres et un peu roides, qu'on est habitué à rencontrer dans ses marines, une foule de personnages grassouillets, et troussés à la Fragonard, grouille sur le premier plan. Or cette estampe est la reproduction exacte — sauf les figures et une barque — d'une marine gravée par Aliamet sous ce titre : — « 1e *Vue de Marseille. J.* Vernet, pinxit. Jac. Aliamet direx. » — Deux hypothèses se présentent : — ou madame Coulet, après avoir copié l'estampe d'Aliamet, a modifié les figures afin de donner à son œuvre un vernis de nouveauté, — ou elle n'a reproduit qu'une copie du tableau original gravé par Aliamet, copie où l'auteur aurait introduit des figures de son cru. Madame Coulet a baptisé ce Vernet inconnu, qu'elle savait ne pas être Joseph, d'une initiale de hasard — Y. — Si l'on adopte cette dernière hypothèse, c'est à Jean Vernet qu'il faudrait restituer le tableau de l'*Heureux Passage* (1).

Tel est — jusqu'à nouvel ordre — le contingent de Jean Vernet. Peut-être des recherches ultérieures permettront-elles de grossir son bagage.

La naissance de Livio, et celle d'Horace, qui suivit de près, en augmentant les charges de Joseph Vernet, lui imposaient une recrudescence de travail. Il ne s'agissait plus pour lui d'une gloire personnelle à acquérir : il fallait assurer l'avenir d'une femme et de deux enfants. Le courage du peintre se retrempa dans le cœur du père de famille : l'amour paternel doubla la fécondité de son esprit et l'agilité de sa main. En même temps, — par une juste faveur de la Providence, — sa fortune suivait un développement parallèle. Désormais, chaque jour voit augmenter le nombre et la qualité des clients. Le nom de Vernet est populaire à Londres. Il n'est pas un gentleman partant pour le continent qui n'inscrive sur ses tablettes : « A Rome, acheter un tableau de Vernet. » — Et une fois à Rome, comment s'en tenir à un tableau ? Il en faut au moins deux : — *le Calme* et *la Tempête.* — La plupart complètent les *quatre parties du jour*. Quelques-uns poussent jusqu'à la demi-douzaine. Ce ne sont plus des touristes

---

(1) M. de Laborde, *loco citato,* parle aussi d'un frère de Joseph qui déguisait sous une signature équivoque la médiocrité de ses tableaux. Il le nomme Ignace.— Ignace ou Jean, l'initiale est la même : le personnage ne serait-il pas le même aussi? — Pour moi, je ne saurais admettre sans preuves positives l'existence simultanée de deux ou trois frères se faisant une profession de dévaliser Joseph, et d'emprunter non-seulement ses habits, mais son nom, pour réussir dans le monde. C'est bien assez d'un.

vulgaires ou des amateurs de hasard. Les noms les plus illustres de l'Angleterre se donnent rendez-vous sur les *Livres de raison.* — Avant d'aller découvrir Baalbec et Palmyre, Robert Wood (1), le célèbre voyageur, laisse à J. Vernet cet autographe, en belle anglaise couchée : — « Quand M. Vernet aura fini ces quatre ta-« bleaux, je promets de luy payer deux cens écus pour les deux « grands et cent cinquante pour les deux de la toile de l'empe-« reur (2). — Robert Wood. — Rome le 5 décembre 1749. » — Les deux grands étaient — « *un Soleil levant dans un broüillard, et l'autre un Couchant;* » — et les deux en toile d'empereur devaient représenter — « des marines à ma fanthesie, — écrit Vernet, — qu'il y aije du grand et du vigoureux. » —

Deux Hamilton se présentent ensuite. Le premier, désigné simplement par ce nom de fantaisie — « M. Amilton » — paraît être ce peintre écossais, Gavin Hamilton (3), de qui Dallaway a osé dire : « Comme peintre d'histoire il n'était pas moins classique que le Poussin ; il avait un coloris plus pur et des attitudes plus gracieuses. » — Un titre plus sérieux de cet artiste peu connu sont les fouilles exécutées sous sa direction en 1769, — 1771, — 1792, aux environs de Rome, et surtout à la villa Adriana à Tivoli, et à Ostie, — fouilles qui exhumèrent tant de précieux morceaux antiques, aujourd'hui conservés au Vatican ou dans les grandes collections anglaises. — Gavin Hamilton ne figure que pour un tableau : — *une Tempête.*

(1) Robert Wood, né en 1705, mort en 1775, archéologue distingué, et un des premiers voyageurs qui aient fait connaître les ruines de Palmyre et de Baalbec, tant visitées depuis par ses compatriotes ; il publia en 1753 et 1757 le résultat de ses deux voyages en Orient, et en 1769 un Essai sur Homère.

(2) Sur la dimension des toiles d'empereur, voyez plus haut, tome V, page 495, note 2.

(3) « M. Gavin Hamilton, aux soins de qui nous devons nos plus belles statues antiques, est mort à Rome, en 1797 ; il y avait passé la plus grande partie de sa vie... C'était un homme très-considéré et de beaucoup de talent. Comme peintre d'histoire, il n'était pas moins classique que le Poussin ; il avait un coloris plus pur et des attitudes plus gracieuses. Un de ses principaux ouvrages est une série de tableaux pris de l'Iliade, qui ont été gravés par Cunego, et dont les originaux sont dispersés dans les différents cabinets de l'Europe... Il a peint à fresque l'histoire de Pâris, dans un appartement de la villa Borghèse, près de Rome. En 1773, il a publié en un volume in-folio, *Schola italicæ picturæ,* d'après les peintures les plus célèbres. » — Dallaway, *les Beaux-Arts en Angleterre,* tome II, page 116. *Note de l'auteur.*

Le second — « Milord Milton » — n'est autre que sir William Hamilton, héritier d'un grand nom et frère de lait de Georges IV. En 1752, âgé de vingt et un ans, il préludait, par une commande de quatre tableaux payés sagement quatre cents écus, à une des vies les plus excentriques qu'on puisse imaginer. Archéologue, amateur de tableaux, et plus tard ambassadeur, il réunit, à deux reprises différentes, les plus belles collections de vases étrusques, qu'il envoya vendre à Londres (1). Plus tard il brocanta moins honorablement, quand il revendit sans pudeur, — mais non sans bénéfices, — le nombreux portraits de sa maîtresse, la belle Emma Lyon. Chose bizarre! le *Livre de raison* de J. Vernet, ce chaste registre d'un père de famille, nous ramène par deux fois à cette célèbre courtisane. A quelques lignes de la commande de W. Hamilton, son second mari, — qui eut pour successeur le grand Nelson, — se trouve la commande du chevalier Featherston-Haugh, son second amant. Ainsi deux fois ces deux hommes se rencontrèrent sur le même terrain. C'est au sortir des mains du chevalier, — on le sait, — que madame Hart — Emma Lyon — passa dans celles du docteur Graham, le premier *exhibitor* de tableaux vivants, et — après avoir posé pour la déesse Hygia en costume d'Ève, — dans les bras de lord Greville, qui la céda — contre le payement de ses dettes — à son oncle lord Hamilton.

A côté de ces singuliers personnages, grimace la figure de M. Gabriel Mathias, — « peintre anglois, » — intrépide acheteur des tableaux de Joseph Vernet. Pendant quatre ans, toujours à l'affût, faisant main basse sur les menus tableautins qu'il paye vingt-cinq écus la paire, il procure des commandes, il expédie à Londres, il a toujours en poche quelque ami friand de marines, et, quand, à son tour, il part pour l'Angleterre, il emporte, avec une cargaison de peintures, la note des prix courants. A ces pro-

(1) « La première collection de vases étrusques vendue par M. W. Hamilton pour le Musée Britannique a été achetée par le gouvernement pour 8,000 liv. sterl., d'après un décret du Parlement. Cette collection est celle qui a été publiée par M. d'Hancarville, en 4 vol. in-folio. » — « ... Une partie de la seconde collection (a été) perdue par le naufrage du vaisseau *le Colossus*, qui a péri près des îles Scilly, en 1798. C'est celle qui a été publiée en 4 vol. in-fol. 1791-1797. Les planches ont été dessinées par M. Tischbein, et gravées par M. Clener... — La seconde collection de M. Hamilton est actuellement à Londres. Elle a été achetée par M. Hope... il a payé cette collection 4,500 guinées. » Dallaway, *les Beaux-Arts en Angleterre*, t. II, p. 140.

cédés, aussi bien qu'à son nom, qui ne reconnaîtrait le fils d'Israël, l'inévitable Mardochée? — Du reste il paye comptant, et en partant il laisse son adresse, afin qu'on *tire* sur lui. Ses commandes sont brèves : elles indiquent la dimension du tableau — et le prix, toujours bas; — « le reste à ma fanthaisie, » ajoute la plume fantaisiste de Vernet, — « la grande cascade de Tivoli, » — ou autre « dans le mesme goust; » — « une tempeste bien horrible, » — ou « un soleil couchant bien chaud; » — ou encore des cascades « avec des eaux troubles, des rochers, troncs d'arbres, et un païs affreux et sauvage. » — Il en veut pour son argent, — sans compter les *Matins* et les *Soirs*, afin de compléter l'assortiment.

Les vrais amateurs procèdent d'une façon tout opposée. Plus d'un n'a dicté sa commande qu'après avoir causé avec l'artiste, et l'avoir entendu décrire, avec cette verve dont parlent ses contemporains, les jeux singuliers de la lumière, les effets piquants, les motifs pittoresques qui l'ont frappé. — « Pour Mylord Saint-
« Jean deux marines en toile de quatre palmes représentent : une
« un broüillard, a ma fantesie, et l'autre un clair de lune avec
« deux vaisseaux de guerre, un vû par le flanc et l'autre par la
« poupe, a l'encre dans un port, avec les voiles ploijées; et que la
« lumière donne dessus, de façon qu'on les voye distinctement.
« Plus, un autre de deux pieds huits pouces d'Angleterre, sur
« quatre neufs pouces et demy de hauteur. devant representer une
« incendie de nuit, celuy cy quatre vints Ecû Romains, et
« les deux marines soisante la piece; l'incendie promise pour
« dans six mois de cette datte et les deux marines pour une
« année. Ce 17ᵉ 8bre 1748. » — Parfois ces programmes de tableaux sont des tableaux véritables. — « Pour M. Bou-
« verie (1) six tableaux en toile d'Empereur ordonnez au mois
« de janvier 1750 et promis pour deux ans apprés, c'est à dire
« l'année 1752, a deux cents sequins (2) les six, un dois repre-
« senter un soleil levant par un beau temps clair avec un vent
« frais et la mer un peu agitée; un autre, un couchant avec des

(1) Est-ce le James Bouverie dont on a le portrait gravé par Brookshaw, d'après Jos. Reynolds?

(2) Ailleurs J. Vernet donne la valeur des sequins en écus romains : 50 sequins = 102 écus et 5 pauls. Par conséquent 200 sequins = 418 écus ou 2,090 livres. — C'est pour rien.

« effets de lumieres singulliers, et l'arc en ciel dans le fond ;
« l'autre, une tempeste des plus horribles ; l'autre, un clair de lune,
« avec quelques feux sur le rivage. Ce qui pourra faire les quatre
« parties du jour dans ces quatre tableaux : les deux autres ce-
« ront deux païsages avec des cascades, rochers, troncs d'ar-
« bres, quelques ruines, et des figures dans le goust de Salvatore
« Rosa, le tout cependant a ma fantesie. »

Ce n'est pas la seule fois que J. Vernet témoigne — un peu contre lui-même — de sa prédilection de Salvator Rosa. Salvator avait été le dernier grand peintre de l'Italie, le seul de ses fils qui eût osé regarder le soleil en face : sa gloire brillait encore d'un éclat incontesté. Il avait mis à la mode une nature capricieuse, strapassée, mais énergique, dont Vernet s'attacha à lui dérober le secret. Et certes on pardonne volontiers cet enthousiasme, ou plutôt on le partage, quand on se souvient des splendides marines des galeries de Florence, où ce fougueux génie a jeté à pleines mains la lumière, en la couvrant d'un voile léger qui fait rêver. — Ailleurs J. Vernet écrit le nom de Guaspre, auquel il ressemble si peu. Ailleurs encore il s'est préoccupé de Claude Lorrain, ainsi que nous l'allons voir quelques lignes plus bas, cherchant l'imitation du maître inimitable.

Pour en finir avec les amateurs anglais, mentionnons encore — « Madame Thukborgh », qui se contente d'un dessus de cheminée, — « M. Tilson » qui veut quatre tableaux, — « M. Latheulier » qui en veut six ; c'est aussi le chiffre de M. Woodicar, et le peintre ne demande à l'un et à l'autre, pour les satisfaire, qu'une année de travail, — sans préjudice des commandes venues d'autre part. — « Le chevalier Louthez (1) » se borne à quatre, mais que de choses il faut y mettre ! — « ... Deux en marine de-
« vent reppresenter un clair de lune avec quelque rocher percé,
« et quelque feu, l'autre une tempeste avec une grande montagne
« dans le fond obscurcie par l'ombre d'un nuage, les deux autres
« deux paysages avec quelque vüe d'appres nature, une prise à
« Tivoli, ou l'on vois les Cascatelle, et le palais de Mecenas, et

---

(1) Ou Louther — Lowther sans doute. Tous ces noms étrangers sont plus ou moins victimes des habitudes d'orthographe de J. Vernet. Il serait trop long et trop fastidieux de les rectifier un à un : je les cite tels que les donne le *Livre de raison*. — Même observation pour Aldeewans, qui peut être aussi bien Aldecraus ou Aldecrans.

« l'autre une vüe de l'Arricia, ou l'on vois une partie de l'eglise du
« Bernin.... »

Enfin cette liste sera complète, si l'on y joint « M. Howard »,
autrement dit lord Strafford, héritier d'une portion de la collection d'Arundell, et « M. Thomas Dawson, de Dublin ».

Ainsi l'Irlande vient renforcer l'Angleterre. Pendant cette période de cinq années — 1747-1751 — J. Vernet a produit, — pour le Royaume-Uni seulement — soixante-six tableaux, payés à des prix très-modérés, pour ne pas dire bas, et formant toutefois un total de près de vingt-six mille livres.

C'est la plus belle période de la vie de J. Vernet. Sa réputation a forcé les barrières. — Recherché à Londres, aimé à Paris, connu partout, il voit ses tableaux porter jusque sous les cieux hyperboréens la gloire de son nom sur un rayon de soleil d'Italie. La Hollande veut connaître cet héritier de Backhuysen et de Van der Neer, — et « M. Haslard, gentilhomme hollandois, » se hâte de lui montrer six tableaux de Vernet, — des marines et des vues de Rome. La Suède meurt d'ennui au fond de ses forêts humides : six tableaux de Vernet la guériront, — quatre pour le baron Aldeewans, et deux pour M. Bouchardon, le frère expatrié du célèbre sculpteur (1). L'Autriche à son tour s'émeut : tout Vienne vient admirer chez le comte d'Harach (2) six tableaux de Vernet, improvisés en un an, et payés 2,600 liv. — Enfin il n'est pas jusqu'au roi de Prusse qui ne désire des tableaux de Vernet : Il charge le surintendant de ses bâtiments de lui en commander deux ou trois ; et le sculpteur Adam (3) s'acquitte de la commis-

---

(1) Jacques-Philippe Bouchardon, frère d'Edme, né en 1711. M. Dussieux, s'en rapportant à la date donnée par Marianne d'Ehrenström, le fait mourir vers 1745. Il a vécu au moins jusqu'en 1750, date de sa commande.

(2) Il y a à Turin une collection de tableaux, connue sous le nom de galerie du comte d'Arach ou d'Harach. Elle ne renferme qu'un tableau de J. Vernet. La dimension, 1 mètre 30 centimètres sur 90 centimètres, s'accorde assez avec les mesures indiquées ici : toiles d'empereur. C'est une Tempête : la couleur est belle, il y a de l'éclat ; mais le *faire* m'a paru petit et le ton faux dans certains passages. Reste à savoir si cette collection est une partie de celle qu'avait rassemblée à Vienne le comte d'Harach, de Vernet

(3) François-Gaspard-Balthazar Adam, premier sculpteur du roi de Prusse, frère de Lambert Sigismond et de Nicolas-Sébastien. Il était à Berlin depuis 1748. Il mourut à Paris, en 1761. On peut consulter sur cet artiste l'excellent ouvrage de M. Dussieux : *Les Artistes français à l'étranger*, pages 69-70.

sion en choisissant des « *Bains de femmes,* » c'est-à-dire des baigneuses livrant leur corps lascif aux caresses de la vague, à l'ombre de grands rochers, ou de peupliers palpitants sous la brise.

En 1750, Rome vit arriver dans ses murs une petite caravane à qui elle fit une réception princière. C'était un quasi-prince en effet, — comme sa sœur était une quasi-reine, — ce marquis de Vaudières, ou de Marigny, le frère de Madame de Pompadour. En ce bon temps d'alors, on commençait par se pourvoir d'une place, et puis l'on s'occupait de se rendre propre à la remplir. M. de Vaudières venait d'obtenir la survivance du directeur et ordonnateur général des Bâtiments, M. de Tournehem. On jugea utile, pour son éducation artistique, de l'envoyer en Italie, et on lui composa une petite cour, destinée à lui mâcher les connaissances spéciales qu'il devait acquérir dans ce voyage. L'architecte Soufflot, le critique et abbé Leblanc, et le graveur Cochin furent chargés de ce rôle de nourrices : c'est d'eux que le futur ministre devait recevoir, comme un lait bienfaisant, ses impressions toutes faites. Voir les monuments à travers les lunettes de Soufflot, juger des peintures selon le goût de l'abbé Leblanc, dénigrer à tort et à travers avec l'esprit faux de Cochin, — ce programme de biberon fut heureusement déjoué par l'excellente nature du nourrisson. Au fond, François Poisson, déguisé sous ses marquisats de rechange, était un brave homme doué d'un vrai bon sens : il aima mieux voir de ses propres yeux ; il étudia moins les œuvres d'art que les conditions d'existence de l'art et les institutions fondées pour en perpétuer la gloire. Il revint de son voyage amateur d'un goût médiocre, mais bon administrateur.

Ce fut un voyage de fêtes et de plaisirs. A défaut de la favorite on tenait son frère. La belle occasion pour faire sa cour ! Tout ce monde d'artistes avait dans M. de Vaudières son chef immédiat, la source des faveurs, le canal des grâces royales. L'Académie le logea, le directeur donna des bals, les élèves organisèrent des mascarades (1). J. Vernet n'eut pas à se mettre en frais,

(1) Laissons parler un témoin oculaire : « M. le marquis de Marigny, déjà destiné à remplir la place qu'il occupe aujourd'hui avec tant de distinction, voyageait en Italie, en 1750, et pendant son séjour à Rome, vint loger au palais de l'Académie de France. La joie de tous les pensionnaires ne se peut exprimer. Nous fûmes charmés de posséder pour la première fois un futur Directeur général, rempli de la noble avidité d'acquérir des connoissances et dont le goût pour les arts annonçoit

si ce n'est de talent. La caravane arrivait à lui les mains pleines. N'est-ce pas M. de Vaudières qui lui apporta cette commande inscrite avec une certaine solennité en tête d'une page blanche, et dont les termes semblent indiquer qu'elle était accompagnée d'une lettre de sa puissante sœur? « Pour le Roy de France, deux
« tableaux de quatres pieds deux pouces et demy de large ; et deux
« pieds quatres pouces et demy de haut, ordonnez le 12ᵉ may 1750
« par Madame de Pompadour, et promis pour le mois d'octobre
« de la même année, les sujets ceronts a ma fantaisie. » — Les *Reçus* nous apprennent que le roi paya ces deux tableaux deux mille livres. — L'abbé Leblanc s'inscrit immédiatement après pour « deux tableaux representent l'un une marine avec un soleil
« couchant bien chaud avec une mer tranquille, et l'autre un
« paysage avec un matin bien frais... » — Quant à Cochin et Soufflot, pour imiter ce bon exemple, et ne pas sortir de l'atelier les mains vides, ils décrochèrent au hasard deux petites toiles, l'un « un paysage au premier coup », du prix de dix écus, l'autre une marine, payée deux cent cinquante livres. Les *Reçus* seuls

la gloire dont il jouit et qu'il répand sur eux. Pour lui témoigner notre sensibilité de l'honneur que nous recevions, nous résolûmes d'aller en corps lui demander la permission de célébrer cet heureux événement, et, pour en laisser des marques à la postérité, de nous accorder son portrait. M. le marquis de Marigny parut touché de ces témoignages d'amour et de reconnaissance et nous octroya obligeamment notre demande. En sortant de chez lui, nous allâmes tout de suite chez M. de Troy lui faire part de la grâce que nous venions d'obtenir, et le prier instamment de vouloir bien faire lui-même le portrait de M. le marquis de Marigny. Il s'y prêta avec sa bienveillance ordinaire, et y travailla sur-le-champ. Ce portrait très-ressemblant, et fait dans la grande manière, est placé dans le grand salon.

« Nous voulûmes encore donner des marques publiques de notre satisfaction, et pour cet effet, nous convînmes entre nous de donner un bal magnifique, où toute la noblesse romaine serait invitée par des billets. Nous fîmes part de ce projet à M. de Troy, qui en parut très-content, et nous dit que, puisque nous nous engagions à donner une fête, il fallait quelque chose qui fût digne de M. le marquis de Marigny, et qui ne diminuât rien de l'idée avantageuse qu'ont les Romains de la délicatesse et du goût des François. Il eut la générosité de vouloir en partager les frais par moitié avec nous, en nous laissant cependant toute la gloire, car il demanda comme une grâce de garder comme un secret inviolable la part qu'il y avoit. Il en demanda la permission à M. le marquis de Marigny qui fut également flatté de cette nouvelle preuve de notre joie. La fête fut donnée le dimanche 21 février 1751, et mérita l'approbation de tous ceux qui s'y trouvèrent. » *Remarques pour servir de supplément à la vie de M. de Troy*, par M. Caffieri, publiées dans les *Mémoires inédits sur la vie et les ouvrages des membres de l'Académie royale*, t. II, p. 283.

en font mention. — M. de Vaudières se traita en enfant gâté : il ne prit qu'un petit tableau, lui aussi, du prix de quarante écus — 200 livres —, mais représentant un *Bain de femmes,* — le gourmand !

M. de Marigny répara plus tard les dédains de M. de Vaudières. Si sa visite ne laissa que 200 livres dans les mains de J. Vernet, elle fut féconde pour l'avenir. Le peintre sut s'y préparer dès lors une protection qui ne lui fit jamais défaut. — Qui sait même si ce n'est pas à cette époque qu'il faut faire remonter la première idée des tableaux des Ports de France, commandés seulement trois ans après? Cette idée n'est pas de celles qui éclosent tout d'un coup dans la tête d'un roi ou d'un ministre. Louis XV tenait trop peu à sa marine, pour désirer — même en peinture — des ports de mer. Et quant au marquis de Marigny, ce n'est pas, j'imagine, un beau matin, en sortant des mains de son valet de chambre, qu'il se frappa le front en s'écriant : « Commandons à Vernet les portraits des Ports de France! » — Non, mais il se souvint qu'à Rome il avait témoigné au peintre de marines le regret que son genre le tînt en dehors des commandes laissées à la disposition du directeur des Bâtiments. Le roi pouvait bien acheter deux ou trois paysages pour dessus de porte ou dessus de cheminées : mais comment transformer cette peinture de cabinet en peinture officielle? On en avait causé dans l'atelier de l'artiste : on avait parlé de la France. J. Vernet s'était plu à raconter l'impression ineffaçable laissée en lui par la vue de Marseille, par le spectacle de son port toujours animé, par son voyage de Marseille à Livourne. — « Les côtes de Provence, avait-il ajouté, valent les rivages de l'Italie. » — Et de Marseille on s'était transporté à Toulon, où le règne précédent avait accumulé de si grandes choses; puis on s'était dit que l'Océan a aussi ses beautés, plus tragiques, plus sombres que les grâces capricieuses de la Méditerranée : et quels beaux ports ouverts au commerce de nos colonies, Bayonne, Bordeaux, Rochefort, la Rochelle! — Bref, l'abbé Leblanc — ou tel autre — avait peut-être jeté cette parole en l'air, et sans y attacher d'importance : « Ce seroit une curieuse chose, qu'une galerie offrant la peinture exacte des villes maritimes qui font la richesse du royaume, et vous seul, M. Vernet, êtes capable d'une pareille œuvre. » — Aussi, lorsque, l'année d'après, J. Vernet, poussé à Paris par le soin de sa gloire et de sa fortune, vint se rappeler à la bienveillance de M. de Marigny, mis désormais par la mort de M. de Tournehem en possession de la place dont il n'était que titulaire, le ministre n'eut qu'à se souvenir : l'idée fut reprise, mûrie dans les bureaux, communiquée à des hommes de mer, et enfin convertie en projet sérieux, dont l'*Itinéraire* devint le programme.

Mais n'anticipons pas, — et restons à Rome. Quelle que fût, en 1750, la réputation de J. Vernet, il lui manquait, aux yeux de la société française, une consécration officielle. La commande du roi lui en donnait une, — en attendant l'Académie. Aussi s'empresse-t-on chez lui, l'ambassadeur en tête. Au surplus, le duc de Nivernais ne faisait en cela que suivre l'exemple de ses prédécesseurs, le duc de Saint-Aignan et le cardinal de la Rochefoucauld, tous deux riches des ouvrages de J. Vernet. — Le marquis de Forbin n'a garde d'oublier à Rome ses hôtels d'Aix ou d'Avignon, toujours ouverts aux œuvres d'art. — Le marquis de Bellay, un amateur, — se fait le compagnon du peintre : ensemble ils visitent les galeries, ensemble ils parcourent les environs, et, quand le marquis part, c'est J. Vernet qui reste chargé de lui expédier, avec deux tableaux de sa main, deux petites statues, et une *Tête* exécutée par Vien. — D'autre part, l'abbé Leblanc amène sur ses pas les gens de lettres. Voici la Bruère, le directeur du *Mercure de France*, venu à Rome pour y mourir ; — Thiroux d'Épersennes, le magistrat philanthrope, alors maître des requêtes ; — de la Curne de Sainte-Palaye, futur académicien, — et d'autres. — Pour ce monde-là, la grande affaire est d'avoir un Vernet, parce que Vernet est à la mode : le sujet importe peu. Au contraire, on reconnaît le véritable amateur au soin avec lequel est détaillée la commande. Tel est M. Peilhon, secrétaire du roi. Il possédait déjà dans son riche cabinet quatre tableaux de J. Vernet, payés 1,800 livres, quand il lui demanda celui-ci, où il le pousse à agrandir sa manière, en lui proposant pour modèle un maître illustre : — « Pour
« M. Peilhon un tableau de trois pieds sept pouces et demy de
« large sur deux pieds six pouces de haut, devent représenter un
« soleil couchant dans un jour des plus chauds de l'esté, avec
« un quay orné de superbes edifices, de toutte sorte de basti-
« ments maritimes et beaucoup de figures ; et de l'autre costé
« des grands arbres touffus sur un tairain qui avance dans la

« mer ou sonts abordés quelques bateaux, et des baigneurs sous
« la fraicheur desdits arbres; tout le tableau doit être d'un ton
« doré et chaud, pour faire pendant a un de Claude Lorrain qui
« represente aussi un soleil couchant, et qui est dans le Cabinet
« du Roy de France; le prix est de six cents livres; ordonné le
« 1er 7bre 1749. » — Ce tableau capital a été gravé par Jean
Daullé sous le titre menteur : — *Les différens travaux d'un
port de mer*. — A ne juger que d'après la gravure, J. Vernet paraît avoir été gêné par les exigences de M. Peilhon : la composition est vide : des objets demandés il ne manque pas un, mais ils semblent jouer aux quatre coins. Peut-être la couleur liait-elle tous les détails dans une savante harmonie. C'est ce qu'il nous serait difficile de juger, le tableau ayant passé en Angleterre (1).

L'année d'après, nouvelle commande de M. Peilhon, toujours fidèle à son système. — « Pr M. Peilhon deux tableaux de deux
« pieds huits pouces de large, sur deux pieds un pouce de haut
« devant reppresenter un soleil couchant, bien chaud et bien
« doré, et l'autre un matin bien frais, qu'il y aije du païsage et
« de la marine, avec des cascades ou des rivieres, des figures et
« des animeaux, ordonnez au mois de 9bre 1750. Le prix est
« douze cents francs les deux (2). » — Mais en 1752 le voici plus raisonnable — et plus artiste. — « Pr M. Peilhon deux tableaux
« de quatres pieds de long sur deux et demy de haut, mesure de
« France, un doit reppresenter une incendie, et l'autre un soleil
« couchant ou lon voije le disque du soleil qui commence a être
« caché par l'orizon de la mer, et dans une vapeur rougeâtre (qui)
« fait que pour lors on peu regarder le soleil et qui ne laisse
« pas que d'ebloüir ; ordonnez au mois de mars et promis pour
« le mois de decembre 1752. Le prix est de douze cents livres
« les deux. »

(1) On peut suivre d'étape en étape l'histoire financière de ce tableau. La vente du cabinet Peilhon, en 1763, en tripla la valeur : il fut adjugé pour 1,858 livres, soit à M de Julienne lui-même, soit à un marchand qui le revendit à ce célèbre amateur. En 1767, à la mort de l'ami de Watteau, il atteignit le prix de 5,915 livres, c'est-à-dire plus de six fois et demi le prix payé à J. Vernet. « Acheté pour l'Angleterre, » dit le catalogue de vente d'où nous extrayons ces chiffres.

(2) Ces marines n'avaient pas la même force ascensionnelle que le tableau précédent. A la vente de Peilhon, elles ne montèrent que jusqu'à 1,800 livres. Une des deux a été gravée par Jean Daullé sous le titre : *le Pèlerinage*.

Nous retrouverons plus tard M. Peilhon et son fils : tous deux sont de bons amis de J. Vernet. Il n'est service qu'ils ne lui rendent. Ils l'aident dans ses placements, ils lui font passer ses rentes ; enfin, à l'occasion, ils prêtent de l'argent. On comprend que vis-à-vis d'aussi complaisants personnages J. Vernet se tienne, comme on dit, dans des prix doux.

Au moment de clore cette nouvelle période de la vie de J. Vernet, il peut être intéressant de résumer en quelques chiffres son travail pendant les cinq années — 1747-1751.

Les commandes et les reçus mentionnent :

En 1747	5 tableaux.	. . . .	1,050 livres.	
En 1748	15 »	. . . .	4,500	»
	plus 3 »	ne portant pas de prix.		
En 1749	25 »	. . . .	7,137 livres 10 sous.	
	plus 6 »	ne portant pas de prix.		
En 1750	38 »	. . . .	15,462 livres 10 sous.	
	plus 16 »	sans indication de prix.		
En 1751	40 »	. . . .	18,300 livres.	
	plus 7 »	sans indication de prix.		
Total.	155 tableaux.		46,450 livres.	

On le voit par ce résumé, chaque année signale une progression marquée, non-seulement dans le nombre des tableaux, mais dans leur prix. En cinq ans, depuis son mariage, J. Vernet a doublé ses revenus. C'est qu'il possède le meilleur des capitaux, le talent, et, — avec le talent, — le travail qui rend tous les capitaux productifs.

VI

On a dit qu'il n'avait pas moins fallu que l'ordre de M. de Marigny pour forcer J. Vernet à quitter l'Italie et à venir exécuter en France les tableaux des Ports. Je ne sais sur quels fondements repose cette assertion. Les *Livres de raison* la rendent tout à fait improbable. Il résulte de diverses notes en apparence insignifiantes que J. Vernet, avant de dire à Rome un adieu définitif, a fait plusieurs voyages en France. Ainsi, en mai 1751, il règle tous ses comptes ; — tailleur, marchand de couleurs, marchand de toiles à peindre. — Il cesse de payer son barbier, et ne recommence qu'au milieu de novembre, — « doppo tornato del mio viaggio in Francia, » — dit-il en propres termes. En juillet et août il paye les gages de ses domestiques en monnaie française. Bien plus, depuis le mois d'avril jusqu'à la fin de cette année, il n'y a plus sur les *Livres* trace de commandes. Enfin le voyageur a été vu en France; un de ses contemporains en porte témoignage, c'est Natoire qui se rendait à Rome pour diriger l'Académie. Il écrit de Marseille le 6 octobre 1751 (1) : — « Nous « avons été au concert lundy dernier ou j'ay rencontré l'illustre « et l'universel Dandré Bardon; il arrivoi d'Aix dans l'enstant;... « un moment apres nous avons fai connoissance avec M. Vernet « et la soua signora esposa que' veramente gratiosa. Il et aussi a « la veille de son départ pour Rome. »

L'année suivante, en mai 1752, J. Vernet vient encore à Marseille : il y reste jusqu'en décembre. Mais le 26 de ce mois il est à Rome, puisque deux domestiques italiens entrent à son service, au prix de « cinque scudi e mezzo. » Enfin le mois de mars 1753 retrouve en France et toujours à Marseille ce même peintre, que rien ne pouvait, dit-on, arracher à l'Italie. Mais cette fois c'est bien sans esprit de retour.

Ces voyages en France, accomplis à la même époque, pendant trois ans de suite, s'expliquent le plus naturellement du monde. J. Vernet fuit Rome pendant la saison des fièvres. — Mais s'il eût tant tenu à l'Italie, qui l'empêchait de se caser à Frascati, à Albano, ou même de pousser jusqu'à Naples qui avait déjà fait si bon accueil à sa personne et à ses œuvres? S'il passe la mer deux fois chaque année avec de jeunes enfants, s'il vient s'établir pendant six ou huit mois à Marseille, ville enfiévrée de commerce et peu enthousiaste de peinture, c'est à coup sûr qu'un instinct puissant le rappelle dans son pays, sans qu'il soit besoin des ordres du ministre. Il n'ose cependant affronter, avec le séjour de Paris, un avenir plein d'incertitudes; l'hiver venu, il retourne à Rome, parce qu'à Rome il retrouve sa clientèle déjà ancienne et toujours fidèle, — la société anglaise, renforcée de quelques seigneurs romains et des Français de passage.

La triple tentative de J. Vernet pour prendre pied sur le sol de la France finit par réussir en 1753. La patrie a reconnu son

---

(1) Correspondance de Natoire avec Antoine Duchesne, prévôt des Bâtiments du roi. *Archives de l'Art français*, t. 1er, p. 262.

fils ingrat, elle le tient, elle ne le laissera plus partir. L'affaire des Ports est en bon chemin : le peintre voyageur va lui-même à Paris en hâter la conclusion. L'Académie de Peinture et de Sculpture profita de son séjour pour l'admettre dans son sein le 23 août, sur la présentation d'un Coucher de soleil dans un port de mer, — payé 750 livres (1). Au mois d'octobre, J. Vernet est de retour à Marseille, prêt à commencer la suite des tableaux des Ports.

Mais, avant de le suivre dans cette entreprise qui remplit dix années de sa vie, arrêtons-nous un moment sur les travaux exécutés à Marseille par J. Vernet et sur les derniers souvenirs qu'il a laissés à Rome, sa patrie d'adoption.

Quatre tableaux pour « M. le chevalier Henry Irlandois, rep-« présentent les quatres parties du jour en sujets de marine,.... « le prix de cents cinquante livres sterlins les quatres; » — et deux tableaux pour « un amy de M. de Calas (2) dè Marseille, « ordonnez par M. Natoire directeur de l'Academie de France a « Rome, le prix de cent cinquante livres chacun; » — telles sont les dernières commandes inscrites à Rome sur le *Livre de raison*; mais déjà celle-ci n'appartient plus à la société romaine et se rattache aux tableaux que J. Vernet exécuta à Marseille.

Cette ville comptait alors quelques amateurs distingués. Bien que le gros de la noblesse résidât à Aix, avec le Parlement, il en restait encore assez à Marseille pour y entretenir le goût des choses de l'esprit. Malgré les préoccupations du commerce, les lettres et les arts recrutaient, même parmi les négociants, quelques adeptes. Une Académie des sciences et belles-lettres fonctionnait déjà depuis 1726. — En 1753 on parvint à fonder une Académie de peinture et de sculpture. J. Vernet ne fut peut-être pas étranger à son établissement : aussi l'Académie naissante, après s'être placée sous la protection du marquis de Marigny, protec-

(1) « Pour l'Académie de Paris, un tableau, — 150 écus romains. » — Et immédiatement après : — «... depuis mon retour de Paris à Marseille. » — L'Académie était-elle dans l'usage de payer les tableaux de réception? Cela n'est guère probable : il s'agirait alors d'une commande de l'Académie, — chose insolite. — Le tableau n'est pas au Louvre.

(2) Jean-Charles Calas, seigneur de Villepeys, fut reçu conseiller du roi, receveur général des domaines et bois de Provence, le 17 juillet 1744. Artefeuil: *Nobiliaire de Provence*.

teur obligé des beaux-arts, et avoir choisi pour directeur perpétuel l'illustre Dandré Bardon, — ainsi qu'on l'appelait alors, — inscrivit le nom de J. Vernet en tête de ceux des académiciens à qui elle accordait le titre de *membres d'honneur*.

A son premier voyage à Marseille, J. Vernet ne recueillit aucune commande : dès le second, il se vit à la mode. Et de fait, s'il est un genre de peinture qui doive trouver grâce aux yeux d'une ville maritime, c'est la marine. On s'empressa autour du nouveau débarqué. M. de Fontainieu (1) lui demanda deux tableaux pour son hôtel de la place Noailles. M. Noguier de Malijay (2), receveur général des finances en Provence, ne crut pas pouvoir donner un meilleur pendant à un paysage de Karel Dujardin qu'un paysage de Vernet. Le marquis de Bausset, amateur distingué qui a gravé quelques pièces à l'eau-forte, voulut une marine et un paysage : « ... la marine doit etre un calme avec un couchant bien chaud et d'un ton fort et vigoureux sur les terreins, et le paysage doit avoir des rochers, cascades, troncs d'arbres, etc... » — L'exemple de cet homme de goût entraîna son beau-père De Selle, trésorier général de la marine, et quelques autres. — Enfin deux négociants vinrent aussi s'inscrire sur le *Livre de raison*. L'un mérite d'être cité à cause du sentiment de vanité conjugale qui dicta sa commande : « Pr Mr Bourlat « neg^t a Marseille un tableau a ma fentaisie tant pour la grandeur « que pour le sujet, je dois cependant faire en sorte qu'il y aye une « figure ou je puisse peindre le portrait de Mad^e son epouse. » — L'autre n'a pas besoin de notre recommandation pour passer à la postérité : Balechou s'est chargé de rendre son nom célèbre. Tant que *la Tempête* et *les Baigneuses* resteront des chefs-d'œuvre de gravure, on se souviendra que les tableaux originaux appartenaient à M. de Poulhariez. — Voici la commande qui me paraît se rapporter au second de ces morceaux : — « P^r M^r. Poulhariez « neg^t a Marseille deux tableaux reppresentent des marines ou il

(1) « De Barrigue de Fontainieu – qu'il ne faut pas confondre avec Gaspard-Moïse de Fontanien, contrôleur général des meubles de la couronne possède une grande collection de tableaux d'après les grands maîtres des trois écoles; beaucoup de beaux dessins et gouaches, et de très-belles estampes. » *Almanach des Artistes*, de 1776.—Il devint membre honoraire-amateur de l'Académie de peinture et sculpture de Marseille en 1765. Il demeurait place Noailles.

(2) Noguier de Malijay a été aussi honoraire-amateur de l'Académie en 1755. — Sur le marquis de Bausset, voy. le *Dictionnaire* d'Achard.

« ait aussi un peu de paysage et des sujets gracieux comme un
« lever et un coucher du soleil sans faire des tempêtes (il possé-
« dait déjà celle que la gravure a rendue populaire), et parmi les
« figurines, des femmes des environs de Rome et des Grecques,
« et y mettre mon portrait (l'exemple est contagieux !); ils doivent
« être de deux pieds et demy de large sur deux de haut mesure
« de France (1), ordonnez dans le mois de mars 1753 et promis
« le plustot que je le pourray : je suis libre dans tout ce que je
« voudray faire dans lesdits tableaux, ainsy que d'y mettre le prix
« que je voudray. »

Ces vingt ou trente tableaux que J. Vernet laissa à Marseille exercèrent sur les destinées de l'art dans cette ville une influence décisive. La plupart des artistes de l'Académie, qui végétaient faute d'amateurs pour la peinture d'histoire, se lancèrent résolument dans la voie nouvelle ouverte devant eux. Kapeller (2), —

(1) C'est précisément la mesure indiquée pour les *Baigneuses* par le catalogue du cabinet de Choiseul, — 24 pouces sur 30, — commandé en 1755; ce tableau ne fut payé, et peut-être livré, qu'en 1757. J. Vernet, libre d'y mettre le prix, se contenta de 500 livres. Balechou, qui avait déjà emprunté à M. Poulharriez son *Calme* et sa *Tempête*, vit chez lui les *Baigneuses* dès leur arrivée, et conçut aussitôt l'idée d'un chef-d'œuvre. Le *Mercure de France*, de juin 1757, en annonçant la mise en vente de *la Tempête*, apprend aussi au public que Balechou travaille à une troisième estampe d'après Vernet. L'apparition de la gravure fit le succès du tableau. Comment il passa du comptoir d'un négociant marseillais dans le cabinet du duc de Choiseul, c'est ce qu'il serait malaisé d'établir. Toujours est-il qu'à sa vente, en 1772, ce morceau, payé 500 livres au peintre, fut acheté au prix de 5,950 livres. Le prince de Conti, grand prieur de France, le posséda jusqu'à sa mort, arrivée en 1777. Le hasard des ventes le fit passer alors pour 5,100 livres entre les mains de Dulac, le marchand de tableaux, qui le revendit pour la même somme, en 1778.

M. Poulhariès devint honoraire-amateur de l'Académie de Marseille en 1755. Il demeurait rue Curiol.

(2) « M. Kapeller, peintre et géomètre, professeur de dessin, de géométrie, et de mechanique, » ainsi le qualifient les listes de l'Académie de peinture et sculpture de Marseille, dont il fut un des fondateurs; il devint directeur-recteur en 1771; il y figure encore en 1781. Le *Mercure de France,* qui rend compte de l'exposition des ouvrages des divers membres de cette académie, en 1756, 1757, 1760, 1761, 1765, ne manque pas de citer Kapeller le père, pour ses tableaux de marine, de paysage, d'architecture, de fleurs, et pour ses dessins à l'encre de Chine, gouaches et portraits au pastel. Kapeller eut un fils, qui exposa en 1757 des tableaux de coquilles, et une fille, Adélaïde, associée académicienne, en 1772. Les seules œuvres de Kapeller le père que je connaisse sont deux tableaux au château Borély, dont la collection a été acquise par la ville de Marseille, et une pitoyable eau-forte, la Vue de l'Hôtel de ville, placée en tête de l'almanach déjà cité.

un peintre de tout, même de paravents, — s'improvisa peintre de marines. David (1) s'inspira des paysages de Vernet exécutés dans la manière de Salvator Rosa, et introduisit cette manière à l'école, si bien que cinquante ans plus tard le paysagiste Constantin (2) cambrait encore les arbres, entassait les rochers, tailladait les terrains et encuirassait les figures, à l'imitation du peintre napolitain et du peintre d'Avignon. — Enfin, un élève qui venait de remporter le premier prix, Henry (3), sollicita et obtint la faveur d'être le *rapin* du peintre des Ports, c'est-à-dire de râcler sa palette et de nettoyer ses brosses; dès lors, attaché aux pas de J. Vernet, il le suit partout, il le voit dessiner, il le voit peindre : à force de traîner sa boîte à couleurs et de se frotter à son portefeuille, il finit par s'approprier tellement les procédés de composition et d'exécution du maître, qu'il mérita d'être appelé le *Singe de Vernet*. C'est ainsi que le qualifie une feuille anonyme, publiée à l'occasion d'une exposition de l'Académie de Marseille. — « Le Soleil couchant de M. Henry, dit le critique, ressemble aux Bouillon des Bouillons, c'est-à-dire le tableau des tableaux, » — et rien n'est plus vrai de toutes ses œuvres. Henry, de son temps, passa pour un grand homme. Aujourd'hui on gratte son nom au bas de ses marines, et d'un Henry passable on fait un détestable Vernet.

Il faut placer ici un document précieux pour cette époque de la vie de J. Vernet, lequel se rencontre dans les *Livres de raison* sous ce titre : — « Personnes que j'ay a voir a Paris. » — C'est en apparence une simple liste de noms, écrite en juin ou juil-

---

(1) Comme Kapeller, David, membre de l'Académie de Marseille, et professeur, est cité dans les comptes rendus des expositions. Je ne connais de cet artiste aucun tableau, mais des dessins de paysage champêtre, exécutés d'une plume très-fine.

(2) Jean-Antoine Constantin, né en 1756 aux environs de Marseille, mort à Aix, en 1844, est une de ces figures sympathiques qu'on aime à rencontrer sur son chemin. Les matériaux que nous avons recueillis nous permettront, je l'espère, de donner dans peu sur la vie et les travaux de cet artiste une notice authentique et complète. Par la recherche de l'émotion dans le paysage, par sa prédilection marquée pour les orages, les coups de vent, les torrents, les incendies, en un mot le pathétique de la nature, Constantin a été le dernier représentant du genre Vernet.

(3) Jean Henry, né à Arles en 1754, mourut en 1784. Voyez sur cet artiste : Achard, *Dictionnaire des hommes illustres de Provence*.

let 1753, à la veille de partir pour la grande ville. C'est en réalité un miroir fidèle des amitiés du peintre à cette époque, des protections qu'il s'est acquises, de ses espérances pour l'avenir; c'est le coin du monde auquel l'attachent en ce moment ses goûts ou ses intérêts.

— « Personnes que j'ay a voir a Paris

« M^r

« Le duc de Saint-Aignan, » — l'ancien ambassadeur à Rome; on a vu qu'il a emporté de J. Vernet huit tableaux et six dessins.

« Le duc de Tresmes. »

« Le duc de Nivernois. » — De retour de son ambassade de Rome depuis 1752, il possédait, dans son hôtel de la rue de Tournon, un tableau de J. Vernet. Esprit fin, délicat, membre de l'Académie française, ses œuvres forment dix volumes qu'on ne lit guère.

« MM. de Villette frères. » — Le frère aîné est Félix-Simon de Villette, directeur des Postes à Lyon, à qui sont dédiées les deux *Vues du Levant* gravées par Aliamet, — « *Artium cultori,* » dit la dédicace. J. Vernet lui a fait quatre tableaux.

Le second, Pierre-Charles, seigneur du Plessis-Lougneau, de Bassicourt, etc., conseiller du roi, commandeur de l'ordre royal et militaire de Saint-Louis, trésorier général de l'Extraordinaire des guerres, devint marquis de Villette quelques années avant sa mort. Il demeurait à Paris rue Louis-le-Grand. Ses relations avec J. Vernet datent de 1744. Il s'établit entre ces deux hommes une véritable et solide amitié que rien ne put affaiblir pendant plus de vingt ans. Chaque année le marquis se rappelait au souvenir du peintre par une ou deux commandes ; le peintre n'épargnait rien pour satisfaire le goût raffiné du marquis. Il a exécuté pour lui vingt-deux tableaux (1). — Le marquis de Villette mou-

---

(1) La longue amitié de J. Vernet et du marquis de Villette me servira d'excuse pour les détails qui vont suivre. Voici, d'après les *Livres de raison* et les catalogues de vente, l'inventaire du cabinet de Villette.

En 1741. — « Pour M. de Villette deux paysages un représentent une chasse au canard sur un lac par un broüillard et l'autre une pesche sur une riviere par un orage, ordonnez l'an 1744, a 25 ecû la piece. » — Soit 125 ou 130 livres.

A la mort de M. de Villette, la *Chasse aux canards*, vendue 1,000 livres, passa dans le cabinet Randon de Boisset, et, à la vente de ce cabinet célèbre, en 1777, elle atteignit le chiffre de 3,999 livres ; acquéreur Feuillet. (Feuillet, sculpteur de

rut en 1765. Il avait eu deux enfants : Charles, marquis de Villette, homme de plaisirs, correspondant de Voltaire et mari de *Belle et Bonne* (mademoiselle de Varicourt), — et Louise-Camille, comtesse de Prie.

« Les deux frères MM. de la Curne rue Vivienne. » — C'est-à-

l'Académie de Saint-Luc, avait pour spécialité les ouvrages de porphyre, jaspe, granit, serpentine, etc.)

En 1745, deuxième commande : — « Pour M. de Villette deux tableaux de trois palmes un réppresentent un lever du soleil et l'autre un couchant en paisages et marines, a 30 (écus romains) la pièce. » — Ils ne figurent pas au catalogue de vente.

En 1746, M. de Villette, plus désireux que jamais de s'entourer des œuvres de son ami, et peut-être aussi de lui assurer du travail pour plusieurs années, lui demande « huits tableaux en toile de quatres palmes,... représentent deux des parties de plaisir sur le bord de la mer dans des lieux agréables avec des figures qu'on voit en certains ports d'Itallie, deux autres en jardins avec des figurines habillées a la mode, deux autres dans le goust de Salvator Rosa avec des rochers, cascades, tronc d'arbres et quelques soldats avec des cuiraces, et deux autres l'un représentent un incendie avec un clair de lune en marine, et l'autre une tempeste, et promis deux par année, a cinqs cents livres les deux. »

De ces huit tableaux quatre seulement figurent à la vente du cabinet de Villette en 1765, — si toutefois le catalogue donné par M. Ch. Blanc (*Trésor de la curiosité*, tome I), est complet. — Ce sont d'abord les deux de la deuxième paire, ainsi désignés : « La vigne Pamphile, ornée de 27 figures, et la vigne Ludovisi représentée dans le moment ou les eaux jouent ; des dames s'y trouvent embarrassées ; et d'autres se moquent d'elles ; le peintre s'y est mis lui-même tenant un portefeuille, un crayon, et dessinant, sur le devant. » – Vendus 1,302 livres les deux.

Cochin a publié deux estampes, avec dédicace à Pierre-Charles de Villette, d'après des tableaux de son cabinet, de la dimension de trois pieds de large sur deux pieds trois pouces de haut ; la première, gravée par Cathelin ; la seconde, gravée à l'eau-forte par M. De Longueil et terminée au burin par B. A. Nicolet. Toutes deux représentent un paysage agreste, dans le goût de Salvator Rosa. Ce sont évidemment, par le sujet et la dimension, les tableaux de la troisième paire. Ils ne figurent pas à la vente.

Les deux tableaux de la dernière paire se reconnaissent dans ceux que le catalogue de vente désigne ainsi : « L'Incendie d'une ville proche la mer, la nuit ;... ce tableau a pour pendant un Clair de lune éclairant des vaisseaux en mer, et des rochers... » — Vendus 1,680 livres.

En 1748, J. Vernet n'a pas achevé de livrer ces huit tableaux, et déjà son ami revient à la charge. — « Pour M. de Villette tresorier general de l'Extraordinaire des guerres deux tableaux en marine representent des parties de plaisir de la longheur de toile d'Empereur a 700 livres les deux. » — Toutefois, cette commande pourrait bien n'être qu'une modification de la précédente, en ce qui touche la dimension et le prix des deux tableaux de la première paire. On les retrouve à la vente : — « Deux vues de mer avec paysages et édifices, il y a dans l'une des gens

dire de la Curne, — et Sainte-Palaye. Ils avaient fait deux voyages en Italie, en 1739 et 1749. J. Vernet, qui les désigne tous deux sous le même nom, a exécuté pour l'un ou pour l'autre quatre tableaux.

« Dutillois, — alias Du Tilloy. » — Un ami chez lequel qui dansent, dans l'autre un terrain au bord de la mer, des personnages distingués et des matelots — 35 pouces sur 49. » — Vendues 3,635 livres.

En 1749, *ecce iterum* de Villette, toujours fidèle à son goût pour les sujets qui demandent quantité de figures : — « ... Deux tableaux en toile d'Empereur un représentent une foire a la campagne, et l'autre une feste de village... le prix est de 1,400 livres les deux. » — Absents à la vente.

En 1755, dernière commande : — «... Deux tableaux de trois pieds de large sur deux et un pouce de haut, un doit représenter la peche du thon et l'autre a ma fantaisie. » — J. Vernet venait d'exposer la *Vue du golfe de Bandol*, où il a représenté une pêche de thon, épisode plein de mouvement et de grâce, bien fait pour piquer l'appétit d'un amateur plus sensible aux plaisirs mondains qu'aux charmes de la nature. Il n'y a pas trace de ces deux tableaux dans le catalogue de vente.

Les *Reçus* mentionnent encore six tableaux sans date. — « Pour M. de Villette de Paris, deux tableaux toile d'Empereur, une tempeste et l'autre la vüe du pont Saint-Ange... 270 écus romains.» Soit 1,350 livres. — A quoi le catalogue de vente répond comme un écho : « Deux autres tableaux de même grandeur (35 pouces sur 49), l'un represente un jeu de lance sur la riviere a Rome : on y aperçoit le chateau Saint-Ange ; l'autre une tempête et le naufrage de plusieurs vaisseaux qui se brisent contre des rochers... » — Vendus 6,070 livres.

Jean Duret a gravé le premier de ces tableaux sous le titre : *Fête sur le Tibre, à Rome*. L'estampe est dédiée à Sa Majesté Christian VII, roi de Danemark et de Norwége. C'est en effet une vue du pont et du château Saint-Ange, prise de la rive gauche du Tibre. Une joute animée se livre sur le fleuve. Tout le long du quai circule une foule bariolée, où se coudoient les grands seigneurs et les moines, les pèlerins, les bateliers, les Italiennes de la montagne et les princesses romaines.

Enfin, un dernier reçu, postérieur à 1757, complète le cabinet de Villette. — « ... Quatre tableaux representent des paysages et marines peint sur des planches de cuivre de 15 pouces de large sur 9 de haut... 2,000 livres. » — C'est la *première* et la *deuxième Vue du Levant*, gravées par Aliamet, qui les dédia au frère du marquis, — vendues 1,400 livres ; — et *le Matin* et *le Midi*, également gravés par Aliamet, — vendus 1,210 livres, et, à la vente Randon de Boisset, en 1777, 4,000 livres. — Le tableau *le Matin* est retourné dans la patrie de J. Vernet ; il fait partie de la collection du marquis de Chabert, à Avignon.

Ainsi M. de Villette a possédé vingt-quatre, ou tout au moins vingt-deux tableaux de J. Vernet. Soit qu'il se fût défait de quelques-uns, soit que sa famille eût voulu garder les plus précieux, — ou soit que le catalogue de vente ait été raccourci par M. Ch. Blanc, — treize seulement paraissent à sa vente. Or, ces treize tableaux, qu'il avait payés en tout 5,175 livres, atteignirent ensemble la somme de 16,297 livres. En vingt ans le capital avait plus que triplé. La spéculation n'aurait pu trouver mieux que ce placement de l'amitié sur le génie.

J. Vernet va loger quelquefois à la campagne et avec qui il est en correspondance.

« De Boulogne. » — L'intendant des finances, amateur distingué du siècle dernier.

« De Julienne aux Gobelins et l'abbé Nolin. » — De Julienne, directeur des Gobelins, est bien connu comme ami de Watteau et comme possesseur d'un magnifique cabinet. — En 1745 il avait commandé deux tableaux à J. Vernet. Plus tard il acquit, à la vente Peilhon, le paysage gravé sous le titre *les différents Travaux d'un port de mer* (1).

Quant à l'abbé Nolin, il était directeur des pépinières du roi et possesseur d'un cabinet d'histoire naturelle : il demeurait grande rue du faubourg du Roule.

« Legendre d'Aviray. » — Ailleurs on rencontre dans les *Livres de raison* M. d'Aviray, lieutenant de vaisseau, et, aux adresses : — « M. le chevalier Legendre d'Aviray en son chateau de Villemorieu à Barre sur Seine. » — Ce n'est qu'en 1759 qu'il commande deux tableaux.

« Beaufort. » — Jacques-Antoine Beaufort, un des fondateurs de l'Académie de peinture et de sculpture de Marseille, membre de celle de Paris en 1771. Il demeurait Cour du vieux Louvre. Il mourut le 25 juin 1784, âgé de soixante-trois ans.

---

(1) La commande donne pour dimension des tableaux 24 pouces sur 20. — La vente de Julienne, en 1767, comprend outre *les différents Travaux d'un port de mer*, dont il a été parlé plus haut : « Une belle vue de Tivoli, ornée de huit figures, sur toile de 56 pouces 6 lignes de haut sur 49 pouces 6 lignes de large. » — Vendue 2,650 livres.

En 1778, vente de madame de Julienne : on y voit paraître deux tableaux de J. Vernet : « Une soirée où l'on voit des pêcheurs qui étendent leurs filets sur des branches, 24 pouces sur 36. Tableau très-bien gravé par Leveau. » (*les Pêcheurs des monts Pyrénéens?*) — Vendu 1,399 livres ; — et « Un clair de lune provenant de la collection du prince de Conti. »

Ce dernier tableau, de 18 pouces de haut sur 24 de large, a été peint en 1755, peut-être pour la comtesse d'Egmont, qui l'aurait payé 500 livres. Cependant, quand Marcenay de Ghuy le grava dans la manière de Rembrandt, en 1756, il faisait partie du cabinet La Live de Jully. — Vendu, à la mort de cet amateur, 500 livres, acquéreur Folio, il passa dans la collection du prince de Conti, grand prieur de France. En 1777, à la vente du prince, il fut acheté 755 livres par M. de Villetaneuse, un ami de J. Vernet, qui le céda à madame de Julienne. La vente de celle-ci le fit descendre au prix de 420 livres. Aujourd'hui ce tableau appartient à un amateur de Toulon.

« Olivier. » — Né à Marseille en 1712, Michel-Barthélemy Olivier peignit le genre et le paysage et mourut en 1784. Agréé de l'Académie de peinture de Paris en 1766, il ne devint jamais académicien. Il avait le titre de peintre du prince de Conti.

« Vernet. » — François Vernet, le même qui travailla à la salle de spectacle de Versailles, le même qui se fit éditeur et marchand d'estampes. Ce frère de Joseph aura plus tard son chapitre spécial.

« Duplessis. » — (Jean Siffrein.) Nous avons parlé assez longuement de cet artiste pour n'y plus revenir : remarquons seulement qu'il n'était établi à Paris que depuis un an — 1752.

« Peyrot. » — « M. Peyrot, passé le boulevard de la rue du Temple, dans la rue. »

« Sorbet. » — Chirurgien des mousquetaires gris : il demeurait rue de l'Université : sa collection fut vendue en 1776. Au Salon de 1789 le sculpteur Lecomte exposa le buste de madame Sorbet.

« Franque rüe Genegau. » — Inutile de revenir sur ce qui a été dit de cet artiste.

« Jombert rüe Dauphine. » — Charles-Antoine Jombert, l'éditeur-artiste, à qui l'on doit les catalogues de La Belle, de Sébastien Leclerc et de Cochin. Il avait pour enseigne l'image de Notre-Dame.

« Cars. » — Le fils sans doute, graveur comme son père, qui vivait encore à cette époque. Laurent Cars avait déjà publié bon nombre de pièces d'après De Troy, Lemoine, Watteau, Boucher, Chardin et Greuze. Il est à croire que J. Vernet, en quête d'un graveur pour ses œuvres, eut l'idée de s'adresser à cet habile interprète des œuvres contemporaines. Mais cette tentative n'aboutit pas. Laurent Cars n'a rien gravé d'après J. Vernet. Aussi leurs relations se bornent-elles à cette mention, c'est-à-dire à un projet de visite.

« Nattier. » — J. Vernet ne pouvait connaître Jean-Marc Nattier, qui n'a jamais mis le pied en Italie. Mais ne se trouvait-il pas à Rome, quand le jeune fils de Nattier, envoyé à l'Académie de France sous la protection de M. de Marigny, se noya si malheureusement dans le Tibre? J. Vernet était père. Il alla voir ce père désolé, pour pleurer avec lui et lui parler de cette jeune espérance ravie par une mort précoce.

« Coustou. » — Tous deux, — c'est-à-dire Guillaume, le sculpteur, né en 1716, mort en 1777, — et Pierre-Charles, l'architecte, né en 1721, — étaient des bons amis de J. Vernet. L'aîné lui avait commandé deux tableaux en 1750. C'est lui qui se chargea de payer pour le peintre des Ports, absent, les capitations à l'Académie. Une fois J. Vernet à Paris, mesdames Vernet et Coustou se lient comme leurs maris : on échange les soupers fins, on fait ensemble des parties de campagne. — L'autre frère ne figure qu'aux adresses : — « M. Coustou le cadet, architecte, inspecteur des batiments du departement de Paris, place du vieux Louvre, pres la rüe Fromenteau, a Paris. »

« Gugenot. » — S'agit-il de l'abbé Gougenot, qui emmena Greuze s'ennuyer en Italie en 1755, — ou de son frère Gougenot de Croissy, honoraire-amateur de l'Académie de Marseille ? — Il n'y a plus rien à dire sur les Gougenot, après la notice publiée par la *Revue universelle des Arts*, tome Ier, p. 439.

« Challe. » — Encore une connaissance ébauchée en Italie. Un des frères Challe avait épousé une fille de Nattier, sœur de madame Tocqué. Comme les Coustou, les frères Challe et leurs femmes forment plus tard, avec Soufflot, la société intime de M. et madame Vernet à Paris.

« Faravel. » —

« Boyer medecin. » — Un des héros de la peste de 1720. Il devint en 1734 médecin du Parlement, — un corps bien malade, — puis de Vincennes et de la Bastille, — deux hôpitaux toujours pleins, où l'on ne mourait que faute d'air, — puis de la Ville de Paris. Doyen de la Faculté en 1757, comblé de faveurs, pensions, cordons, lettres de noblesse, il était, de plus, censeur. On a une médaille gravée en son honneur par Duvivier. — Boyer était Marseillais : de là, la visite que se propose de lui faire J. Vernet.

« La Baume. » — M. l'abbé de La Baume, rue Vieilles-Étuves, à l'hôtel de Lusignan.

« M. de l'Hopital, rue neuve du Luxembourg. » — Le marquis de l'Hospital, ambassadeur de France à Naples en 1746, en avait emporté un tableau de J. Vernet.

« Madame d'Egmont. » — « Madame la comtesse d'Egmont la jeune en son Hotel rue Louis le Grand quartier S. Honoré a Paris, » disent les *adresses*. — En 1759 elle commande à J. Vernet un *Clair de lune*, payé 500 livres, qui pourrait bien être celui qu'a gravé Marcenay. Marmontel la nomme « la Vénus » des soupers de madame Geoffrin. « Fille du maréchal de Richelieu, elle avait la vivacité, l'esprit, les grâces de son père ; elle en avait aussi, disait-on, l'humeur volage et libertine. »

« M. de Gagny Dazincourt au bout de la rue de Nazaret auprès du maréchal. » — Nom célèbre dans l'histoire de la curiosité, mais enveloppé de mystère et d'incertitude. Comment distinguer : — Blondel de Gagny, — Blondel d'Azincourt, — de Gagny d'Azincourt, — trinité d'amateurs dont chaque personne porte également un de ces trois noms et tous les trois à la fois ? — Ici je penche pour Blondel de Gagny, trésorier général de la caisse des amortissements, qui mourut en 1775 ou 1776 : J. Vernet aura plus tard avec lui des rapports financiers très-fréquents.

« M. Joullin mar^d d'Estampes a quay de l'eccolé estampes de Wilson. » — Joullain est connu comme éditeur et comme graveur. Il faisait aussi le commerce de tableaux : le catalogue de la vente Randon de Boisset, entre autres, le montre acquéreur pour plus de douze mille livres. Il a fait plusieurs ventes d'estampes en 1779. Quant à Wilson, on sait que J. Vernet s'était fait à Rome son protecteur. On aime à le voir rechercher les estampes gravées tout récemment d'après ce paysagiste dont il avait deviné le génie.

« MM. Quatremere freres M^{ds} drappiers rue St-Denis pres la porte de Paris la seconde maison a coté la rue de la Tabletterie. »

VII

A cette liste déjà trop longue il manque un nom, le plus important de tous, celui du marquis de Marigny. C'est pendant ce séjour de J. Vernet à Paris que lui fut confiée, ou plutôt confirmée la mission de peindre pour le roi de France les principaux ports de mer du royaume. A cette occasion le peintre dut avoir avec le directeur général des Bâtiments, arts et manufactures, de longues et fréquentes entrevues. On a conservé quelques lettres de J. Vernet à M. de Marigny, écrites sur un ton d'intimité respectueuse qui témoigne de rapports assidus et presque familiers.

Les conditions matérielles de ce grand travail, — la dimension et le prix des tableaux, ainsi que le temps à y employer, — furent réglées de vive voix : du moins il ne reste pas trace de commande, convention ou contrat rédigé dans ce but. Les instructions écrites du ministre ne fixent que le nombre des tableaux : elles ont trait surtout à la partie pittoresque, c'est-à-dire à la disposition du sujet et au choix des motifs caractéristiques, particuliers à chaque port. Elles sont contenues dans un « Projet d'Itinéraire pour M. Vernet, Peintre du Roy pour les marines, » en date d'octobre 1753. Cette pièce, dont M. Villot avait donné quelques fragments en publiant la notice des tableaux du Louvre, a paru dans les *Archives de l'Art français*, aussi bien que les passages des *Livres de raison* relatifs à l'exécution des tableaux des ports. Je ne les reproduirai pas ici, mais je les compléterai de tous les détails intimes que le cadre plus restreint des *Archives* m'avait forcé de retrancher.

Quand J. Vernet quitta Paris, muni de ces instructions et des recommandations du ministre pour les autorités provinciales avec qui il allait se trouver en contact, il sentait bien qu'il entrait dans une phase exceptionnelle et importante de sa vie. Aussi son journal devient dès lors plus régulier. Il y inscrit exactement les dates de ses changements de résidence; il indique les logements occupés par lui dans les différentes villes où il séjourne; il prend soin de noter le temps employé à chaque tableau; il ne laisse rien ignorer de sa vie et de celle de sa famille pendant cette période de dix ans, en sorte qu'on peut le suivre pas à pas à toutes les stations de son tour de France.

— « Nous arrivament le 16ᵉ octobre 1753 a Marseille. — « Nous entramment chez M. Salvat le 18ᵉ octobre le soir. — Le « perruquier a commencé de raser mon beau-pere et moy le « 20ᵉ octobre. — Livio a commencé d'aller à l'ecole le 5ᵉ no- « vembre 1753. — Un vase de tabac d'une livre et demy a etté « pris le 12ᵉ novembre. » — Ainsi débute cette odyssée : ainsi débute en même temps l'éducation de Livio : il avait alors près de sept ans. Le nom de son premier maître n'est pas oublié : il se nommait Béreau, et en 1772 il figure encore parmi les maîtres d'école dont l'Almanach de Marseille donne la liste.

L'Itinéraire prescrivait deux tableaux pour le port de Marseille, — une vuë extérieure, une vue intérieure. Dans la vue extérieure, prise de la montagne appelée Tête-de-More, J. Vernet s'est représenté lui-même, entouré de sa famille. — Une joyeuse compagnie, où ne manquent pas les jolies femmes, a dressé le couvert sur les rochers : la nappe est mise, on fait sauter le bouchon des bouteilles, on n'attend que le peintre pour commencer le festin donné en son honneur. Où est-il? — A quelques pas plus loin, un portefeuille sur ses genoux, il dessine. Derrière lui, M. Parker, le beau-père, se penche sur son dessin, un lorgnon à la main. Livio (il me paraît un peu grand pour son âge), en habit de gala, se tient debout tout à côté. Une femme, grande, élancée, droite, d'une tournure plus anglaise qu'italienne, coiffée d'une sorte de casquette bleue, et vêtue d'une robe jaune (ce jaune Louis XV si cher à Meissonier et à Fauvelet), s'avance vers le peintre. C'est sa femme, Virginia Parker ; elle lui présente un vieux pêcheur, le centenaire Annibal Camoux (1), dont l'âge et le nom sont écrits dans la pâte du tableau par J. Vernet lui-même. — Eh bien! tel il se montre ici, tel nous le retrouverons pendant sa longue tournée, et pendant le reste de sa vie. L'art, sa famille et le monde, J. Vernet ne sort pas de ce cercle. Devoirs pour les uns, fardeaux pour les autres, pour lui ce sont trois sources de plaisirs. Il ne néglige rien pour faire bonne figure aux yeux du monde : il se loge grandement, à cent livres par mois; il passe la belle saison à la campagne ; il ne ménage ni les beaux habits, ni le beau linge. A Toulon, madame Vernet a ses porteurs de chaise, — comme on a un coupé, — au mois.

(1) Annibal Camoux, né en 1637, mort en 1759, a vécu cent-vingt-deux ans. Son nom est encore populaire à Marseille. Achard lui a consacré une notice biographique dans son *Dictionnaire des hommes illustres de Provence*. Outre ce portrait, peint par J. Vernet, il en existe un autre, dont l'estampe porte cette inscription quelque peu gasconne :

> Anibal exilé de l'ingratte Carthage,
> Jouet infortuné des caprices du sort,
> Pour se soustraire au joug dont frémit son courage
> Eut recours au poison pour se donner la mort.
>   L'Annibal dont tu vois les traits,
> Après cent-vingt-trois ans d'une paisible vie,
> Dans ses propres foyers finit ses jours en paix.
> Lequel de ces deux sorts excite ton envie ?

Henry pinx. — Laurens fils sculp. Massiliæ.

Il existe un autre portrait d'Annibal Camoux, où il est représenté à mi-corps, c'est celui que Vialy peignit en 1748 et dont *le Mercure de France,* de décembre 1759, annonce l'estampe, gravée par Lucas.

Elle prend aussi un maître à danser : ne faut-il pas la former aux belles manières ? A elle sa grâce et sa beauté, à lui son humeur facile et son talent, ouvrent toutes les portes. L'administration salue en J. Vernet le peintre officiel ; la marine, la guerre, la finance se mettent à ses ordres. La noblesse lui sourit, la bourgeoisie le fête, le populaire pose volontiers devant un homme qui paye ses modèles d'une pièce blanche et d'un mot d'amitié. La Provence entière est à ses pieds : jamais homme ne fit si bien mentir le proverbe : Nul n'est prophète en son pays.

Ainsi ce voyage est une fête où tout devient matière à plaisir. La vue extérieure du port de Marseille est l'occasion d'un déjeuner champêtre. Dans la vue intérieure, le gouverneur lui-même, avec sa petite cour de femmes et d'abbés, se fait le *cicerone* du peintre et lui nomme en passant les nations étrangères, les costumes divers, les denrées, les ustensiles qui s'entassent le long du quai.

L'Itinéraire demande un tableau avec la pêche du thon. Et vite de cette obligation il faut faire un divertissement. On organise une partie de pêche ; tout le beau monde veut en être : c'est à qui posera devant le peintre orné de son crayon. On s'entasse dans des barques pavoisées ; les paniers gênent un peu, on les écrase ; l'eau salée tachera le satin, il n'importe. Toute une foule en brillante toilette se donne rendez-vous en pleine mer. Quelle joie ! quels rires de voir ces gros vilains thons se débattre entre les mailles des filets ! et quels cris lorsqu'une barque menace de chavirer ! Belle occasion pour les galants : plus d'un en profite, et nulle ne songe à s'en plaindre. Le soleil de Provence verse ses chauds rayons sur cette scène folâtre. J. Vernet l'a peinte telle qu'il l'a vue, avec une richesse d'incidents joyeux qui témoigne de la part qu'il y a prise.

A Toulon, autre affaire. S'agit-il de peindre une vue d'ensemble de la ville et de la rade ? — Il se rencontre à point nommé un capitaine de vaisseau en retraite, ou un négociant, — M. Caire, ou tel autre, — qui invite le peintre à venir passer un dimanche à sa *bastide,* située à mi-côte d'une colline d'où l'œil domine et la rade et la ville. Chacun s'y rend comme il peut, qui à pied, qui à cheval, les dames sur des ânes ; le maître du logis reçoit son monde au haut du perron, et le tambourin joue la bienvenue. Les premiers arrivés ont commencé une partie de boules ;

les chasseurs reviennent chargés de gibier. Cependant la table se dresse sous une treille ombragée d'un mûrier : tout en dînant, J. Vernet pourra étudier l'admirable panorama qu'il a à peindre. — Faut-il représenter le port Neuf, vu du parc d'artillerie? — Nous y voici : tous les amis de J. Vernet s'y sont donné rendez-vous, tous ceux dont il nous a conservé les noms dans une longue liste avec ce titre : — « Connaissances que j'ay en différents endroits.... à Toulon.... à Antibes.... » — N'est-ce pas « M. de Villeblanche, intendant de la marine, » qui lui fait les honneurs de l'arsenal, avec « M. de Laugerie, commissaire, » « M. de Moriac, commandant des troupes de terre, » et l'état-major des capitaines de vaisseau, « de Revez, de Rochemore, le comte de Tournon? » — Les demoiselles de Joyeuse, filles du médecin des galères, s'y trouvent aussi, et, dans cet autre groupe, voici, une équerre à la main, l'ingénieur André, et « les frères la Rose (1), » dessinateurs recommandés par l'Itinéraire. — De même, sur le quai du Vieux Port, le troisième tableau de Toulon, dans cet officier qui vérifie la fourniture de biscuit, qui ne reconnaîtrait « M. de l'Épine, directeur des vivres? » Le chef d'escadre « de la Clüe » surveille lui-même l'approvisionnement de ses navires, et, plus loin, le commissaire « Devenos » préside à l'embarquement des fromages. Les autres amis de J. Vernet ne sont pas loin : si les quarante personnages de la liste des connaissances de Toulon pouvaient revivre, chacun se reconnaîtrait dans ces figures du premier plan, si gentiment tournées et empreintes d'un cachet tellement individuel, qu'il n'y a pas à douter qu'elles ne soient autant de portraits, d'une ressemblance parfaite.

Il est curieux de comparer à ces détails imaginés par J. Vernet les prescriptions de l'Itinéraire. Évidemment l'Itinéraire a été rédigé par un homme de mer : il indique toujours comme sujet principal à encadrer dans la vue topographique un épisode maritime caractéristique de la localité. Au contraire, J. Vernet fait

(1) Toute une génération de peintres, employés à l'arsenal de Toulon, a porté ce nom de la Rose. Les registres du contrôle maritime donnent, en 1685, s^r de la Rose, m^{tre} peintre, en 1716, son fils Jean-Baptiste. En 1725, s^r Alexandre de la Rose fils, sous-maître peintre. En 1736, s^r Joseph la Rose, maître à dessiner des gardes de la marine. Les frères la Rose que J. Vernet a connus sont sans doute ces deux derniers.

de la vue topographique le motif central du tableau, et il brode tout autour, comme une guipure élégante, les épisodes de figures ou de paysage terrestre que la localité lui fournit. Le marin met en panne devant le port; de dessus le pont de son bâtiment il découvre la terre ainsi qu'un panorama ; il cherche le caractère dans les bâtiments qui tiennent la mer autour de lui : le peintre fait de la mer sa toile de fond, amène les bâtiments à quai et ne craint pas de reculer dans l'intérieur des terres pour mieux composer son tableau. Il cherche aussi le caractère local, mais il le déplace, et de maritime il le fait pittoresque. Ainsi à Marseille, — « deux tableaux, dit l'Itinéraire, l'un concernant le port avec la quantité considérable de navires de toutes nations qui s'y trouvent continuellement... » — Comment distinguer en peinture les bâtiments des diverses nations? Le pavillon, qui suffit au marin, est insuffisant pour le spectateur. J. Vernet les décharge, donne congé à l'équipage, appelle sur le quai les différentes classes de la population marseillaise, et rend avec vérité cet amas de marchandises et cette cohue de nations méridionales et levantines qui caractérise le port de Marseille. — « ... L'autre pour la rade, avec les isles du château d'If, de Pommegues et de Ratoneau. Outre plusieurs vaisseaux, polacres et autres bâtiments arrivant dans la rade de Marseille, on doit ne pas oublier d'y mettre une grande quantité de bateaux pescheurs. » — J. Vernet se débarrasse des îles et des polacres : la danse au son du galoubet, le plaisir du bain, la *bouillabaisse* au bord de mer, et sur un rocher le négociant armé de la longue-vue, voilà pour lui Marseille,—et il a raison. De même à Toulon, l'Itinéraire demande l'appareillage d'une escadre : le peintre répond par le pêle-mêle amusant du parc d'artillerie, et les plaisirs de la bastide remplacent « la rentrée d'une escadre par un mauvais temps. » Mais, ici, on est forcé de le reconnaître, J. Vernet a sacrifié à un épisode, d'ailleurs ravissant, un sujet dramatique bien propre à faire ressortir les qualités vigoureuses de son talent de peintre de tempêtes.

Arrivé à Toulon le 29 septembre 1754, J. Vernet y resta jusqu'en juin 1756, c'est-à-dire près de deux ans; mais dans l'intervalle il fit à Paris un petit voyage, du 15 juin au 5 octobre 1755. Il est à croire qu'il tenait à présenter lui-même au roi et au public les deux vues de Marseille et celle du golfe de Bandol : elles figurèrent au Salon de cette année-là. Madame Vernet put jouir avec son mari de l'enthousiasme qu'elles excitèrent. Elle était du voyage, mais Livio fut laissé aux soins de M. Parker.

Il faut aussi comprendre dans le séjour à Toulon une excursion à Antibes pour y recueillir les éléments du tableau exigé par l'Itinéraire. Là encore le peintre prend ses coudées franches. L'Itinéraire caractérisait ce port par des galères, des pinques, des tartanes, des felouques. J. Vernet rejette à l'arrière-plan ce matériel flottant : ce qui caractérise Antibes à ses yeux, c'est une terrasse ombragée de palmiers, où l'on peut fumer paresseusement en regardant la mer, pendant que les dames s'amusent à croquer des oranges que leur cueillent les paysannes coiffées du chapeau de paille niçard : un régiment qui entre en ville égaye de ses lazzis la rêverie du peintre.

L'excursion à Antibes fut courte, — le temps d'ébaucher le tableau. Aussi la liste des connaissances ne porte-t-elle que trois noms : « le comte de Sade, commandant, » célèbre par sa belle défense contre les Austro-Sardes et la flotte anglaise, « M. de Riouffe, commissaire général de la marine, » et « M. Campion, controlleur général des fermes du Roy. » — Amateur distingué, artiste lui-même, Charles Michel Campion n'avait alors que dix-neuf ans : il passa plus tard en la même qualité à Orléans, puis revint directeur général à Marseille. Il a gravé plusieurs pièces d'après Henry et David, ces peintres provençaux dont nous avons parlé. J. Vernet conserva avec lui, et avec son frère l'abbé de Tersan, des relations suivies.

Tout en travaillant pour le roi, le peintre des Ports ne laissait pas que de produire encore quelques tableaux pour les particuliers. Ainsi, en 1754, avant de quitter Marseille, il recueille un certain nombre de commandes : — « Pr M. Charron, commissaire ordonnateur à Marseille, un tableau ou il y aye des arceneaux et quelque chose qui concerne son employ. » — « Pr Milord Charlemont, quatre tableaux... le prix de cents cinquante livres sterlins les quatres... » — « Pr Milord Pembroke un petit tableau... » — « Pr Milord d'Artmouth deux tableaux... le prix est de 75 livres sterlins les deux. » — Toutes ces commandes viennent de Rome par l'entremise de M. Whatley, agent d'Angleterre à Marseille, ou de Thomas Jenkins, peintre anglais établi à Rome depuis trente ans, qui déserta l'art pour la banque. En 1755, lady Walpole, — est-ce la femme d'Horace Walpole? — de passage à Toulon, lui laisse une commande de mille livres. Mais c'est surtout pendant ce petit voyage à Paris, du 15 juin au 5 octobre, que la moisson fut abondante. L'exposition des tableaux des Ports doublait la popularité de l'artiste; elle lui attira : le duc de Chevreuse, graveur amateur; — le comte de Vence, possesseur d'un riche cabinet vendu en 1760, d'où sont sortis, entre autres chefs-d'œuvre, les deux petits Rembrandt *à l'escalier*, du musée du Louvre; — Randon de Boisset, fermier général, qui ne comptait pas moins de six tableaux de J. Vernet dans sa collection vendue en 1777 (1). Ainsi tous les cabinets en renom s'ouvrent au nouveau venu : les tableaux des grands maîtres se serrent pour faire place aux *Calmes* et aux *Tempêtes*. — Présenté à madame Geoffrin par Soufflot ou quelque autre, J. Vernet, qui deviendra plus tard un des habitués du dîner du lundi, reçoit de cette femme célèbre la commande d'un Soleil couchant. — Denis, le trésorier des Bâtiments du roi, en lui comptant le prix des deux Vues de Marseille, réclame pour lui-même un tableau de 3 pieds. — Coustou et Vialy (2) veulent aussi un

(1) Le catalogue de vente comprend six tableaux :

« N° 202. Une *Vue de la ville d'Avignon du côté du Rhône.* » 4,199 livres 9 sols. Aubert. Nous ferons plus bas l'histoire de ce tableau.

« N° 203. *Une Tempête* et *un Calme.* » Ils sont peints sur toile et portent chacun 2 pieds 4 pouces de haut, sur 4 pieds 8 pouces 6 lignes de large. » Ce sont ceux de la commande dont il s'agit ici, ordonnés au mois d'août 1755, sans indication de prix. A la vente ils furent adjugés, pour 8,540 livres, à Langlier, marchand de tableaux.

« N° 204. *La Chasse aux canards,* » tableau du cabinet de Villette (voir la note sur ce cabinet), 3,999 livres 19 sous. Feuillet.

« N° 205. Deux tableaux d'une grande distinction... on en trouve les estampes gravées par Aliamet, l'une a pour titre *le Matin* et l'autre *le Midi.* » 4,000 livres. Feuillet. Ces deux tableaux sortaient aussi du cabinet de Villette.

Enfin deux dessins sous verre. « N° 373. Deux vues d'eau, de rochers et paysage avec figures, à la plume et lavés sur papier blanc. 425 livres. Paillet.

(2) « Pour M. Vialy, peintre, deux tableaux, dont j'ai la mesure. » Et aux reçus : « Pour M. Vialy, deux petits tableaux... 80 (écus romains, c'est-à-dire, 400 livres). Leveau a gravé : « *la Jeune Napolitaine à la pêche,* dédiée à M. Vialy, peintre du roi : ce tableau est tiré du cabinet de M. Vialy. » Le pendant de cette estampe, d'après un tableau également tiré du cabinet de M. Vialy, sous le titre : *Temps orageux,* porte simplement : « Aliamet direx. » Elle est peut-être aussi de Leveau.

souvenir.— Enfin, le graveur Le Bas demande à son tour deux tableaux, afin de s'exercer à graver les œuvres de J. Vernet avant d'entreprendre, avec Cochin, les quatorze estampes de la suite des Ports. C'est alors sans doute que furent arrêtées les conditions de cette publication, car peu après nous voyons J. Vernet commencer à recueillir des souscriptions pour son compte.

Peilhon, secrétaire du roi, avait commandé en 1751 à J. Vernet une Vue d'Avignon (1). Il profita de la présence du peintre à Paris pour lui renouveler sa demande, et c'est sans doute à cette œuvre que J. Vernet employa le séjour qu'il fit à Avignon en 1756. Il y arriva le 3 juillet et y demeura jusqu'à la fin d'octobre. La marquise d'Ampus, le baron de Montfaucon, le marquis de Beauchamp, le marquis de Perussy ou Peruzzis, d'une famille originaire de Toscane, en un mot la fleur de la noblesse comtadine, fidèle aux traditions de M. de Caumont, combla de ses commandes le peintre avignonnais, qu'on avait vu partir pauvre et inconnu, et qui revenait couvert de gloire, chargé par le roi d'une importante mission, et à peu près riche. Ce qui restait de ses parents à Avignon l'accueillit comme une providence. Déjà, l'année précédente, le beau-frère Guibert avait obtenu de lui une lettre (2) qui le recommandait à M. de Marigny pour sculpter les bordures des Ports de France. Comme nous savons (3) que cette lettre fut suivie d'effet, il faut croire que Guibert eut permission d'exécuter ce travail à Avignon même ; il s'y trouvait encore, car le 15 octobre 1756 J. Vernet lui prête une somme de 1,000 livres.

Ses sœurs aussi durent ressentir ses bienfaits. Quant à ses frères, Jean, nous l'avons vu, était devenu Napolitain ; François, porté en 1754 sur les registres des Pénitents Blancs d'Avi-

---

(1) Peilhon paya la *Vue d'Avignon*, en 1757, 1,500 livres : c'était un grand tableau de 3 pieds de haut, sur 5 pieds 7 pouces de large. En 1763, à la vente de Peilhon, il atteignit le prix de 4,000 livres. A la vente Randon de Boisset, en 1777, Aubert, joaillier de la couronne, l'acheta 4,199 livres 19 sols. Martini a gravé ce tableau pendant qu'il faisait partie du cabinet Aubert, où il resta jusqu'en 1786, époque de la mort de cet amateur.

(2) Publiée dans les *Archives de l'Art français*, t. I, p. 304.

(3) Par une autre lettre du 17 août 1773, publiée de même dans les *Archives de l'Art français*, livraison de novembre 1857, Vernet y dit qu'il y a dix-huit ans que son beau-frère travaille pour le roi, et il y a juste dix-huit ans entre 1773 et 1755, date de la recommandation relative aux bordures des ports de France.

gnon, avait quitté cette ville pour Paris, où Joseph l'avait visité et lui avait fait deux tableaux.

C'est à ce séjour à Avignon que se rapporte une autre lettre de J. Vernet adressée également à M. de Marigny, et publiée dans les *Archives* avec les deux réponses du ministre. Nous ne pouvons reproduire en entier, vu sa longueur, cette correspondance : quelques passages cependant demandent à être cités.

— « Selon l'Itinéraire que vous eûtes la bonté de m'en-
« voyer, — écrit J. Vernet, — je dois peindre le port de Cette,
« etant le seul du Languedoc. Je me propose, pour profiter de
« la belle saison, de m'y rendre vers le huit ou le dix du mois
« prochain, puisque, selon les plants que j'en ay vu, le plus beau
« point de vue sera du côté de la mer ; ainsy j'auroy besoin du
« calme pour en faire les ettudes. J'auroy là occation de faire sur
« le devant du tableau une mer un peut en mouvement et peut-
« être fairoy-je une tempête, ce qui produiroit un effet assez rare
« dans le nombre des tableaux que j'ay a faire pour le Roy,
« peignent ordinairement l'interieur des ports et par consequent
« la mer tranquille ou bien du côté de la terre. — A Avignon
« le 6ᵉ septembre 1756. »

Il est à remarquer que l'Itinéraire, qui se place si volontiers en mer pour choisir son point de vue, cette fois seulement demande au peintre une vue de terre. Le ministre répond, le 9 octobre 1756 : — « .... Vos tableaux doivent réunir deux mérites,
« celui de la beauté pittoresque et celuy de la ressemblance. Je
« trouve bien l'un dans le projet que vous me proposés ; mais je
« crains que ce ne soit aux dépens de l'autre, et je doute que le
« port de Cette représenté en vue du côté de la mer soit reconnu
« par le grand nombre de ceux qui ne l'ont vu que du côté de
« la terre. La tempête que vous avés dessein d'y ajoutter rendroit
« encore votre tableau moins ressemblant, atendu qu'il est rare
« de voir la mer dans un port agitée de la tempête. Il faudroit que
« le devant de votre tableau fût la pleine mer, et par consequent
« que le port fût reculé dans le lointain, ce qui vous empeche-
« roit de le detailler d'une façon caractéristique. Il me semble que
« le projet de ce tableau, tel qu'il est dans l'Itinéraire que je vous
« ai remis, rempliroit mieux l'objet que vous devés vous propo-
« ser. D'un côté la plus grande partie de l'étang de Than, de
« l'autre coté le commencement du canal du Languedoc donne-

« roient à votre tableau un caractère distinctif qu'il n'auroit point
« suivant votre nouveau projet; consultés-vous avant de vous dé-
« cider, et surtout ne perdés pas de vue l'intention du Roy qui
« est de voir les ports du royaume représentés au naturel dans
« vos tableaux. Je sens bien que votre imagination se trouve par
« là gênée; mais avec votre talent on peut réunir le mérite de
« l'imitation et celuy de l'invention : vous en avés donné des
« preuves. »

Mais J. Vernet ne se tint pas pour battu. Il insista, et, bien que sa réponse manque, on peut penser qu'il représenta au ministre la difficulté de trouver dans un pays complétement plat un endroit favorable pour embrasser le panorama géographique réclamé par l'Itinéraire. Bref, le ministre se rendit et répondit, le 21 novembre : — « ... J'approuve toutes les reflexions qui vous
« ont engagé à faire votre nouveau plan. Ainsi vous pourrez
« suivre vos idées et vous livrer à votre génie dans le tableau de
« ce port. »

La première lettre de J. Vernet aborde un autre point délicat sur lequel il est bon de s'arrêter un moment : — « Il me semble,
« dit-il, qu'apres avoir fait touttes les etudes necessaires pour le
« port de Cette, surtout si je le prends du coté de la mer, qu'il se-
« roit assez inutile de m'ettablir dans cette petite méchante ville,
« où je serois mal a mon aise pour y peindre ce tableau, et, si je
« vois que la chose n'exige pas ma residence sur le lieu, je pour-
« rois l'aller executer a Bordeaux ou je trouverois plus de secours
« pour les parties accessoires qui doivent orner le tableau de
« Cette.... — Je travaille toujours au tableau d'Antibe; j'espère
« que le port, quoique peu considerable, ne faira pas un movais
« effet en peinture. » — Mais ici M. de Marigny se montre inflexible : il y a même une certaine dureté dans ses paroles : —
« Quelque envie que j'aye de vous procurer dans vos traveaux
« tous les agrements possibles, je ne puis consentir au desir que
« vous avés, apres vos etudes faittes de ce port, finir votre ta-
« bleau à Bordeaux, et je crois devoir vous faire observer que le
« Roy paye vos tableaux de façon a exiger de vous que vous leur
« donniés toute la perfection possible et que vous ne sauriés
« mieux les finir que sur les lieux. Ainsy je compte que vous
« acheverez votre tableau du port de Cette à Cette même, d'au-
« tant que de tous les ports du royaume c'est le seul dont le sé-

« jour ne soit pas agreable, et vous n'aurés que quelques mois à
« vous priver des commodités que vous n'y trouverés pas. »

Quoi qu'il en coûte de reconnaître qu'un ministre a raison, la raison est ici du côté de M. de Marigny. En achevant dans une autre ville des tableaux commencés sur les lieux mêmes, J. Vernet faisait trop bon marché du ton local. Aussi ces vues de pays situés sous des latitudes bien différentes ont entre elles un air de ressemblance, une conformité de couleur vague et commune qui sent l'atelier plus que la nature. C'est que ce peintre habile se fiait trop à ce qu'on appelle la mémoire de l'œil. Il n'entrait pas dans ses habitudes (1) d'exécuter d'après nature une étude, une esquisse, une simple pochade pour la reporter sur la toile. Il se contentait d'un croquis soutenu d'encre de Chine. Les dessins originaux des Ports existent; le musée d'Avignon les conserve précieusement : on peut les consulter. Un trait de crayon vif et rapide indique la forme des objets, la place qu'ils occupent, les détails à reproduire; un coup de pinceau établit les ombres. Quant au ton, il est noté d'un mot, suivant la gamme chromatique dont J. Vernet se servait, à l'imitation des peintres de la décadence italienne. Or, quelle que soit la multiplicité des termes employés et la rigueur de leur signification dans l'esprit du peintre, il lui est impossible de retrouver sur son papier, barbouillé de mots souvent illisibles, la variété infinie des couleurs de la nature, les passages délicats des demi-teintes, la justesse mathématique des valeurs, le degré de puissance des oppositions, encore moins la qualité du ton; et, malgré le contrôle exercé par la mémoire de l'œil, cette méthode éminemment fautive ouvre la porte à toutes les inexactitudes. Aussi, en dépit des qualités remarquables qui les distinguent, les tableaux des Ports ne sont pas de bonnes peintures.

J. Vernet passa six mois à Cette. Sa société, dans cette petite ville, bien maussade encore aujourd'hui, paraît s'être bornée à quatre personnes, qui lui restèrent fidèles comme souscripteurs aux estampes des Ports,— trois inconnus, M. Léonard, M. Huard, M. Fressinet (2), et « M. de Vaugelas, major de la ville et port de

(1) Lui-même nous l'apprend dans une lettre publiée par le *Cabinet de l'amateur et de l'antiquaire*, t. II, année 1843.

(2) La véritable orthographe est Frayssinet. Ce nom est encore commun à Cette et à Marseille.

Cette. »—Qui s'attendrait à rencontrer là un descendant du réformateur du langage? Ce militaire, pauvre, à coup sûr, et peut-être en disgrâce, eut cependant l'honnêteté de commander à J. Vernet un tableau de marine, — mais si petit! du prix de 200 livres. — A cette époque le peintre des Ports n'en faisait plus de ce prix. Il le fit cependant par reconnaissance, et se hâta, le 12 mai 1757, de fuir ce séjour d'ennui.

Avant de quitter le midi de la France, où J. Vernet a passé quatre ans, sans parler des précédents voyages à Marseille, résumons en quelques chiffres, à l'aide des commandes et des reçus, son travail pendant cette période si occupée :

En 1753, 51 tableaux, 25 avec indication de prix, 18,162 l 10 s.
    1754, 16   —   13   —   9,048   15
    1755, 29   —   15   —   7,600   »
    1756, 12   —   12   —   8,600   »
         108   65   43,411 l 5 s.

A quoi il faut ajouter huit tableaux des Ports :

    2 Vues de Marseille 12,000
    3 Vues de Toulon 18,000   } 48,000   »
    1 La Pêche du Thon. . . . 6,000
    2 Vue d'Antibes et Vue de Cette. 12,000

Soit en tout 116 tableaux, 73 avec indication
de prix. . . . . 91,411 l   »

VIII

« Je partis de Cette le 12ᵉ may 1757. J'arrivay à Toulouse le 16 ou je restay cinqs jours et j'arrivay à Bordeaux le 14 et j'avois 350 livres. — J'entray chez M. Pitard le 26 may au soir 1757. — » Ainsi s'exprime le Journal de J. Vernet.

Ici nous retrouvons Livio : l'arrivée à Bordeaux est pour lui l'aurore d'une vie nouvelle. Il entrait alors dans sa dixième année : son éducation, confiée jusque-là à de simples maîtres d'école qui lui ont mâchonné les éléments de la langue française, prend tout à coup un rapide essor. — « Mon fils a commencé à prendre laisson du latin de M. l'abbé de Montesquieu le 9ᵉ juin, veille de la Fête-Dieu. » — Triste fête, le latin! et celui de M. de

Montesquieu encore! — Il serait intéressant de savoir le degré de parenté de ce latiniste au cachet avec l'auteur de *l'Esprit des lois*. — Mais quelques mois après c'est bien pis : adieu la liberté! adieu la vie vagabonde promenée du Forum romain à la Canebière, et du pont d'Avignon aux quinconces de Bordeaux! — « Mon fils est entré en pention au college des Jessuites le 5° octobre 1757. » — Décidément J. Vernet ne songe pas à faire de Livio un peintre.

L'Itinéraire demandait deux tableaux pour le port de Bordeaux «.... l'un seulement pour représenter, avec la ville, la prodigieuse quantité de bâtiments de toutes espèces et de toutes nations qui viennent y chercher nos vins, — et l'autre pour l'entrée de la rivière caractérisée par la tour de Cordouan. Si l'on n'établit pas une mer orageuse dans ce dernier tableau, il conviendra d'y comprendre un grand nombre de bateaux pescheurs. » — Mais la tour de Cordouan menait le peintre beaucoup trop loin : les bateaux pêcheurs lui paraissaient d'un mince intérêt. Fidèle à son système, J. Vernet prend terre au quai de Bordeaux. Dans le premier tableau, il se place aux salinières et regarde le Château-Trompette : dans le second il se place au Château-Trompette et regarde les salinières. Sur ce quai, moins bariolé que celui de Marseille, et empreint d'un caractère d'activité plus sage, se sont donné rendez-vous, comme de juste, toutes les connaissances de J. Vernet dont les *Livres de raison* ont conservé le souvenir. « M. Imbert, négociant aux Chartrons, » et possesseur d'une riche collection où il a donné place à trois tableaux de J. Vernet (1), préside à l'embarquement de ses vins, que va recevoir le navire de « M. Olivier Hope, négociant à Rotterdam, » ou celui de « M. Lefer, négociant français établi à Cadix, » tous deux souscripteurs aux estampes des Ports : ce dernier même ne partira pas de Bordeaux sans emporter un tableau de trois pieds, du prix de 750 livres. — Dans ce groupe où un jeune homme bien élevé fait la révérence à des dames, rien n'empêche de voir « M. Pic le cadet, » saluant les aimables filles du négociant anglais « Ansely ; » plus loin le banquier Feger passe en cabriolet devant la boutique où le libraire La Bottière

---

(1) Deux de ces tableaux ont été gravés par Zingg, sous la direction de Wille, en 1759. Ce sont *la Pêche heureuse* et *l'Écueil dangereux*.

mettra en vente les estampes de Cathelin et de Le Bas que J. Vernet lui envoie de Paris. Enfin, sur le premier plan s'avancent deux jésuites que Livio reconnaîtrait bien. — L'autre tableau nous introduit dans les jardins du Château-Trompette. « Gaulard, » le receveur général des Fermes, en fait les honneurs à la famille du peintre, avec « M. de Richon, conseiller au Parlement de Bordeaux, » « le marquis de Roally, » et « Morel Grand, secrétaire du Roi et receveur-général de M. l'Amiral. » Le commandant d'artillerie régale d'un tir de canon les visiteurs ; les abbés galants voltigent autour des dames et les fleurs du parterre tombent pour leur faire des bouquets. Plus loin, derrière la grille, s'étend la place Royale, et puis le quai : nous y rencontrerions, dans la foule des négociants affairés, d'autres amis de J. Vernet : « Vincent Liéneau, de la maison Liéneau frère et Guis, » grand collectionneur d'estampes, et « Journu, négociant et juge de la Bourse, » père de Journu-Auber, comte de Tustal, qui donna à sa ville natale le cabinet de son père, augmenté par ses soins, et devint ainsi le fondateur du musée de Bordeaux. M. Journu possédait de très-bons tableaux d'anciens maîtres et quelques peintures modernes. Le séjour de J. Vernet à Bordeaux fut pour lui une bonne fortune : il s'enrichit de quatre marines ou paysages, de la dimension de trois pieds, et du prix de six cents livres chaque (1).

A Bordeaux comme à Marseille J. Vernet se repose de travailler pour le roi en travaillant pour les particuliers. C'est là qu'il exécuta les cinq tableaux que lui avait demandés en 1756 le duc de Bridgewater, un des amateurs anglais qui achetèrent en 1796 la galerie du duc d'Orléans. — Des commandes importantes lui arrivent de Paris — : « Pour M. Lenoir quay de l'École à Paris, un tableau d'un pied dix pouces de large, sur un pied 4 pouces 3 lignes de haut, il doit reppresenter une marine au soleil levant avec une mer calme, quelques fabriques, quelque embarquement de marchandises, etc., et des figures en habbits levantin ou grecs, le tout doit etre d'un ton clair, guay et

(1) Sur Gaulard, Ansely et ses filles, voyez les *Mémoires de Marmontel*. Jacques La Bottière, imprimeur et libraire, mort en 1798, doit à divers ouvrages qu'il a publiés une sorte de célébrité, sanctionnée par la Biographie Michaud. Imbert, Journu, Liéneau, figurent parmi les amateurs de Bordeaux dans l'*Almanach des Artistes* de 1776.

suave ; le prix est de 600 livres que M. Gruer, receveur du Tabac à Bordeaux, doit me compter. » — « M. Roussel, fils du fermier-general, écrit-il encore, m'a demandé en son passage a Bordeaux en 1758 que je luy fasse des tableaux tant que je voudray, sujets, mesures, prix et temps a ma fantaisie... » — Le marquis de Voyer-d'Argenson, le fils de d'Argenson *la Bête,* honoraire-amateur de l'Académie de peinture, commande en 1758 quatre tableaux à cinquante louis pièce. — Mais la plus remarquable de toutes les commandes de cette époque est celle-ci : — « Pour M. le bailly de Fleury, un tableau de huits pieds de long qui doit representer son expedition de Tunis avec toutte la marine de Malte. Le prix est de 4,000 livres et il doit être fait dans l'espace de trois ans d'apresent, ce ( ) juillet 1758. » — Voilà J. Vernet aux prises avec l'histoire : comment s'en tira-t-il ? Le tableau répondrait, si toutefois il existe encore. Mieux que les Vues des ports de France, cette commande ouvrait à son talent souple et facile des horizons imprévus. Si J. Vernet eût suivi cette voie, on peut croire qu'il y aurait rencontré de nouveaux et plus éclatants succès : quel peintre de marines sut mieux grouper autour d'une action des figures vivantes et jeter le mouvement dans une foule? Mais le genre qu'il avait su créer suffisait au goût de l'époque, plus libertine que guerrière, plus éprise de philosophie que de gloire. Épier les baigneuses au coucher du soleil, jouir en société des plaisirs de la campagne, ou rêver seul au fond d'un frais vallon, s'attendrir sur un incendie, pleurer sur une tempête, le dix-huitième siècle n'en demandait pas davantage, et, grâce à J. Vernet, il se trouvait servi à point.

Au milieu de ces travaux multiples, un événement important vient traverser la vie de J. Vernet. C'est à Bordeaux qu'est né son second fils et le seul héritier de son talent, Carle, le peintre de chasses et de batailles. Voici, constatant sa naissance, le document authentique qu'a bien voulu m'adresser, sur ma simple demande, l'honorable archiviste de la mairie de Bordeaux : — « Copie de l'acte de naissance de Charles Horace, fils légitime de sieur Joseph Vernet, peintre du Roi, et de dame Virginie Parker, paroisse Saint-Rémy, parrain sieur Louis-François Vernet, frère du baptisé, marraine Rose Lombelli, né le 14 août 1758. » — Ainsi tombe d'elle-même la tradition qui prétend que J. Vernet, en quête d'un parrain pour son fils, s'adressa au premier crocheteur venu, lequel crocheteur aurait ensuite vieilli paisiblement au milieu des soins de la famille Vernet qui l'avait adopté. C'est Livio, on le voit, qui tint sur les fonts son petit frère. Toutefois le choix de la marraine a pu donner lieu à cette fable. En effet Rose Lombelli parait être la même que Anna Rosa, entrée au service de la famille Vernet le 6 mars 1747, c'est-à-dire l'année de la naissance de Livio : les cadeaux continuels de vêtements et d'objets de toilette, qu'elle reçoit à cette époque, nous font présumer qu'elle a été la nourrice du fils aîné de J. Vernet. Le payement de ses gages se continue sur les *Livres de raison* jusqu'en 1758, mais en 1759 Rosa est remplacée par une autre domestique.

J. Vernet a passé à Bordeaux plus de deux ans. C'est à Bayonne que l'appelle maintenant l'ordre de son itinéraire. Ici les *Livres de raison* deviennent encore plus explicites : à partir de cette époque ils présentent la note quotidienne et détaillée des dépenses, c'est-à-dire, — puisque tout acte de la vie a pour corollaire un chiffre, — le journal complet des moindres actions de J. Vernet.

— « J'arrivay a Bayonne le 9ᵉ juillet 1759 a sept heures du matin. J'avois en arrivant 1,520 livres et j'ay commencé a occuper le logement de Madᵉ la veuve Duler le 10 au soir.

« Donné a l'auberge l'hotel St-Etienne, chez M. Faure, 6 livres.

« Port de mes effets de Bordeaux à Bayonne, 36 livres.

« De la doine (douane) au logis, 3 livres 10 s.

« Tabac et limonade, 1 livre.

« Chocolatiere, vergette, bourse à cheveux, etc., etc. »

Ailleurs il ajoute : — « J'ay commencé d'occuper le logement de M. Labat (1) le premier octobre 1759. — Ma femme et mes enfants arriva le dimanche au soir 21 octobre 1759. »

Arrivé seul avec son domestique de confiance, nommé Saint-Jean, J. Vernet n'a pas perdu son temps. — « Une partie au Boucaut (2) pour dessiner, » — « un pichenic (pique-nique) à la campagne de M. Desbicis (3), » — « une excursion à Biar-

---

(1) Le maire actuel de Bayonne se nomme Labat.
(2) Nom d'un village des environs de Bayonne, situé sur le bord de la mer.
(3) M. l'abbé Desbicy, sous-bibliothécaire de l'Académie des sciences de Bordeaux (*Almanach des Artistes,* 1776), avait sans doute recommandé J. Vernet à son parent de Bayonne.

ritz, une promenade en mer; » — c'est ainsi qu'il prélude à ses tableaux en se familiarisant avec l'aspect des lieux qu'il doit peindre. Puis il cherche le meilleur point de vue : — « Donné en plusieurs fois aux Tillioles pour dessiner — 1 l. 04 s. » — « Etrennes au gardien du parc — 0 l. 12 s. » — Enfin il recueille les éléments de ses compositions : — « Donné à une Basquoise que j'ai dessiné — 1 l. 04 s. »

Une fois la famille réunie, — moins M. Parker, resté je ne sais où, — les plaisirs redoublent. Il y en a pour tous, petits et grands. A Livio un bel habit, une écritoire, une bourse à cheveux, et les *Aventures de Télémaque;* — à Carle, qu'on appelle *Charlot,* des jouets d'enfant, des fourreaux, — à tous deux la lanterne magique deux fois. — Aux père et mère les excursions à Biarritz, voyage à Saint-Jean de Luz, dîners chez Pascallon, comédie, visite à l'évêque, — sans oublier la chasse, et les porteurs. Désormais les détails familiers abondent. J. Vernet a pris pour lui tout le souci du ménage : la signora Virginia lui en abandonne la direction. C'est lui qui note les moindres dépenses du logis : pas un sou ne sort de la maison sans qu'il l'enregistre. On pourrait, par l'analyse des *Livres de raison,* savoir au juste combien de livres de pain la famille Vernet consommait chaque semaine.

L'année 1760 s'ouvre par une distribution générale d'étrennes. On en donnait alors comme aujourd'hui : rien n'y manque, ni le perruquier, ni la blanchisseuse, ni les porteuses d'eau, ni la femme des chaises des Carmes, ni le garçon boulanger. Mais pourquoi les gardes de l'hôtel de ville et les employés du bureau des Fermes? — C'est le prix des recommandations du ministre. — Si Charlot ne figure pas encore sur la liste, Livio reçoit pour sa part un petit écu de trois livres.

Puis voici de nouveau des comptes de nourrice, des achats de maillots. Une note, placée ailleurs, explique ces dépenses : — « Ma femme, écrit J. Vernet, ne s'est pas fait accomoder depuis le 22 mars 1760 jusque vers les premiers jours de juin que nous allament au Baste (aliàs Bastet) le 19ᵉ ou nous restament 22 jours, puis ma femme accoucha le 20 juillet et resta 45 jours sans se faire accomoder par M. Desproux. » — L'enfant né le 20 juillet 1760 était une petite fille : on la baptisa du doux nom d'Émilie, et voici ce que coûta son baptême : — « Au vicaire... 6 livres, — au clair... 1 liv. 04, — mis au cierge... 3 livres, — à la Benoitte... 1 liv. 04, — au sonneur de cloche... 1 liv. 04, — aux pauvres... 3 livres, — à la sage-femme... 24 liv. — à la nourrice... 12 livres, — cierge, eau de la Reine d'Hongrie, bouquet et dragees.... 4 livres. »

Ainsi se complète la famille de J. Vernet. Au moment où Émilie vient au monde, Livio a treize ans, et Carle entre dans sa troisième année. Ces trois jeunes existences vont se dérouler parallèlement au milieu des gâteries du père le plus aimant; grâce à ces enfants, la note des *dépenses générales,* au lieu d'être une nomenclature sèche et vulgaire des besoins de la vie, s'imprègne de tendresse et reflète les jeux, les modes, les mœurs d'une époque, étudiés d'après trois modèles de sexe et d'âge différents.

La grande affaire de J. Vernet à Bayonne, c'est l'Océan. Dès que le temps se brouille, dès qu'un orage est signalé en mer, on vient l'avertir : il court au Boucaut dans l'espoir d'un naufrage. Il n'en manque pas un. Chaque tempête lui coûte un petit écu : mais combien de mille livres lui rapportera-t-elle? — Du reste, peu ou point de commandes, soit qu'il ne les ait pas écrites, soit qu'absorbé par les deux vues de Bayonne, il n'eût pas le temps de travailler pour autrui. Voici la seule que présente à cette époque le *Livre de raison* : — « Pour M. de Saint-Amand (1), fermier-general, deux tableaux de la grandeur que je voudray, 4 palmes ou toile d'empereur; comme il a été quelques années en tournée en Gienne (Guienne), il voudroit quelque vüe d'après nature de Bayonne, ou de Saint-Jean de Luz ou de Bordeaux, celles que je croiray les plus pittoresques et faire un meilleur effet, c'est a St-Jean de Luz que nous parlament de cela dans le fort du Soccoa (2) le 16 aoust 1759. »

L'évêque de Bayonne, désireux d'embellir sa cathédrale, s'adressa tout naturellement à J. Vernet, le plus grand artiste qu'on eût jamais vu dans le pays. Mais le peintre de marine se garda du piége : un autre eût peut-être cédé à la tentation de se montrer peintre d'histoire; il se contenta de servir d'intermédiaire

---

(1) Sans doute le même dont parle Marmontel dans ses Mémoires : « A Toulouse, nous fûmes reçus par un ami intime de madame Gaulard, M. de Saint-Amand, homme de l'ancien temps pour la franchise et la politesse, et qui dans cette ville occupait un très-bon emploi. »

(2) C'est le nom d'un des forts qui protègent Saint-Jean-de-Luz.

entre Monseigneur et les artistes de Paris. Pendant son séjour, il fit venir l'autel, les dessins des chandeliers et des grilles, et, plus tard, une fois à Paris, il s'occupa de commander les tableaux. Or sur quels peintres se fixa son choix? — Hélas! il nous l'apprend lui-même : — « J'ay proposé à M. Caresme deux des tableaux pour le cœur de la cathedralle de Bayonne, un est l'*Annonciation*, l'autre *la Naissance de la Vierge*, a M. l'Epicier *la Visitation* et *le Mariage de la Vierge*, a M. Bardin *l'Éducation*, et a M. Brennet (1) *la Fuitte en Égypte;* ils se contenteront tous de 400 livres des petits et 600 livres des grands (2) » Passe pour Lépicié, — *quanquam ô,* — mais Caresme, ce fade libertin, mais Brenet, mais Bardin! Monseigneur de Bayonne en eut pour son argent.

L'Itinéraire ne demandait qu'un tableau pour le port de Bayonne. J. Vernet en fit deux. — « *Des Corsaires rentrant avec leurs prises,* » disaient les instructions. J. Vernet pensa qu'en peinture rien ne ressemble plus à un corsaire que sa prise : il négligea donc les corsaires; il négligea également la mer orageuse recommandée par le ministre, parce que là encore la mer l'eût entraîné trop loin de la ville. Il se contenta de choisir les deux points de vue les plus riants, et dans tous les deux il prodigua les détails caractéristiques empruntés, non à l'élément maritime, mais à l'élément humain. Ce n'est pas à la nature qu'il demande le caractère, c'est à l'homme. Les monuments que la main de l'homme a élevés, les promenades qu'il a tracées, les produits de son industrie, les objets de son commerce, les instruments dont il se sert, les costumes, en un mot ce qu'on pourrait appeler le mobilier de la civilisation locale, tel est à ses yeux le signe distinctif des pays qu'il a à peindre. Pour lui la nature est partout

---

(1) Nicolas-Bernard Lépicié, fils du graveur, peignit l'histoire, le genre et les animaux ; né en 1735, académicien en 1768, il mourut en 1784. — Jacques-Philippe Carême, agréé de l'Académie en 1766, en fut exclu en 1778 : on ignore la date de sa naissance et celle de sa mort. — Nicolas Guy Brenet, né en 1729, académicien en 1769, mourut en 1792. — Enfin Jean Bardin, né en 1732, mort en 1809, fut membre de l'Académie et de l'Institut. Louis David et Regnault ont passé par ses mains.

(2) On lit ailleurs: « Quatre tableaux pour le cœur de la cathedralle de Bayonne, de 12 pieds 3 pouces de haut, sur 6 pieds 6 pouces de large, et deux de 12 pieds 2 pouces de haut, sur 11 pieds 6 pouces de large. »

la même, et c'est l'homme seul qui la modifie en lui imprimant le cachet de sa personnalité.

Nul tableau ne montre mieux cette préoccupation que la deuxième vue de Bayonne. Il suffit de lire la description donnée par le peintre lui-même, que M. Villot a reproduite dans sa notice des tableaux du Louvre d'après le livret du Salon où elle fut exposée. — « … On s'est attaché à y représenter tout ce qui peut caractériser le pays et ses usages, comme le jeu de la troupiole, qui consiste à se jeter une cruche jusqu'à ce que, tombée à terre, elle se casse; une cacolette ou deux femmes sur un cheval; un carrosse à bœufs, tel qu'on s'en sert pour la campagne, etc… » — Nous voici bien loin des corsaires!

La note des *Dépenses* nous révèle, à propos de Bayonne, un fait curieux, que rien n'empêche de généraliser et d'étendre aux autres villes déjà visitées par J. Vernet. — « Au soldat qui a fait la garde aux tableaux… 5 l. 12 s. — Aux gardes des tableaux… 43 livres. » — Qu'est-ce que ces tableaux, sinon les deux vues de Bayonne, exposées au public soit dans l'atelier du peintre, soit plutôt dans une salle de l'hôtel de ville? Cette exposition dura huit jours. Il est probable que J. Vernet en avait agi de même à Marseille, à Toulon, à Bordeaux. C'était justice que la ville qui venait de poser complaisamment devant le peintre eût les prémices de son portrait.

Après avoir dit un dernier adieu au Boucaut, J. Vernet quitte enfin Bayonne vers le 20 juin 1761. Cette fois M. Parker est du voyage. Il ne fallait pas moins de trois chaises pour contenir toute la famille : le peintre, sa femme, et le père de celle-ci, — les trois enfants, — la nourrice d'Émilie, une bonne, nommée Marianne, et le fidèle Saint-Jean, homme de confiance, chargé des dépenses du ménage, — sans oublier M. Volaire, l'élève de J. Vernet. A Bordeaux on s'arrête quelques jours pour se reposer, serrer la main aux amis de l'an passé, recevoir de M. Collingwood une commande importante, et orner Livio d'un habit neuf, du prix de cinquante livres. Là on laissait les chaises, on descendait la Gironde en bateau jusqu'à Blaye. Puis on remontait en voiture pour n'en descendre qu'à la Rochelle, but du voyage. Veut-on savoir ce qu'il en coûtait de temps et d'argent, en 1761, pour parcourir cette longue distance? Le *Livre de raison* ne laisse rien ignorer.

« 20ᵉ juin. Embalage de mes effets. . . . . 20 liv.
A M. Crepin pour 3 chaises. . . 270 »
Aux auberges jusqu'à Bordeaux. . 80 »
Etrennes aux voituriers. . . . . 15 »
A l'aubergiste a Bordeaux. . . . 200 »
Emballage de mes effets. . . . 32 »
Pour le bateau de Blaye. . . . 20 »
A l'auberge de Blaye. . . . . 12 »
Aux oberges de Blaye a la Rochelle . 60 »
Pour trois voitures de Blaye a la
   Rochelle . . . . 300 »
Etrennes aux voituriers de la Rochelle. 15 »
7ᵉ juillet. Pour descharger mes effets et aux
   gardes. . . . . 3 »
Port de mes effets de Bordeaux à la
   Rochelle . . . . 180 »
                                1207 liv. »

Total : vingt jours de voyage et douze cents livres de dépense. Aujourd'hui l'on va plus vite, mais il en coûte un peu plus de six francs par tête et par jour.

Le premier soin de J. Vernet à la Rochelle, c'est de conduire ses enfants aux Marionnettes. A peine a-t-il des fagots dans son nouveau domicile, et déjà il l'encombre de ces riens qui font le bonheur des enfants.—«Petites boulles pour Charlot, des quilles, un petit cheval, un petit chien, un charrio, » — les jouets d'aujourd'hui, les jouets de tous les temps, immortels en dépit de la mode et des bouleversements politiques. Livio, qui ne joue plus, reçoit un beau chapeau garni d'un *bourdaloue* en or; Émilie, qui ne joue pas encore, un bourrelet, des rubans, un fourreau. Toute cette garde-robe enfantine est si fidèlement décrite, qu'on voit d'ici ces petits êtres remplir de rires ou de pleurs l'atelier de leur père. Rappelez-vous la *Gouvernante*, de Chardin, voilà Livio; rappelez-vous le *Benedicite*, voilà Émilie. C'est dans Chardin, c'est dans l'œuvre gravé de ce maître paternel et bourgeois, qu'il faut chercher les détails de costumes, de jeux, indiqués par les notes de J. Vernet, un autre bourgeois, un autre père.

Le séjour à la Rochelle ne dura qu'un an : encore faut-il

prendre sur ce temps deux voyages à Rochefort. Le voisinage de cette dernière ville permit à J. Vernet de s'y rendre seul, sans être obligé d'y transporter avec lui sa famille. La première fois il n'y passe qu'une semaine — le temps de chercher le point de vue et d'en faire un croquis. Au deuxième voyage, un mois lui suffit pour recueillir tous les éléments de son tableau, qu'il vient terminer à la Rochelle

A Rochefort et à la Rochelle, comme à Bayonne, J. Vernet n'a pu former que de fugitives liaisons, trop tôt rompues. — A Bayonne, M. Acher, M. Courrège; — à Rochefort, M. Hèbre, négociant; — à la Rochelle, M. Nordin, négociant; M. de Chaville, directeur des fortifications; M. de Cullan; un amateur de musique; M. Prevost, qui plus tard habitera Paris et deviendra un des bons amis de J. Vernet; M. d'Abbadie; M. Carré Des Varennes, secrétaire du Roi à la Rochelle, que nous verrons commander plusieurs tableaux; enfin M. Delacroix, dont la connaissance vaudra à J. Vernet celle de M. Girardot de Marigny, un insatiable amateur de ses œuvres.

Pour laquelle de ces personnes J. Vernet a-t-il exécuté les peintures récemment découvertes à la Rochelle? C'est ce qu'il n'est pas facile de déterminer. Nous y tâcherons néanmoins.

La *Revue*, en rendant compte de cette précieuse trouvaille (1), a dit qu'elle se composait « de cinq panneaux, dont un seul ne mesure pas moins de six mètres de longueur sur deux mètres de hauteur... La composition principale représente la *Tempête*, dont on voit au musée de La Haye (n° 204) la pensée première. — Les quatre panneaux, d'une dimension moins considérable, représentent : 1° *l'Éruption du Vésuve*, effet de nuit; 2° un *Clair de lune*; 3° un *Effet de soleil levant*; 4° un *Effet de soleil couchant*. »

Le *Livre de raison* ne contient aucune commande ni aucun reçu qui désigne clairement et sans conteste cet important travail. Mais diverses notes permettent de former des hypothèses plus ou moins probables. Et d'abord cette ligne, écrite au moment de quitter la Rochelle : « passer le blanc d'œuf chez M. d'Abbadie », pourrait s'appliquer aux tableaux dont il s'agit. Dans ce cas ils auraient été peints sur place. Cependant l'absence de tout reçu au nom de M. d'Abbadie rendrait le fait au moins étrange.

(1) Troisième année, V^e volume, août 1857, page 473.

Deuxième hypothèse. — En 1765 J. Vernet écrit : « Pour un ami de M. de Marigny parent de M. Delacroix deux tableaux de marine de deux pieds et demy de large sur la hauteur a proportion a 1000 livres chaque. C'est pour la Hollande. » — Et plus tard une nouvelle commande de ce Hollandais, nommé cette fois en toutes lettres « M. Oudermeulen, d'Amsterdam, amy de M. Girardot de Marigny, » nous apprend que ces deux tableaux de 1765 étaient un *Coucher de soleil* et une *Tempête*. — Si la *Tempête* du musée de La Haye (1) mesure deux pieds et demi de large, elle pourrait bien être le tableau commandé par M. Oudermeulen, et, soit la première pensée, soit la reproduction de la *Tempête*, peinte, ainsi que les autres panneaux, chez M. Delacroix de la Rochelle. Mais il nous paraît difficile d'établir que cette *Tempête* de J. Vernet est ou n'est pas la première pensée de telle autre, tant elles se ressemblent toutes et par la composition du site, et par les accessoires.

Enfin voici une troisième hypothèse, un peu plus satisfaisante peut-être que celles qui précèdent.

— « Le 7ᵉ juin 1777, écrit J. Vernet, M. Girardot de Marigny « m'a demandé deux tableaux de 4 pieds de large sur la hauteur « a proportion un en marine et paysage au coucher du soleil, « l'autre une marine au lever du soleil par un tems de broüillard. « Le prix est de 3000 liv. chaque. » — C'est là la seule commande de M. Girardot de Marigny inscrite au *Livre de raison*; mais à partir de cette époque les reçus s'échelonnent pendant les années 1778, 1779, 1780, 1781, 1783, 1784, et ne mentionnent pas moins de douze tableaux exécutés pour cet amateur. Or, si de ce nombre on enlève deux « *Vües de la chutte du Rhin*, » deux paysages représentant, l'un « *des Baigneuses*, » l'autre des « *Rochers et cascades*, » et deux tableautins peints les derniers, en 1784, on reste en présence de six tableaux dont les sujets s'accordent merveilleusement avec ceux des peintures découvertes à la Rochelle : — un *Paysage au coucher du soleil*, — un *Lever du soleil dans un brouillard*, — un *Port de mer*, — une

---

(1) La *Tempête*, du musée de La Haye, a plus de deux pieds et demi de large, et n'est assurément point « une première pensée » de tableau. C'est un tableau assez important, et de la meilleure qualité de Joseph Vernet, ainsi que le pendant, nº 205 : *Paysage avec une cascade*.

(*Note de la Rédaction.*)

Tempeste, — un *Clair de lune,* — et un sixième tableau, sans indication de sujet, où rien n'empêcherait de voir *l'Éruption du Vésuve* (1).

Dans ce dernier cas, les peintures de la Rochelle n'auraient pas été exécutées sur place. Les tableaux, peints à Paris et livrés successivement à M. Girardot de Marigny, auraient été transportés à la Rochelle, en tout ou en partie, soit par lui, soit par ses héritiers.

Cette dernière hypothèse nous paraît la plus probable. Il est difficile d'admettre, en effet, que J. Vernet, qui n'a passé qu'un an à la Rochelle, ait pu trouver le temps d'y faire tant de choses, quand on sait d'autre part qu'il y a peint, outre la Vue de Rochefort et celle de la Rochelle, quatre tableaux pour la bibliothèque du Dauphin, père de Louis XVI. — « J'ay commencé, écrit-il lui-même, a finir les 4 tableaux de Mgr. le Dauphin le 6e avril 1762 apres y avoir travaillé six jours pour les ébaucher. » — Ces tableaux, payés en deux fois — août 1762 et décembre 1763, — au prix de 1200 liv. chaque, portent tous quatre la date de cette même année 1762 : leur dimension est de 83 centimètres de haut sur 1 mètre 35 centimètres de large : ils figurent aujourd'hui au musée du Louvre sous les numéros 609 à 612.

Les instructions de l'itinéraire prescrivaient à J. Vernet, pour accompagner la *Vue de Rochefort,* « un tableau de la rade de l'isle d'Aix avec vüe des isles de Rhé et d'Olerond et un depart de vaisseaux du Roy convoyant une flotte marchande ; » et pour accompagner la *Vue de la Rochelle,* « un tableau pour la pesche de la sardine. » — Mais là comme presque toujours, le programme embrassait trop : il fallut en rabattre. Certes il avait été facile, dans le cabinet, de tracer un plan complet de peintures topographiques comprenant, avec les principaux ports de la France, les localités remarquables par un caractère spécial. — Huit tableaux pour la Méditerranée, — douze pour l'Océan, — rien de plus beau et de mieux conçu. Mais on avait compté sans la fatigue du peintre. Or, quand J. Vernet vit qu'il lui avait fallu

(1) Rien ne serait plus facile que de rechercher, à la Rochelle même, à qui a appartenu en 1764 la maison où se sont trouvés les cinq panneaux peints par J. Vernet. Peut-être même portent-ils une date qui permettrait d'en attribuer avec certitude la propriété à M. Delacroix, à M. Girardot de Marigny, ou à M. d'Abbadie.

huit ans pour peindre douze tableaux, et qu'il lui restait huit tableaux à peindre, las de traîner d'une province à l'autre une famille qui s'augmentait rapidement, il demanda grâce. Tant qu'il n'avait eu affaire qu'aux provinces du midi, il s'était senti à l'aise; mais à mesure qu'il remontait vers le nord, le froid le saisissait et paralysait son imagination méridionale. Amant passionné de la Méditerranée, cette mer sans marées, toujours colorée et aimable même dans ses colères, la seule qu'il eût peinte jusqu'alors, l'Océan le surprit, ou plutôt l'eût surpris, s'il avait vu l'Océan : mais à Bayonne comme à Bordeaux le port de mer n'était qu'un port de rivière. Que d'efforts d'esprit pour répandre un peu de variété dans ces vues monotones, pour prêter quelque agrément et quelque intérêt à ces objets dont le ton grisâtre et la forme insipide lui faisaient regretter sa chère Italie! A la Rochelle, le caractère pauvre des constructions dut le rebuter tout à fait. — « Pour jeter quelque variété dans les habillements des figures on y a peint des Rochelloises, des Poitevines, des Saintongeoises et des Olonnoises. » — Trois provinces convoquées afin d'égayer un premier plan! A Rochefort, il retrouve une rivière, la Charente; tout se réunit pour rendre sa tâche ingrate. Où est la ville? où est le port? une longue rive nue, une longue construction basse; dans le lointain quelques bâtiments, voilà tout le tableau. En vain cherche-t-il à relever la platitude des terrains par le mouvement des figures. Les groupes se cherchent, et si l'esprit n'y manque pas, la grâce en est absente. Comparez ces deux ingrats tableaux de Rochefort et de la Rochelle aux Vues de Marseille, de Toulon, de Cette, du golfe de Bandol. Quelle différence! C'est la même véracité de procès-verbal. Mais il n'y a plus de poésie : la lassitude l'a tuée.

Aussi, après Rochefort et la Rochelle, le peintre perd tout à fait courage. Sans s'arrêter aux prescriptions de l'Itinéraire, il tourne bride tout d'un coup, et s'en va droit à Paris.

IX

Joseph Vernet arriva à Paris le 14 juillet 1762. Il avait déjà, l'année précédente, obtenu un brevet de logement aux galeries du Louvre. Mais, soit qu'il ne s'y trouvât point de local disponible, soit que le nouvel occupant eût besoin d'un peu de temps pour effacer les traces de son prédécesseur, il vint d'abord habiter « la maison neuve de Saint-Sulpice ; » c'est ainsi qu'il la désigne en plusieurs endroits des *Livres de raison*. Or il existait alors plus d'une maison neuve aux abords de l'édifice où s'épuisait, après Le Vau et Oppenord, le génie de Servandoni. Sans doute celle-là se distinguait par un caractère particulier. Peut-être était-elle l'œuvre de l'architecte de l'église : d'autres, plus au courant du vieux Paris, pourraient en préciser l'emplacement. Les *Livres* de J. Vernet nous apprennent qu'elle appartenait à un sieur Maucarré. Le beau-frère Guibert, sculpteur de bordures, y avait sa boutique, et François Vernet demeurait à deux pas, rue Princesse. Le peintre des Ports se trouvait donc en famille. Néanmoins, dès la fin d'août, il emmène son monde à la campagne : on a loué quelques chambres à Meudon, on y installe « des meubles de hasard, » on y transporte les effets en charrette, et l'on s'y établit en attendant l'hiver. Puis, l'hiver venu, on retourne camper à la maison neuve de Saint-Sulpice jusqu'au moment où le logement des galeries du Louvre est enfin prêt à recevoir ses hôtes, c'est-à-dire jusqu'au 27 avril 1763. — Ce qu'étaient ces logements du Louvre, on le sait, — une véritable ruche d'artistes. Le roi donnait la place : chacun s'y carrait à son gré ; qui élevait une cloison, qui abattait un mur; où l'un avait voulu un salon, l'autre faisait son atelier. A chaque changement de locataire, c'était un bouleversement nouveau. Et cela se comprend : les logements du Louvre passaient de main en main, au hasard des vacances. Le sculpteur y succédait au peintre, le graveur à l'ébéniste, et celui-ci à l'orfévre ou à l'opticien. A chaque nouvel occupant il fallait des dispositions nouvelles, appropriées à son art, à son état de famille. Aussi voyons-nous J. Vernet dépenser pour son établissement aux galeries près de trois mille livres. Il y met les maçons, les menuisiers, les peintres : « M. Chaise » dore les moulures des chambres; « M. Plou » peint les panneaux du salon, et fixe des tablettes sur « le balcon d'en haut. » — « M. Tisseran » fournit le « velours d'hutrec » pour les meubles, « à 8 liv. 10 sous l'aulne ; » — puis viennent les frotteurs, et puis les menus détails, que J. Vernet prend grand soin de noter dans des instructions de lui-même à lui-même. — « Mon nom sur la porte. — Voir si les cheminées fument. — Machine pour ouvrir la porte de la rue. — Baguettes ou moulures pour les l'embris d'appui ; » — et il en donne le dessin. — « Peindre les vouttes. — Tablettes de marbre pour la salle à manger, etc. » — Tout se résout, comme toujours, par des étrennes. — Étrennes aux maçons, aux charpentiers, aux « barbouilleurs, » aux serruriers ; — étrennes à la servante de M. Lépicié, et au portier de M. Gabriel. — Ce sont ses voisins. L'un demeure dans la cour du vieux Louvre, et l'autre devant les galeries. Quant aux galeries mêmes, J. Vernet, qui occupe le logement n° 15, y a pour voisins immédiats : Chardin, au n° 12 ; — au n° 13, Aubert, joaillier de la couronne, grand amateur de ses tableaux ; — Greuze, au n° 16, — sans parler de Roettiers, de Guai, de Gounod, avec lesquels il nouera peu à peu des relations suivies. N'oublions pas Desportes, dont la femme prélève sur chaque locataire du roi un impôt de six livres pour l'entretien des lanternes dans les corridors.

Les premières dépenses de J. Vernet sont celles de tout provincial qui débarque à Paris. Habiller de neuf, et de la tête aux pieds, sa femme, ses enfants et lui-même, les promener en fiacre, les conduire au spectacle ; il ne songe à autre chose. Tout au plus prend-il le temps, — quand il a « son bel habit de soye nommé gros de Naples, » — d'aller à Versailles faire un bout de cour au marquis de Marigny. S'il fut question des Ports dans cette entrevue, ce ne fut pas pour retourner peindre ceux qu'on avait laissés, tant J. Vernet avait hâte, après les ennuis de Cette et de la Rochelle, de jouir de la vie de Paris. On revoit les Tuileries, la Comédie italienne ; on suit le beau monde aux boulevards, — les boulevards du Temple, une nouveauté ; — on court avec la foule au combat des animaux, établi alors rue et barrière de Sèvres, et plus tard sur l'ancien chemin de Pantin. On ne manque pas de dîner chez le suisse des Tuileries, le 24 août, veille de la Saint-Louis, afin d'assister au concert nommé le *Bouquet du Roi*. Il faut aussi visiter les environs de Paris : c'est l'occasion de nombreuses parties fines : partie à Vincennes, — partie à Passy. — « A Sève (c'est ainsi qu'on écrivait Sèvres) servellats et biscuits, » — ou encore : « Gâteaux et saucisses ; — courses à ânes dans les bois de Meudon ; » — aucun plaisir n'y manque, — et enfin, au mois de septembre, la foire de Saint-Cloud, avec les grandes eaux, les joutes, les feux d'artifice, les jouets, les bonbons.

Mais, au milieu de ces gâteries, quel mauvais son de cloche pour Livio! Voici des achats de toile, de bas, de bonnets, — un trousseau complet, — et le gobelet, — et le couvert d'argent; — cela sent le collège. En effet, le 17 octobre, le supérieur de Juilly reçoit un quartier de la pension, et mons Livio, à quinze ans, rentre en cage. Coffré et décoffré, puis coffré de nouveau, telle est sa destinée. Après les bons pères de Bordeaux, les révérends pères de Juilly. Charlot, plus heureux, reste à Paris. Il n'a que quatre ans, et déjà son père l'associe à ses emplettes d'artiste. — « Carnets pour Charlot et moy, 32 s.; crayons pour Charlot, 12 s.; toupie, 10 s.; » — et pourtant il faut qu'il morde, lui aussi, au fruit de la science. Au mois de décembre, il est confié aux soins d'une maîtresse d'école. Quant à Émilie, elle fait encore peu de figure sur les *Livres de raison* : des douceurs, des rubans, tel est son lot. Notons cependant, comme détail de mode, « une respectueuse » — ou « respectueuse, » — sorte de vêtement de femme ou d'enfant, dont on retrouverait le modèle dans les estampes contemporaines.

Au milieu de tant d'affaires et de soins domestiques, au milieu des plaisirs qui le sollicitent de toutes parts, le peintre s'efface ou se repose : c'est en vain qu'on chercherait dans les *Livres de raison* la trace des travaux exécutés à cette époque. Depuis l'année 1760 jusqu'à la fin de 1763, ils ne présentent qu'une douzaine de commandes sans date et sans détails explicatifs. — Deux tableaux, de 20 pouces sur 14, pour Gabriel, le premier architecte du roi (1), — autant pour « M. Descamps, directeur de l'Académie de Peinture de Roüan, » l'organisateur des écoles gratuites de dessin (2) et le biographe des peintres flamands et hollandais; — un tableau pour Lecarpentier, architecte (3), deux

(1) Encore une de ces familles d'artistes, où le même talent héréditaire a défrayé plusieurs générations. - Jacques Gabriel, architecte du roi, mort en 1686, eut pour fils Jacques-Jules-Gabriel, né en 1667, premier architecte du roi, en 1735, premier ingénieur des Ponts et chaussées, mort en 1742. Son fils, Jacques-Ange-Gabriel, sieur de Mézières, premier architecte du roi, né en 1710, mort en 1782, est celui dont il s'agit ici; il laissa aussi un fils, Gabriel jeune, contrôleur général des Bâtiments, de l'Académie d'Architecture, en 1763, mort avant son père, en 1781.

(2) L'organisation de l'école gratuite de dessin de Rouen fut approuvée par lettres patentes en 1750. J.-B. Descamps, né en 1714, mourut en 1791.

(3) Lecarpentier (Ant.-Michel), architecte de l'Arsenal, des Domaines et des Fermes générales du roi, était de Rouen. Né en 1707, il mourut en 1772 ou 1775.

pour « M. Buldet, vitrier et marchand d'estampes; » — telles sont les premières commandes qui accueillent J. Vernet à Paris; telles sont ses premières relations. Bientôt s'y joignent les collègues de l'Académie de Peinture, dont la plupart lui sont encore inconnus. Une circonstance secondaire le rapprocha de Chardin. Chardin était trésorier de l'Académie depuis 1755 : c'est entre ses mains que J. Vernet acquitte le montant de sa « capitation » de l'année, payée jusqu'alors, pendant son absence, par son ami Coustou. La note du *Livre de raison* nous apprend que cette capitation, ou cotisation annuelle, était de trente livres; elle fut doublée en 1760 et portée à soixante; en 1764, elle revint à son taux normal, mais plus tard elle subit encore de nouvelles variations, et, en 1770, elle paraît fixée à quarante-huit livres.

A l'Académie, J. Vernet retrouvait ses amis de Rome : Challe, Slodtz, Vien, Soufflot; et, de ceux-là, plusieurs se rencontraient avec lui chez madame Geoffrin. J. Vernet était dès lors un des commensaux de cette femme célèbre. On sait qu'elle tenait table ouverte, le mercredi, pour les gens de lettres; le lundi, pour les artistes. Marmontel a esquissé en quelques pages, — qui ne sont pas les plus mauvaises de ses *Mémoires*, — la physionomie de ces dîners, où s'asseyaient côte à côte le bon Carle Vanloo, — Lemoine, le sculpteur, « attendrissant par la modeste simplicité qui accompagnait son génie, » — Soufflot, « homme de sens, très-avisé dans sa conduite, habile et savant architecte, » — Boucher, le peintre des Grâces, — Latour, « le cerveau déjà brouillé de politique, humilié lorsqu'on lui parlait de peinture, » — d'autres encore (1), et Marmontel lui-même, admis — on ne s'expliquerait pas à quel titre s'il ne nous expliquait pas lui-même et le plaisir qu'il avait à la société des artistes et sa docilité à les écouter — à la table des artistes comme à celle des gens de lettres. C'est à une de ces réunions que madame Geoffrin, toujours inquiète de s'attacher ses hôtes, fit tomber J. Vernet dans un piége de diplomatie féminine. Marmontel venait d'obtenir un succès de larmes avec sa *Bergère des Alpes*, conte insipide, composé

---

(1) « Vernet, dit Marmontel dans cette revue des convives du lundi, Vernet, admirable dans l'art de peindre l'eau, l'air, la lumière et le jeu de ces éléments, avait tous les modèles de ses compositions très-vivement présents à la pensée; mais, hors de là, quoique assez gai, c'était un homme du commun. » - *Mémoires*, livre VI.

sur les bords de la Seine par un homme qui n'avait jamais vu les Alpes, et qui, en fait de bergers, ne connaissait que les Limousins. Madame Geoffrin imagina de demander au peintre un tableau dont le sujet serait un des épisodes les plus touchants du roman. J. Vernet s'exécuta de bonne grâce (1). — Il a réussi à être aussi faux que l'écrivain. Lui aussi montre qu'il n'a pas vu les Alpes, à la façon dont il les peint. Mais le texte du livre est traduit avec une fidélité scrupuleuse. Chaque objet décrit par le romancier a été charpenté par l'artiste et roulé à sa place, ainsi qu'un décor de théâtre, de manière à être bien vu. On lit le récit en regardant la peinture. Pas un mot n'est omis : il ne manque que les virgules.

Exposé au Salon de 1763, le tableau de la *Bergère des Alpes* eut un double succès. Diderot seul protesta, et Dieu sait s'il avait la manche large pour son peintre favori ! — « Je ne trouve, dit-il, ni le conte, ni le tableau bien merveilleux. Les deux figures du peintre n'arrêtent ni n'intéressent. On se récrie beaucoup sur le paysage.... Pourquoi donc ces Alpes sont-elles informes, sans détail distinct, verdâtres et nébuleuses? Pour pallier l'ingratitude de son sujet, l'artiste s'est épuisé sur un grand arbre qui occupe toute la partie gauche de sa composition ; il s'agissait bien de cela ! C'est qu'il ne faut rien commander à un artiste, et, quand on veut avoir un tableau de sa façon, il faut dire : « Faites-« moi un tableau et choisissez le sujet qui vous conviendra. » Encore serait-il plus sûr et plus court d'en prendre un tout fait. — Mais, ajoute-t-il, un tableau médiocre au milieu de tant de chefs-d'œuvre ne saurait nuire à la réputation d'un artiste.... (2) » — Malgré ces dures paroles, madame Geoffrin dut s'applaudir de son expédient : elle avait fait coup double, et pris au même trébuchet l'esprit gâté de Marmontel et le génie fourvoyé de J. Vernet.

A ce même Salon de 1763 furent exposées les Vues de Rochefort et de la Rochelle. Le public dut les regarder comme les der-

(1) Voici la commande : « Pour madame Geoffrin, un tableau en hauteur de trois pieds et demy de haut, sur deux 8 lignes de large, dont le sujet est tiré d'un roman de M. de Marmontel intitulé *la Bergere des Alpes*. » — Ce tableau a été gravé par Pillement dans la *Galerie du Musée Napoléon* de Filhol (tome V, planche 316). Éliminé de la collection royale, à la suite de je ne sais quel bouleversement, le hasard l'a conduit chez un amateur d'Avignon, où j'ai pu le mesurer, et en vérifier l'identité. A défaut d'autres qualités, il aura toujours un grand intérêt historique.

(2) Salon de 1763, publié par M. Walferdin dans la *Revue de Paris*, 15 août 1857.

niers tableaux de la série des Ports de France, et certes on ne sut pas mauvais gré à l'artiste d'en avoir fini avec la peinture officielle : on se félicitait de le voir enfin rendu à la liberté, et non plus assujetti aux minuties d'un programme. Mais les programmes ne pardonnent pas : la tâche de J. Vernet n'était qu'aux trois quarts remplie. Le ministre le lui rappela : il lui restait six tableaux à peindre, six ports de l'Océan, d'une importance supérieure à celle d'Antibes et de Cette, et au moins égale à celle de la Rochelle et de Bayonne. Pouvait-on considérer comme complète une collection où manquaient Lorient, Brest, Saint-Malo, le Havre et Calais? Et n'était-ce pas faire injure à l'Océan, qui baigne la plus grande étendue des côtes de la France, que de borner son contingent à quatre ports, quand la Méditerranée, bien plus restreinte, était représentée par huit tableaux? Quelque envie qu'eût J. Vernet de bouder l'Océan, il se rendit à ces raisons. On transigea des deux parts, et, si le peintre consentit à reprendre son œuvre, ce fut à la condition de ne plus peindre qu'un tableau. Or, par une bizarrerie difficile à comprendre, au lieu de choisir entre les différents ports de guerre ou de commerce désignés dans l'*Itinéraire*, on se rabattit sur une localité de bien moindre importance. C'est le port de Dieppe que J. Vernet fut chargé de peindre pour clore son entreprise.

Il s'y rendit aussitôt, malgré la saison avancée : il avait hâte de reconquérir son indépendance; et, pour avoir plus tôt fait, il partit seul. — « J'arrivay à Dieppe, écrit-il, le 13ᵉ septembre 1763; j'ay resté à l'auberge de Lesperance jusqu'au 15ᵉ ou j'ay pris trois repas. Le 15 je suis venu coucher chez M. Villy et dès lors il m'a donné à manger jusqu'au mercredi 21, le 22 vendredi j'ay commencé à me faire porter a manger de chez M. Levasseur. » — Suivent quelques lignes qui paraissent détachées du calepin d'un chef anthropophage : — « Le mardi 27, une personne à manger; — le mercredi 28, trois personnes à manger; — le 2 octobre, j'eus trois personnes à manger... etc... »

La note des dépenses nous rend le vrai Vernet. — « Au joueur de gobellet... 1,04. — Chocolatiere et moulinet... 1,05. » C'est, partout où il va, une de ses premières dépenses : on reconnaît l'homme qui a habité Bayonne : il en a emporté la « recette pour faire du bon chocolat, » déduite tout au long dans ses *Livres*. — « Un petit carnet pour dessiner..., porte-crayon de cuivre..., —

pour dessiner du poisson..., 0,12 s. » — Le premier plan du Port de Dieppe représente un marché aux poissons. — « Où j'ay dessiné le port de Dieppe..., 6 livres. » — Et enfin, de nouveau, « au joueur de gobellet... 3 livres. » — Plus tard, il escamotera lui-même; en attendant, il encourage les artistes.

Le 26 octobre, J. Vernet était de retour à Paris, bien résolu cette fois à ne pas terminer son tableau sur place. Il rapportait des croquis, le dessin de l'ensemble, quelques détails saisis au vol; il n'avait pas à craindre ici que le changement de latitude modifiât la qualité du ton local : le ciel nébuleux de Paris valait bien les brouillards de Dieppe. Il prit donc ses aises, peignit à ses heures, et ce n'est que deux ans plus tard, en 1765, qu'il termina cette *Vue*, évidemment inférieure à celles qui l'avaient précédée.

Ainsi fut accomplie en dix ans, — 1755-1765, — la grande et unique mission confiée par le roi de France au premier peintre de marines de son temps. J. Vernet, on doit le reconnaître, s'en est acquitté avec un rare bonheur. Aucun palais, aucun musée de l'Europe ne peut montrer une suite de peintures topographiques comparable à ces quinze tableaux des Ports de France. D'autres souverains avaient eu, avant Louis XV, l'idée de représenter en peinture les principales villes qui faisaient leur orgueil ou leur richesse. Il existe, en Italie notamment, plusieurs exemples de décorations de ce genre. Mais ni les vues à vol d'oiseau qui ornent la cour du Palais vieux, à Florence, ni les cartes géographiques peintes à fresque tout le long d'une galerie du Vatican à Rome, ne sauraient approcher de l'œuvre à laquelle J. Vernet a attaché son nom; œuvre aussi remarquable par l'exactitude des lieux que par le sentiment pittoresque, par l'intelligence de l'ensemble que par la multiplicité des détails; œuvre capitale, où le mérite de l'exécution est à la hauteur de la pensée créatrice; œuvre unique, en un mot, où le génie du peintre a su réunir, sous la forme la plus attrayante, la précision d'un document officiel à la dignité d'une œuvre d'art.

Les différentes appréciations des contemporains sur les tableaux des Ports de France formeraient un volume. Tout le monde connaît les pages éloquentes qu'ils ont inspirées à Diderot. Il n'entre pas dans notre cadre de les rapporter ici; mais je crois bien faire en citant quelques lignes de la correspondance de

Grimm de 1757, où sont exprimées en bons termes les craintes conçues par les amis de J. Vernet au début de cette entreprise.— « J'avoue, dit Grimm, — ou l'auteur anonyme de ce Salon, — que je ne vois pas sans peine M. Vernet engagé dans ce travail, qui durera encore quelque temps; d'imitateur de la nature qu'il était, il est devenu copiste, et, après avoir été peintre d'histoire, il s'est fait peintre de portraits; car il y a une grande différence entre suivre son génie, obéir à son imagination, arranger, créer, et s'assujettir à copier exactement ce qu'on voit. Ce dernier travail doit dominer l'imagination et lui ôter peu à peu la force et le feu dont elle a besoin. Ce qui peut donc arriver de plus heureux à M. Vernet, c'est de la retrouver, à la fin de son travail, telle qu'elle avait été auparavant; alors il n'aura à regretter que le temps perdu. »

A côté de ces réflexions bien justes, et heureusement démenties, il convient de placer un témoignage naïf de l'enthousiasme contemporain. Ce sont des vers écrits avec soin sur un papier volant qui s'est conservé entre les pages du *Livre de raison*.

> Vandevelde intrepide au milieu des hazards
> Affronta les fureurs de Neptune et de Mars
> Pour peindre les vaisseaux et l'horreur de la guerre.
> Son païs secondant cet effort temeraire
> Exposa des talents qui faisoient sa splendeur
> Aux risques des combats et des flots en fureur.
>
> Louis, plus menager du thresor qu'il possede
> Redoute pour Vernet un semblable transport,
> Et comme un tendre pere il le garde, il l'obsede,
> L'immortalise enfin en le tenant au port.

Un mot maintenant sur quelques questions accessoires qui se rattachent à l'entreprise des Ports de France.

Chaque tableau de la série était fixé, on l'a vu, au prix de six mille livres. Les payements ont été relevés par M. Lacordaire dans les comptes des Bâtiments du roi. Ils suivirent d'abord avec assez de régularité l'envoi des tableaux, et J. Vernet, en écrivant à M. de Marigny, le remercie de « cette grâce; » mais bientôt ils se ralentissent; la *Vue de Dieppe*, exposée en 1765, n'est payée qu'en 1775, c'est-à-dire dix ans après. Une particularité à remarquer, c'est que, en 1760, au lieu d'espèces sonnantes, J. Vernet reçoit « 2,000 livres en contracts sur la Bretagne, » et « 12,000 livres en contracts sur les aydes et gabelles. » Le placement se trouvait ainsi tout fait; mais les amis de J. Vernet, Peilhon entre autres, auraient sans doute rencontré mieux pour lui, car les 12,000 livres en contrats sur les aides et gabelles de la ville de Paris lui furent comptés pour 14,000 livres et elles ne rapportaient par an, grâce aux retenues, que 529 livres 12 sous. Si l'on veut avoir une idée des revenus de J. Vernet en 1765, il faut joindre à ces contrats une somme de 10,000 livres placées à 4 % sur l'Hôtel-Dieu de Marseille, 4,000 livres laissées entre les mains de Peilhon, qui en sert l'intérêt à 5 %, et 1,000 livres prêtées au beau-frère Guibert au taux de 6 %. Ce n'était donc que 1,289 livres à ajouter au produit annuel des tableaux. Encore doit-on en déduire la part de l'imprévu. — « En 1765, écrit J. Vernet, l'hôpital de Marseille a manqué et les créanciers onts ettes reduits a perdre le quart de leurs capiteaux et trois années d'arrerage ; de sorte que je n'ay plus sur ledit hopital que sept mille cinqs cent livre de capital, qui a 4 % l'année fonts trois cents livres de rente. » — Voilà un capital bien malade; mais ce n'est pas tout. Après la part de l'hôpital, la part de la bienfaisance : — « En 1756, le 15ᵉ octobre, j'ay pretté a M. Guibert sculpteur mon beau-frere, mille livre, en suposent que M. l'abbé Monier d'Avignon qui luy prette lequel a fait une reconnoissance chez M. Terris notaire apostolique a Avignon que cette somme m'appartient; on est convenû que M. Guibert payeroit tous les ans 60 livres d'interest, jusqu'a ce qu'il rende laditte somme; on a mis ce fort intérest, pour l'engager a la rendre bientôt; d'ailleurs le produit de cette somme est destiné a faire du bien a ces parents ou aux miens qui peuvent en avoir besoin car je n'ay jamais entendû garder cet interest pour moy. » — En somme, les rentes de J. Vernet, en 1765, sont bien peu de chose : emporté par sa vie vagabonde, il n'a pas eu le temps de faire des économies. Ses dépenses, multipliées par d'incessants voyages, absorbent à mesure le bénéfice de ses tableaux.

Une autre question, également intéressante à éclaircir, c'est celle de savoir si J. Vernet a exécuté seul et sans aide les quinze tableaux des Ports de France. Les *Livres de raison* ne laissent aucun doute, ni sur la collaboration, ni sur le nom du collaborateur. J. Vernet avait déjà peint les deux Vues de Marseille, lorsqu'il fit connaissance, à Toulon, d'un artiste nommé Jacques Volaire, employé aux travaux de peinture de l'arsenal conjointement avec les frères De La Rose. Le père de Jacques Volaire était, à ce qu'il semble, originaire de Nantes; mais, dès 1682, il figure parmi les peintres de l'arsenal de Toulon; il se nommait Jean. — « 24 janvier 1682, — disent les registres du contrôle maritime, — aux s^{rs} Gairard et Volaire peintre la somme de 350 livres pour le payement d'ouvrages en peinture qu'ils ont faits au V^{au} (vaisseau) du Roi le Prudent. » — « 1716. A Jean Volaire, peintre de cette ville (1), 250 livres à compte des ouvrages de peinture qu'il a bien et duement fait et promis de faire ou de faire faire au V^{au} du Roi le Toulouze a raison de 950 livres. » — Jacques Volaire paraît à son tour sur ces registres en 1730. En 1745, il peignit pour l'église Sainte-Marie de Toulon un grand tableau, qu'on y voit encore, représentant *la Gloire de l'Eucharistie*. J. Vernet augura bien de son talent et se l'attacha pour l'aider dans son entreprise. Dès lors l'élève ne quitta plus le maître. On les retrouve ensemble à Bordeaux, à Bayonne, à la Rochelle. J. Vernet enregistre à part les dépenses faites pour « M. Volaire » et porte au même compte les sommes quelquefois importantes qu'il lui doit, sans doute pour son travail. Quant à la nature de ce travail, elle paraît précisée par cet article, reproduit à peu près à chaque compte : — « P^r etui de mathematique pr M. Volaire... 24 livres. » — Or, si l'on veut se rappeler que les *Vues* des Ports de France présentent souvent de grandes parties d'architecture, au moins insipides pour un paysagiste de verve comme J. Vernet, on comprendra le genre de collaboration de Jacques Volaire. Il dut se borner, sans aucun doute, aux tracés de perspective et d'architecture, ainsi qu'au transport des dessins sur la toile. Toutefois, s'il faut en croire le *Lexicon* de Nagler, Jacques Volaire était lui-même un bon peintre de marine. L'empereur de Russie, dit-il, fit l'acquisition de deux batailles navales peintes par lui et les fit mettre dans sa galerie. Il cite aussi quatre estampes gravées d'après lui par Gutenberg, Hauer, P. Duflos. Jacques Volaire exécuta ces tableaux en Italie, quand il eut quitté J. Vernet, en 1763, avant le *Port de Dieppe*. Il s'établit d'abord à Rome, où il devint membre de l'Académie de Saint-Luc. Mais le maître

(1) Cette désignation — peintre de cette ville — n'implique en rien la nationalité de Jean Volaire. Le grand Puget, né à Marseille, est toujours qualifié dans les actes toulonnais : — peintre ou sculpteur de cette ville.

ne cessa de correspondre avec son élève : ce sont, de la part de J. Vernet, des envois d'argent, d'estampes des *Ports,* de livres, etc.; de la part de l'élève, des envois de couleurs demandées par Pierre, ou par Greuze, ou par Vernet lui-même. Après 1767 il n'est plus question de lui, jusqu'en 1782 où J. Vernet reçoit une lettre de change « envoyée de Naples par M. Volaire. » C'est dans cette ville, en effet, qu'il s'établit en dernier lieu : il y peignit plusieurs tableaux de l'éruption du Vésuve, et, selon toutes les probabilités, il y mourut (1).

X

Le succès des tableaux des Ports de France s'accrut encore du succès des estampes qu'en gravèrent Cochin et Le Bas. C'est, je pense, en 1755, dans le petit voyage de trois mois que J. Vernet fit à Paris, que furent pris les premiers arrangements relatifs à cette entreprise iconographique, poursuivie par les graveurs parallèlement à celle du peintre. Toutefois ce n'est qu'en 1756, à Cette, que J. Vernet commence à recueillir les souscriptions. Quant aux conditions de la société formée entre Cochin et Le Bas, et entre ceux-ci et l'auteur des tableaux, rien dans les *Livres de raison* ne les indique d'une façon précise. On voit J. Vernet recevoir l'argent des souscriptions qu'il recueille, vendre les estampes pour son propre compte, en expédier à des marchands pour être vendues à son profit, en un mot faire les opérations d'un éditeur. Une fois seulement, il distingue à la même page : « Distribution des Estampes des Ports » et « Estampes à moy. » Une autre fois, il en envoie chercher chez Cochin, sa part étant épuisée. En présence d'indications aussi vagues, on peut à peine se livrer à des conjectures.

A Bordeaux, le nombre des souscripteurs s'élevait déjà à 562 : il ne fit qu'augmenter à Bayonne et à la Rochelle. A Paris, il se complète d'une foule de noms illustres qu'il serait trop long de citer. La publication avait lieu par livraisons de quatre estampes. Si l'*Itinéraire* eût été complétement suivi, il y aurait eu ainsi cinq livraisons.

(1) Les registres du contrôle maritime de l'arsenal de Toulon font mention, à la date de juillet 1782, d'un autre peintre nommé André Volaire, – un fils ou un frère de Jacques.

La première parut en octobre 1760 ; elle comprend :

« N° 1. Le Port neuf, ou l'Arsenal de Toulon, vû de l'angle du Parc d'Artillerie.

N° 2. L'Intérieur du Port de Marseille, vû du Pavillon de l'Horloge du Parc.

N° 3. La Madrague ou la Pêche du Thon, vue du Golphe de Bandol.

N° 4. L'Entrée du Port de Marseille, vue de la montagne appelée Tête-de-More. »

Ces quatre estampes portent en légende : « Gravé d'après le Tableau original, appartenant au Roy, et faisant partie de la Collection des Ports de France, ordonnée par M. le Marquis de Marigny, Conseiller du Roy en ses Conseils, Commandeur de ses Ordres, Directeur et Ordonnateur général de ses Bâtiments, Jardins, Arts, Academies et Manufactures Royales. — Peint par J. Vernet, de l'Academie Royale de Peinture et de Sculpture. — C. N. Cochin filius et Jac. Ph. Le Bas socii sculpserunt 1760. » Avec les armes du roi. La planche a 53 cent. de haut sur 77 de large.

La deuxième livraison suivit deux ans plus tard, en 1762 : c'étaient, dans des conditions identiques :

« N° 5. Le Port Vieux de Toulon, vû du côté des Magasins aux Vivres.

N° 6. La Ville et la Rade de Toulon, vues à mi-côte de la montagne qui est derriere.

N° 7. Le Port d'Antibes en Provence, vû du côté de la terre.

N° 8. Le Port de Cette en Languedoc, vû du côté de la mer derriere la jettée isolée. »

La troisième suite fut livrée en 1764 :

« N° 9. Vue de la Ville et du Port de Bordeaux, Prise du côté des Salinières.

N° 10. Vue de la Ville et du Port de Bordeaux, Prise du Chateau Trompette.

N° 11. Vue de la Ville et du Port de Bayonne, Prise à mi-côte sur le glacis de la Citadelle.

N° 12. Vue de la Ville et du Port de Bayonne, Prise de l'Allée de Bouflers, près de la Porte de Mousserole. »

Mais, entre la troisième et la quatrième livraison, il s'écoula trois ans. Les graveurs attendaient sans doute que le peintre complétât le nombre de tableaux promis. Ils se résignèrent enfin, en 1767, à faire paraître :

« N° 13. Le Port de Rochefort, vû du Magasin des Colonies. N° 14. Le Port de la Rochelle, vû de la Petitte Rive. »

Après ces deux estampes, il semble que la publication soit terminée : ce n'est qu'en 1775 que Le Bas se ravise ; il demande à Martini l'eau-forte du Port de Dieppe, l'achève ou la fait achever dans sa boutique et la publie sous le n° 15.

« N° 15. Vue du Port de Dieppe. — P. Martini scul. aquaforti 1775. » — Avec les armes et la légende habituelle : — « C. N. Cochin filius et J. P. Le Bas socii sculpserunt 1778. A. P. D. R. »

Puis, pour terminer enfin cette interminable quatrième livraison, il joint, à la collection des Vues d'après J. Vernet, une Vue du Havre d'après un dessin de Cochin (1). C'était donner le change au public. Mais le public est si bon ! Il accepta la substitution le mieux du monde, si bien que, quelques années plus tard, l'idée fut reprise, et Basan, spéculant encore sur le succès des Ports, fit paraître, dans le même format que les seize estampes de Le Bas, sans oser toutefois en reproduire les armes et la légende, une Vue de Rouen, portant le n° 17, comme si elle faisait partie de la même suite (2).

Chaque livraison des estampes des Ports se vendait au public trente-six livres, ainsi que nous l'apprend le Journal de Wille. C'est aussi à ce prix que J. Vernet les livrait à ses souscripteurs. La plupart, ceux de Cette entre autres, avaient payé sur parole, en souscrivant en 1756, dix-huit livres. Or la première livraison ne parut que quatre ans plus tard. De souscripteurs aussi patients

(1) « N° 16. *Le Port et la Ville du Hâvre*, vûs du pied de la Tour de François 1er, ou l'on découvre la Place d'Armes, la Bourse, la Grande Rue, le Quay, la Citadelle et le premier Port, dit *le Chenal*. La mer est basse. — D'après le dessein original exécuté sous les ordres de M. le Comte de la Billarderie d'Angiviller, Conseiller du Roi en ses Conseils, etc... Dessiné par C. N. Cochin et gravé par J. Ph. Le Bas, Graveur du Roi, 1776. — Et, à fleur de la gravure : « P. Martini, aqua-forti, terminé par J. Ph. Le Bas, Graveur du Roi et de l'Académie R^le de Rouen, 1780. »

(2) « N° 17. *Vue du Pont et de la Ville de Rouen*, Prise de la pointe de l'Isle de la Croix, au sud-sud-est, d'où l'on voit les casernes, la petite chaussée, la côte de Canteleu, la Bourse, les Cordeliers et le Port de Paris. — Dessiné d'après nature par C. N. Cochin. — Gravé sous la direction de Le Bas et Choffard. — A Paris, chez Basan frères, rue Serpente, n° 14. »

l'espèce est perdue. — Ce prix de 36 livres subit, d'ailleurs, des modifications : pour les amis bien intimes, Vialy par exemple, il descendait jusqu'à 24 livres; d'autres, au contraire, payaient 12 livres et même 15 livres chaque estampe, soit que ce renchérissement fût l'effet de la faveur du public, soit qu'il s'agît, dans ces cas-là, d'épreuves avant la lettre. La collection complète des seize estampes, en épreuves ordinaires, coûtait alors 144 livres. En 1775, à la vente de Mariette, elle atteignit 200 livres, et 300 livres à celle de Randon de Boisset en 1777. Aujourd'hui ce prix est bien tombé. On connaît quatre états de cette collection. J'ai vu vendre à 7 fr. pièce les épreuves du 1er état, à l'eau-forte pure, c'est-à-dire le travail de Cochin seul. — Le 2e état, avant la lettre et non terminé, est l'eau-forte de Cochin avec quelques travaux de Le Bas. Le 3e état, avant la lettre et terminé, m'a été adjugé au prix de 80 fr. Quant au 4e état, terminé et avec la lettre, les épreuves anciennes ne dépassent pas 2 fr. 50. Les planches existent encore : on en tire tous les jours des épreuves blafardes qui s'en vont faire le tour de France dans la balle du colporteur, et s'étaler honteusement sur les quais des ports qu'elles représentent.

Ce n'est pourtant pas une œuvre toute à dédaigner que cette collection des quinze estampes de Cochin et Le Bas. Il y a telle Vue dont l'effet, très-heureusement reproduit, fait honneur à Le Bas; et, quant à Cochin, comment ne pas lui savoir gré de l'esprit avec lequel il a su saisir les spirituelles figurines qui garnissent les premiers plans? A défaut d'autre mérite, les estampes des Ports ont au moins celui-là. — Bien d'autres artistes du xviiie siècle, peintres ou graveurs, se sont exercés sur le costume. Mais les uns n'ont représenté que des figures isolées, où la vie manque; d'autres ont suivi la fantaisie aux dépens de la vérité : chez Debucourt perce le plus souvent une intention ironique qui charge les modes du temps; Moreau est exclusivement parisien, et du grand monde. J. Vernet seul a peint la foule : chez lui, les costumes de toutes les classes et de tous les âges se coudoient librement, l'enfant à côté du vieillard, la noblesse à côté du bas peuple, le militaire près du bourgeois; le paysan, fidèle aux traditions du terroir, à deux pas du petit-maître qui reçoit le mot d'ordre de Paris. Il y a, je le veux bien, dans ces rapprochements un peu d'apprêt, un certain air de dimanche;

mais il y a, avant tout, une fidélité qu'on sent instinctivement comme la ressemblance d'un portrait, un esprit qui sait se borner au mouvement et à l'agencement des groupes sans chercher des effets de friperie pittoresque, un soin enfin, une conscience qui n'omet aucun détail. La collection des Ports est la chambre-obscure du xviiie siècle. J. Vernet s'y révèle sous un aspect nouveau. S'il n'eût pas été le grand peintre de marines que l'on admire, il eût fait le plus délicieux des peintres de mode. Il possède, à un degré éminent, l'esprit du costume, — et, par costume, il faut entendre, outre la forme et la couleur des habits, la façon de les porter, l'allure qu'ils impriment au corps, les manières, les mœurs d'une époque. Cet esprit du costume, c'est, avec l'intelligence de la mer, la qualité fondamentale de son génie, ou plutôt du génie des Vernet. Voyez Carle ! ses *incroyables*, ses tableaux de chasse, ses troupiers, — autant d'œuvres caractéristiques du temps où il a vécu. Voyez Horace, le costumier des batailles, portant cette préoccupation du costume jusqu'aux époques bibliques. —Et, chose remarquable! le même instinct qui poussa J. Vernet à unir son fils à la fille de Moreau jeune, le plus grand dessinateur des modes de son siècle, a rapproché de nos jours dans une alliance analogue Horace Vernet et Paul Delaroche, — deux peintres aussi pénétrés l'un que l'autre de cet esprit du costume, qui est — si l'on y veut prendre garde — la moitié de la vérité historique (1).

Les estampes des Ports nous amènent à dire quelques mots des graveurs qui se sont employés à reproduire les tableaux de J. Vernet. A l'époque de sa vie où nous sommes parvenus, un grand nombre de ses œuvres a déjà été popularisé par le burin. En anticipant sur les années suivantes, nous ne ferons que déblayer le terrain qui nous reste à parcourir.

L'œuvre gravé de J. Vernet n'a jamais été complétement dé-

---

(1) Le xviiie siècle sentit bien ce mérite particulier des tableaux des Ports. Diderot l'a exalté à plusieurs reprises. Le Bas eut l'idée de l'exploiter; mais cette idée, très-heureuse en principe, fut étrangement défigurée par l'exécution. Rien de plus froid, comme dessin et comme effet, que ces *groupes de figures pris dans les tableaux des Ports de France*, suite de douze petites pièces en hauteur, numérotées; elles portent : Le Bas sculp., et un titre : *la Promenade,— la Conversation, — le Matelot, etc.;* quelques-unes sont gravées à l'eau-forte par Martini ; mais le burin de Le Bas a tout gâté. C'est un travail à refaire.

crit. Le Catalogue raisonné du cabinet d'estampes de Brandes, rédigé par Huber, le porte à 200 pièces ; Nagler n'en indique que 158. Sur ce nombre, le Cabinet des Estampes de Paris n'en possède, dans l'œuvre gravé de J. Vernet, que 67, plus les estampes des Ports. Jusqu'aujourd'hui il m'en est passé sous les yeux cent cinquante, dont soixante-neuf que Nagler ne donne pas, ce qui porterait le nombre total à deux cent vingt pièces. Quand le *Manuel de l'amateur d'estampes* de M. Le Blanc sera terminé, ce nombre s'accroîtra encore ; et, en y joignant les pièces que M. Le Blanc ne cite pas comme trop médiocres, il sera enfin permis de dresser un inventaire complet de tout ce qui a été gravé d'après le plus fécond des peintres de marine.

Aussi bien il ne peut être question ici d'énumérer ces pièces, ni de les décrire une à une, mais seulement d'extraire du *Livre de raison* tout ce qui s'y rattache. Or, un jour, J. Vernet fut pris du même désir que nous : il voulut se rendre compte de la popularité de ses œuvres, et il écrivit sur une page de son *Livre* la note suivante, qui servira de base à nos recherches :

« Estampes gravées d'après mes ouvrages.

« Par J. P. Le Bas. — Se trouvent chez Le Bas.

« Port de mer d'Italie   ⎧   Tableaux a Mr. Soufflot,   6 liv. ;
« Depart pour la Peche ⎩   on les a mises a   3 liv. »

Un seul de ces tableaux figure aux reçus, à la date de 1750. « Pr. M. Soufflot un tableau en toile de trois palmes. — 50 Ec. Rom. (= 250 liv.) » Les deux estampes portent : « Peint par J. Vernet à Rome ; » l'une est dédiée à La Live de Jully, introducteur des ambassadeurs ; l'autre au fermier général Ferrand.

« 3ᵉ Vue d'Italie. . . .   3 liv. . . .   1 liv. 15.
« 4ᵉ Vue d'Italie. . . .   3 liv. . . .   1 liv. 15. »

La suite des Vues d'Italie, gravées par Le Bas, comprend douze pièces. Plusieurs ont été tirées plus tard sous d'autres titres : La Pêche abondante, etc....

« Galleres napolitaines, tableau a M. Despercenes,   6 liv. »

La commande est ainsi conçue : — « Deux marines en toile de 4 palmes a ma fantesie pour M. Thiroux d'Epersennes maître des Requetes rüe Courtau Villain au Marais a Paris pour la fin de juin 1750 le prix est de 60 Ecû Romains la piece. »

« Deux petites estampes d'après des copies a 18 sous chaques.
« Vue de Naples pendant des Galleres   6 liv. »

Mais Le Bas ne s'est pas borné à ces huit pièces ; le Manuel de M. Le Blanc en donne trente-deux, sans compter les Ports de France ; toutes évidemment ne sont pas de sa main. Entrepreneur de gravure et marchand avant tout, Le Bas a mis son nom à quantité d'estampes où Aliamet, Cathelin, Duret, Chenu, Masquelier, Helman, Godefroy, Martini, ont eu la meilleure part. Heureux s'il n'avait jamais patronné que des graveurs aussi habiles ! Mais souvent son pavillon banal couvre la plus détestable marchandise. — L'œuvre gravé de J. Vernet au Cabinet des Estampes ne contient aucune de ces pièces : on n'y trouve de Le Bas que deux des petites pièces dont j'ai déjà parlé (Groupes de figures pris dans les tableaux des Ports de France).

La note de J. Vernet continue :

« Alliamet. — Se trouvent chez Alliamet.

« Le Matin } Tableaux de M. de Villette. { 2-08.
« Le Midy } { 2-08. »

Nous avons parlé assez longuement du cabinet Villette, où se trouvaient ces tableaux. Plus tard, Aliamet, pour compléter les quatre parties du jour, joignit à ces deux estampes *le Soir* et *la Nuit* d'après deux tableaux appartenant à M. Le Rebourg. Voici la commande qui s'y rapporte : — « Pour M. le Président de Le Rebourg rue du Bac un tableau de [...] pouce de large sur [...] de haut pour faire pendant a un paysage qu'il a achetté chez M. de Villette ou il y a des baigneuses a l'heure du coucher du solleil, il est peint sur cuivre. » — (Année 1769.) — La vente de Le Rebourg, président en la quatrième chambre des enquêtes, eut lieu en 1778. On n'y voit figurer que ce dernier tableau, *le Soir*.

Les estampes des quatre parties du jour ont la même dimension que les tableaux. M. Le Blanc en distingue trois états : l'œuvre d'Aliamet au Cabinet des Estampes de Paris en possède deux.

« 1ᵉ Vüe du Levant } Tableaux a M. de Villette. { 2-08
« 2ᵉ Vüe du Levant } { 2-08 »

On peut voir, au sujet de ces tableaux, la note sur le cabinet Villette : j'ajouterai seulement qu'on aurait tort d'y chercher ce que promet le titre. J. Vernet n'a jamais mis les pieds dans le Levant. Mais il avait vu à Marseille, à Gênes, à Civita Vecchia, à Naples, des marins ou des négociants levantins, dont le costume pittoresque l'avait frappé, et il se plaisait à introduire ces figures au milieu de sites empruntés à l'Italie. Le titre n'est donc qu'un caprice du graveur. D'autres fois, sous ces *Ports de mer* que J. Vernet créait à la douzaine, on a écrit *Vue de Palerme*, *Vue de Regio en Calabre*, et même *Isles de l'Archipel*, — autant de baptêmes mensongers, bons pour dérouter les biographes.

Les estampes des deux Vues du Levant, de même dimension que les précédentes, sont dédiées à Felix Simon et non à Charles de Villette : elles portent la date de 1760. L'œuvre gravé de J. Vernet au Cabinet des Estampes ne possède que la première Vue du Levant. On les trouve toutes deux dans l'œuvre d'Aliamet.

« Incendie nocturne, tableau a M. l'abbé Campion, 3 liv. »

Le nom de Campion se rencontre trois fois aux *reçus*, sans qu'on sache s'il s'agit de l'abbé Campion de Tersan ou de son frère, le contrôleur des fermes à Antibes. Toutefois, ce tableau-ci est assez clairement désigné : — « Pour M. Campion une petite incendie ... 40 Ec. Rom. » — (Fin de 1753.) J. Vernet était à Marseille, où demeurait alors l'abbé de Tersan. — L'estampe lui est dédiée. M. Le Blanc distingue deux états de cette pièce ; l'œuvre gravé de J. Vernet au Cabinet des Estampes les possède tous deux.

« 1ᵉ Vüe de Marseille . . . . 1 livre 16
« 2ᵉ Vüe de Marseille . . . . 1 livre 16 »

C'est cette 1ʳᵉ Vue de Marseille, dédiée à l'abbé de Grimaldi, que Anne-Philiberte Coulet a reproduite en la dédiant à M. D'Angevilliers, avec la signature « Y. Vernet pinxit. » — Le Cabinet des Estampes n'a ni l'une ni l'autre.

« Les Italiennes laborieuses, tableau a M. Davou, 2 liv. 08 »

A la vente Davoust, en 1752, le tableau fut vendu 510 livres. La commande ne s'en trouve pas, non plus que le reçu. — L'estampe manque à l'œuvre gravé de J. Vernet, au Cabinet des Estampes.

« Temps de broüillard. . . . . 2 liv. 08 »

L'estampe porte : — « J. Vernet pinxit. J. Aliamet dirrexit. A Messire Gaspard Moyse de Fontanieu, Conseiller d'État ordinaire, etc. Par son très-humble et très-obéissant serviteur Aliamet. — A Paris chez Aliamet, graveur du Roi, rue des Mathurins. » — La petite notice sur Yves Le Gouaz, que madame

Coiny, sa fille, a placée en tête de son œuvre au Cabinet des Estampes de Paris, revendique pour lui cette pièce, qu'il publia, dit-elle, à son début sous le nom de son maître. En effet, ce dernier ne l'a pas signée comme graveur. — Aliamet *dirrexit*. — L'œuvre de Le Gouaz contient les trois états. C'est une charmante estampe : elle fait le plus grand honneur à Le Gouaz, elle en ferait à Aliamet. Le tableau original appartient aujourd'hui au musée du Louvre (n° 622).

« Temps orageux . . . . 2 liv.
« La jeune Napolitaine à la Peche. . . . . . 2 liv. »

Ces deux estampes, que le Cabinet des Estampes de Paris ne possède pas, portent une dédicace à M. Vialy, peintre du Roi,... etc. — Ce sont, en effet, les deux tableaux commandés par Vialy en 1755, dont il a déjà été question.

« Temps serein. . . . . 2 liv. »

M. Le Blanc n'indique pas cette pièce, que le Cabinet des Estampes ne possède pas non plus. Mais il en donne deux que J. Vernet n'a pas inscrites ici : *la Pêche* et le *Rivage près de Tivoli* (1) ; — ce qui porte à quinze le nombre des estampes publiées par J. Aliamet d'après J. Vernet. Plus profonde, plus ferme, et non moins facile que celle de Le Bas, la gravure d'Aliamet a su conserver l'effet piquant des tableaux du maître. J. Vernet a trouvé plus d'un habile interprète. Aucun ne l'a rendu avec autant de fraîcheur et de simplicité qu'Aliamet.

« Daullé — Le Pelerinage — se trouve chez Buldet. 6 liv. »

Le tableau original appartenait à Peilhon, secrétaire du roi. Commandé en 1750, il avait été payé 600 livres. Je n'ai jamais vu l'estampe. Le Cabinet de la rue Richelieu ne la possède pas.

« Les differents traveaux d'un port de mer, chez Buldet. 6 liv. »

Le tableau original a appartenu aussi à Peilhon, qui le commanda en 1749 et le paya 600 livres. — Il en a été question déjà. — La planche a fait partie du fonds de la veuve Jean : c'est

---

(1) Les paysagistes de tous les temps et de toutes les écoles ont usé et abusé de ce gracieux petit temple de Tivoli, si pittoresquement juché sur un piédestal de rocher, au-dessus d'un vallon humide. Mais nul n'en a fait un plus condamnable abus que J. Vernet, qui le transporte sans façon au bord de la mer, au milieu de réminiscences empruntées à toutes les côtes d'Italie. Péché véniel, si l'on veut, mais péché d'habitude chez ce peintre, *arrangeur*, plutôt qu'imitateur de la nature.

dire que les mauvaises épreuves de cette agréable estampe se sont multipliées à l'infini.

« La Grecque sortant du bain.

« Le Turc qui regarde pecher. »

La commande relative aux tableaux est de 1755. — « Pour M. Peilhon le Pere secretaire du Roy deux petits tableaux peint sur bois avec des figures habillées a l'oriantale. » — Il les paya 500 livres les deux. A sa vente, ils atteignirent 800 livres. Ils font partie aujourd'hui de la galerie grand-ducale de Carlsruhe. Quant aux estampes, je ne connais que la première, sous ce titre : « La Grecque sortant du bain. » Elle donne l'idée d'une composition pleine de grâce et de fraîcheur, où tout est tellement subordonné aux figures, que ce n'est plus un paysage, mais un véritable tableau de genre.

« Maison des environs de Naples. »

M. Le Blanc ne mentionne pas cette pièce ; Nagler seul l'indique. L'œuvre de J. Vernet au Cabinet des Estampes ne possède aucune des cinq estampes de Daullé ; la gravure en est cependant estimable, et les sujets montrent J. Vernet sous un jour particulier.

« Leveau — Vue proche du Montferrat. . . . 3 liv.

« La Cuisine ambulante des matelots. 3 liv.

« Les Amants à la peche. »

Aucune de ces pièces n'a jamais passé sous mes yeux : elles manquent à l'œuvre gravé de J. Vernet, au Cabinet des Estampes de Paris, aussi bien que les huit autres pièces gravées par Leveau. — J'en possède deux : — l'*Aurore d'un beau matin* et les *Femmes à la pêche*, — qui me paraissent d'un faire sec, maigre, et trop couvert.

J. Vernet termine ainsi cette longue note :

« Chez Ouvrier, 2 Vüe des Apennins. »

La *Vue des Alpes* et la *Vue des Apennins*, gravées par Ouvrier, sont deux estampes très-brillantes qui font beaucoup plus d'honneur au graveur qu'au peintre. Jamais, — sauf dans la *Bergère des Alpes*, — J. Vernet n'a plus franchement tourné le dos à la nature. En entassant au hasard les rêves de son imagination, il a produit deux tableaux moins riches que singuliers, et plus décoratifs que pittoresques. En revanche, Ouvrier — en dépit de son nom — s'est montré véritable artiste :

il a su conserver une masse d'air surprenante et trouver des luisants, des transparences, des effets vitreux, qui semblaient réservés au burin oseur de Balechou. — Ces deux estampes sont dédiées, l'une à Blondel d'Azaincourt, l'autre à M. De La Haye ; elles indiquent les dimensions des tableaux, mais non le cabinet auquel ils appartiennent.

Les *Livres de raison* de J. Vernet nous ramènent en d'autres passages aux estampes gravées d'après ses œuvres. On le voit distribuer aux souscripteurs de la suite des Ports différentes pièces, dont il paraît avoir un grand nombre d'épreuves. Qu'on me permette de grouper ici ces divers passages, comme s'ils formaient une note uniforme, semblable à celle que je viens de citer.

« Cathelin. — Les 4 heures du jour — à 6 livres chaques. »
Ces estampes médiocres, dédiées au marquis de Marigny, ont été gravées d'après des tableaux peints en 1765. — « Quatre Tableaux p^r le Roy p^r Choisy... 4800 livres. » — C'étaient quatre dessus de porte, à pans coupés. Deux figurent au musée du Louvre sous les n°s 613-614. Les deux autres ont été transportés à Saint-Cloud.

« Le Paysage ... — a 4 liv. 10 s. » — C'est le paysage dans le goût de Salvator Rosa, dont il a été question à propos du cabinet de Villette.

« La Tempeste — à 6 livres. » — M. Le Blanc ne la donne pas, mais il donne une *Vue d'une chute d'eau* : en tout, sept pièces gravées par Cathelin. — Une seule, *le Matin*, représente ce graveur un peu froid et mou, dans l'œuvre de J. Vernet au Cabinet des Estampes.

« Mademoiselle Berteau. — Les Pêcheurs à la ligne. » — Cette pièce, dédiée à madame de Montullé, est gravée d'après un tableau de son cabinet, tableau ovale, commandé par elle en 1766, et payé, en juin 1767, 480 livres. M. Le Blanc signale deux états : le Cabinet des Estampes de Paris possède le second.

« Le Rocher percé ovale. » — Le tableau était sur cuivre : je ne connais pas cette estampe, absente de l'œuvre de Vernet au cabinet de la rue Richelieu.

« Paysage de M. de Villette. » — Des trois estampes de mademoiselle Bertaud que je connais, aucune n'est dédiée au marquis de Villette. Ce peut être ou la *Pêche au clair de lune*, ou les *Dangers de la mer* (Cabinet des Estampes, œuvre de J. Vernet), ou les *Pêcheurs Italiens*, ou la *Barque mise à flot*. — Mad^{elle} Bertaud a gravé, de plus, *l'Orage impétueux*, dédié à M. Carpentier, architecte du roi, d'après un tableau de son cabinet, commandé par lui en 1763 et payé 480 livres. Il y a deux états : le second état (Cabinet des Estampes, œuvre de J. Vernet) conserve encore une grande puissance d'effet, obtenue par des moyens simples.

Mad^{elle} Bertaud n'est pas la seule femme qui se soit exercée d'après J. Vernet. On doit à Anne-Philiberte Coulet sept pièces remarquables par une extrême finesse de burin. C'est elle qui a gravé *l'Heureux passage*, signé Y. Vernet. — Mais d'où vient que les estampes de Philiberte Coulet se retrouvent, dans le Manuel de M. Le Blanc, sous le nom d'Élisabeth Cousinet, femme de Lempereur, graveur du roi? L'Almanach de 1776 donne pour femme à ce dernier mademoiselle Coulet : il y a là un petit imbroglio biographique qu'il serait peut-être bon d'éclaircir. — Madame Quarry, née Schoncker, a aussi gravé une pièce d'après J. Vernet : on voit d'elle au Cabinet des Estampes un *Clair de lune* à l'aqua-tinta sur papier bleu avec rehauts de blanc.

« Daudet. La jeune Blachisseuse, à 2 livres 8 s. »

Le titre véritable de l'estampe est celui-ci : — « Les jeunes Blanchisseuses, gravé par R. Daudet en 1768, d'après le tableau original qui est dans le cabinet de Monsieur Lempereur, Écuyer, ancien Échevin de la ville de Paris. » — On a du même graveur : « La vue de Pausilype près de Naples, peinte par J. Vernet en 1742, gravée en 1785. Le tableau original est dans le cabinet de M. de Tolozan. — Les Pêcheurs Corses, gravés en 1767. » Le Manuel de M. Le Blanc ne signale que ces trois pièces. Mais l'œuvre de Daudet au Cabinet des Estampes de Paris contient, en outre, une *Tempête* et un *Coucher du soleil*, pièces moyennes avant la lettre, — plus une *Marine*, gravée pour le *Musée Français* d'après un tableau actuellement au Louvre (n° 628). Enfin, dans cette même collection du *Musée Français*, on trouve encore un *Paysage au clair de lune*, peint en 1759 (n° 608 du musée du Louvre), — la *Vue du Ponte Rotto* — et la *Vue du Château Saint-Ange* (1) (n°s 631 et 632). Daudet a donc gravé d'après

---

(1) Ces deux petits tableaux, d'un ton blond et doux, ont aussi été gravés par Gutenberg et Maillet, pour le *Recueil d'estampes gravées d'après les tableaux*

J. Vernet neuf pièces : son burin est fin, mais uniforme et mou ; il manque d'accent.

— « Flipart. La Tempeste de M. de Voyer ;
« La Tempeste de M. Godefroy. »

Le burin souple et élégant de Flipart s'est exercé deux fois d'après J. Vernet, et il a produit chaque fois une œuvre d'une incontestable valeur. On ne trouve pas dans ses travaux la même recherche que chez Balechou ; mais, avec moins de métier, il a plus d'art : ses deux estampes possèdent à un haut degré une qualité rare, aussi nécessaire aux produits du burin qu'à ceux du pinceau, l'enveloppe.

Il a déjà été question d'une commande de quatre tableaux, « en toile d'Empereur, à 50 louis chaque, » envoyée par le marquis de Voyer d'Argenson à J. Vernet en 1758, pendant son séjour à Bayonne. La *Tempête de jour*, gravée par Flipart, est un de ceux-là. L'autre, la *Tempête de nuit*, fut peinte pour M. Godefroy le jeune, en 1764 : — « un tableau de deux pieds cinqs pouce trois lignes de large sur un pied huit pouce six lignes de haut ; » — elle fut payée 600 livres. Flipart la grava en 1771 et dédia l'estampe au possesseur du tableau, M. Godefroy, contrôleur général de la marine.

De tous les graveurs qui se sont exercés d'après les œuvres de J. Vernet, le plus célèbre est Balechou. Son nom se rencontre trois fois dans les *Livres de raison*. — En 1763, J. Vernet inscrit parmi ses dépenses : — « P^r l'estampe de la Tempeste de Balechou 36 livres ; » — et, plus tard, en 1771 : — « P^r une Tempeste de Balechou 64 livres. » — Ces deux prix sont significatifs. Le premier a été payé à l'artiste, le second à un marchand, et, dans l'intervalle, l'artiste était mort. Enfin, on lit sous ce titre : — « Lettres écrites depuis mon départ p^r Dieppe (1763) — a ma sœur d'Avignon, a Balechou 2 livres. »

Nous ne connaissons que deux lettres de J. Vernet adressées à Balechou. La première fut écrite à propos de l'estampe de la *Tempête*. On la trouve dans *le Mercure de France* du mois de juin 1757. En annonçant au public le nouvel ouvrage de Bale-

---

du Cabinet de Monseigneur le Duc de Choiseul, par les soins du sieur Basan, 1771. Du cabinet du duc de Choiseul, ils passèrent, en 1772, dans celui du prince de Conti. A la vente de ce dernier, ils furent vendus ensemble 5,200 livres.

chou, *le Mercure* accompagne son annonce de cette lettre qui devient ainsi une véritable réclame :

« Monsieur, — écrit le peintre, — cette estampe a rem« pli mon attente, vos recherches sont infinies, et demandent
« un examen et beaucoup de sçavoir pour en comprendre toute la
« beauté.

« Comme je vous dis, lorsque vous m'envoyâtes les premieres
« épreuves, ce que je desirois, je vous dirai avec la meme sincé« rité que cela est cela, c'est a dire que je suis actuellement con« tent au delà de mes desirs, cette expression doit renfermer les
« éloges les plus étendus que je pourrois vous donner, je suis
« presentement impatient que cette estampe soit repandue dans
« le monde pour votre gloire et pour la mienne. »

La seconde lettre, citée par Achard dans son *Dictionnaire des Hommes illustres de Provence*, ne porte pas de date. C'est peut-être celle que J. Vernet écrivit en 1763.

« Il n'est qu'un Balechou en France ; je ne suis pas content
« des gravures de mes autres marines depuis que j'ai vu les
« vôtres ; si vous voulez vous charger de ce travail, il vous en
« reviendroit un très-grand avantage, et à mes peintures une
« très-grande gloire. » — « Balechou, ajoute Achard, répondit
à cette lettre que nous avons vue en original (1), qu'il préféroit la

(1) M. Louis Jacquemin, qui a aussi tenu entre ses mains l'original de cette lettre, en rapporte le texte avec quelques variantes : « Je ne suis plus content des « autres graveurs de mes marines depuis que j'ay vu celles que vous venez de ter« miner. Si vous vouliez vous charger de ce travail, il vous en reviendroit de très« grands avantages, et à mes peintures une bien grande gloire. » — M. Louis Jacquemin, correspondant du ministère de l'Instruction publique et de l'Institut Historique de France, est l'auteur d'une excellente monographie de Balechou, publiée par le *Plutarque Provençal*, où il s'efforce d'établir la parfaite innocence du graveur dans la malheureuse affaire du portrait du roi de Pologne. Il cite à l'appui le texte même du traité passé à ce sujet entre M. Le Leu, agent du roi, et Balechou, ainsi qu'un extrait d'une lettre de ce dernier à M. de Heinecken. On doit regretter que M. Jacquemin n'ait pas reproduit textuellement aussi le mémoire justificatif, annoté de la main même de Balechou, qui lui a servi à rétablir les faits. Ces précieux papiers, conservés pieusement à Arles, par les derniers héritiers de Balechou, dans l'espoir d'une réhabilitation, sont aujourd'hui passés en d'autres mains, ou, pour mieux dire, perdus. Quant à la lettre de J. Vernet, que Balechou avait fixée lui-même avec une épingle à une épreuve de sa *Latone vengée*, le papier grossier sur lequel le peintre l'avait écrite n'était plus qu'un lambeau sale et usé, où non-seulement la date, mais encore les extrémités de chaque ligne manquaient entièrement.

tranquillité à tout ce qu'on pourroit lui offrir de plus précieux, ajoutant qu'il avoit assez de bonnes peintures pour pouvoir occuper son ciseau le reste de ses jours. »

Il faut rapprocher de ces deux lettres de J. Vernet une lettre de Balechou, publiée par les éditeurs du *Journal de Wille*. Elle est adressée à ce dernier :

« Monsieur et cher confrère,

« Vous êtes bien obligeant de me faire des éloges; je com-
« prends que je ne les dois qu'à votre complaisance, puisque je
« me reconnois bien loin de les mériter.

« L'estampe dont vous me demandez une douzaine d'épreuves
« a été faite d'après un tableau au premier coup, et assez incor-
« rect (*les Baigneuses*), ce que je ne dis qu'à vous, qui plein de
« connoissance autant que de talent, pouvez mieux que per-
« sonne apercevoir les défauts pour lesquels je réclame votre
« indulgence.

« Telle qu'elle peut être, je vous en feray parvenir le nombre
« que vous me demandez; je l'imprime actuellement, et les
« épreuves, à ce qu'il me paroît, sont plus passables que celle
« que vous avez vue. . . . . » — d'Avignon, ce 10 octobre 1762.

On peut, grâce à ces documents, établir d'une façon certaine la date de publication des trois estampes gravées par Balechou d'après J. Vernet. Toutes trois ont été exécutées à Avignon, postérieurement à la sentence qui bannissait de l'Académie et de la France le graveur présumé infidèle du portrait du roi de Pologne, c'est-à-dire postérieurement à 1752. Le *Calme* fut le coup d'essai de ce burin énergique dans un genre qui lui était resté jusqu'alors étranger. La *Tempête* suivit, en 1757, et les *Baigneuses*, en 1762 (1). Il est inutile, je pense, d'insister sur les

(1) Le *Journal de Wille*, que j'ai cité déjà, nous fournit un précieux détail à ajouter à ce que nous avons dit du tableau des *Baigneuses*. Nous nous demandions comment cette peinture avait passé du cabinet de M. Poulhariez, de Marseille, dans la galerie du duc de Choiseul. Voici l'explication du fait : « A la fin de ce mois, écrit Wille, le 30 décembre 1766, j'alloy plusieurs fois à une vente de tableaux qu'un comedien de province en avoit apportés. Il y avoit entre autres six tableaux de

différents états de ces pièces bien connues. La *Tempête* passe généralement pour un chef-d'œuvre de gravure : et, en effet, le graveur s'y montre admirable par l'imprévu de ses travaux, par l'audace du métier, l'agilité, la force, l'abondance des moyens qu'il déploie. Mais, derrière ce fulgurant étalage des ressources du burin, le peintre disparaît : la *Tempête* fait admirer Balechou, elle fait oublier J. Vernet ; on se prend à regretter les artistes modestes qui ont su, avec une manière moins pénible et moins suffocante, rendre plus simplement le faire aisé, leste et toujours aimable, du peintre des Ports.

Il serait trop long d'entrer ici dans le détail de tous les graveurs à qui les tableaux de J. Vernet ont fourni le prétexte d'estampes agréables. Nous ne saurions cependant passer complétement sous silence certains noms et certaines œuvres. Le *Journal de Wille* contient sur ce chapitre quelques détails bons à recueillir. Si l'auteur des *Musiciens ambulants* n'a rien gravé d'après J. Vernet, il a dirigé le travail de deux estampes exécutées par Zingg, son élève. — « On m'a confié, écrit-il le 25 juillet 1759, deux beaux tableaux par M. Vernet que j'ay remis le même jour à M. Zingg pour qu'il me les grave moyennant vingt louis d'or qui est notre convention. » — Ces deux tableaux venaient d'être exécutés à Bordeaux, — « pour M. Imbert deux marines, une Tempeste et un Calme,... 1000 livres, » — et M. Imbert, mis en relation avec Wille par un ami commun, M. Lieneau, — un autre négociant bordelais, — n'eut rien de plus pressé que d'envoyer à Paris, pour y être gravées, ces deux productions toutes fraîches du génie de J. Vernet. Zingg se mit aussitôt à l'ouvrage. Au mois de mai de l'année suivante, il avait assez avancé les planches pour en tirer des épreuves d'essai ; et Wille de noter : — « Le 29. Ecrit à M. Vernet qui est à Bayonne ; et je lui envoie les deux estampes que M. Zingg a gravées pour moi, d'après deux de ses marines. Je le prie d'en faire la correction qu'il jugera nécessaire. » — En octobre, le jeune graveur a profité des corrections du peintre et terminé sa besogne. Le mois suivant, le tirage est complet. Wille en livre les estampes à Basan, au nombre de qua-

---

M. Vernet, dont *les Baigneuses* et *la Tempête*, gravés par Balechou. Ce comédien, nommé Gourville, n'eut pas lieu d'être content avec nos amateurs ; il jura et fit cesser la vente, etc. » — *Mémoires et Journal de J.-G. Wille,* publiés par M. Georges Duplessis. Tome Ier, page 340.

rante-huit; il en expédie vingt-quatre à M. Imbert pour le remercier d'avoir prêté le tableau, et douze à J. Vernet, comme droits d'auteur. — « Le même jour (15 nov. 1760), j'ay fait remettre à M. Guibert, beau-frère de J. Vernet, douze épreuves de ces mêmes planches pour être envoyées à ce dernier qui est actuellement à Bayonne. » — En même temps, il demande à J. Vernet s'il veut bien lui faire deux petits tableaux d'environ quinze pouces de large, — « et je lui demande aussi le prix. Je serois charmé d'avoir quelque chose de ce peintre célèbre. » — Mais le peintre célèbre n'eut jamais le temps de satisfaire ce désir bien légitime. Il se borna, une fois de retour à Paris, à une visite de politesse, dont Wille a conservé la date, le 13 avril 1763 (1).

Un autre élève de Wille, J.-J. Avril, a gravé d'après J. Vernet cinq pièces estimables. Le Cabinet des Estampes en possède trois, mais il lui manque la plus curieuse : c'est une estampe intitulée — *Ceyx et Alcyone* — et destinée à servir de pendant à *Céladon et Amélie*, gravée par Wilson. Hélas ! dans quelle voie funeste la *Bergère des Alpes* entraînait-elle le pauvre J. Vernet ? Lui, que Diderot représente comme le maître du tonnerre, se faire l'humble valet des poëtes et des romanciers ! Au lieu de s'en tenir à la nature vraie, peupler de mannequins d'un autre âge des paysages de fantaisie, ramasser sur sa palette les fausses larmes des faux bergers, et enrubaner de guenilles ce pinceau qui a le secret du soleil !... Mais ce n'est pas tout encore : le voilà qui s'attaque à l'histoire. La contagion l'a gagné. On n'est pas pour rien de l'Académie ! — Et puis il fréquente l'Opéra, ce fléau de l'art français. C'est là qu'il a emprunté le monstre de carton d'où s'échappe, coiffé d'une perruque de Fleuve, son Jonas en chemise. C'est l'Opéra qui lui a montré comme on accroche sur une machine à nuages un ange en maillot rose, et comment s'attendrit au bord d'un sofa de verdure une Agar en déshabillé galant.

Le graveur Tilliard ne pouvait rendre un plus mauvais service à J. Vernet que de conserver le souvenir de ces deux peintures ridicules, exécutées dans un moment d'erreur pour Buldet,

---

(1) Les deux estampes de Zingg ont pour titre : « *Pêche heureuse* et *Écueil dangereux*. Gravé d'après le tableau original qui est dans le cabinet de M. Imbert, negociant, à Bordeaux. A Paris, chez Wille, graveur du Roy, quay des Augustins, à côté de l'Hôtel d'Auvergne. »

un marchand de tableaux, qui n'y regardait pas de si près (1).

Mieux avisés, deux aqua-fortistes d'une incontestable distinction ont su prêter à J. Vernet un charme nouveau en choisissant parmi ses œuvres celles qui se recommandaient par un sentiment naïf de la nature. L'un est le peintre autrichien Weïrotter, petit esprit, mais pointe assez fine. Après avoir travaillé quelques années à Paris, il fit, en 1764, un voyage à Rome : c'est là qu'il a gravé, d'après deux tableaux du cabinet de M. Le Bailly de Breteuil, deux petites pièces, dédiées, la première à Watelet, l'auteur du Poëme sur la peinture, la seconde à « M. Lecomte, des Académies de Rome et de Florence, Bologne, etc., » (Félix Lecomte, le sculpteur?) — L'autre est un amateur, Marcenay de Ghuy : il a fait, d'un petit Clair de lune de J. Vernet, une très-précieuse estampe, gravée dans le goût de Rembrandt. Nous avons parlé du tableau et des ventes où il a figuré. L'estampe est annoncée dans *le Mercure de France* de juin 1756 par quelques lignes d'une prétention naïve, qui sont l'enfance de la réclame :
« Il paroit actuellement une estampe nouvelle, la quatorzième
« de l'œuvre de M. de Marcenay, qu'il a gravée d'après un morceau
« de M. Vernet dont les talens superieurs pour le paysage sont
« generalement applaudis. — Ce tableau represente une belle
« nuit d'Été, où la lune plus éclatante qu'à l'ordinaire, semble
« prolonger le cours du soleil. Le choix de la lumière qui part
« du fond, les reveillons qu'elle produit sur des eaux legerement
« agitées, de beaux plans, leurs variétés, leurs oppositions, une
« belle touche, beaucoup de vérité, des accidens habilement
« ménagés, tout en un mot semble réuni pour rendre ce morceau
« des plus piquans. » La dédicace à Monsieur Marcenay de la Brance, Écuyer, frère de l'auteur, est accompagnée de quelques lignes de latin, — du Cicéron, s'il vous plaît. — Onze ans plus tard, en 1767, Marcenay de Ghuy grava d'après le même maître une seconde estampe, sous le titre *Coucher du Soleil* : il n'y a pas de latin cette fois, et à l'adresse de l'auteur se joint celle de Wille. — Ces deux petites pièces valent mieux que bien des grandes. Marcenay s'y montre exact observateur des valeurs, —

(1) C'est par ces deux pièces, avant la lettre, que s'ouvre l'œuvre gravé de J. Vernet au Cabinet des Estampes. En voici les titres : *Agar dans le désert*, — *Jonas sortant de la baleine*. — Dédiée a M. de Montgeroux, trésorier général de la maison du Roy. — Le tableau appartient a M Buldet, a Paris - chez Buldet, rue de Gesvres.

chose rare chez les graveurs du temps. — Comme Flipart dans ses *Tempêtes*, il assourdit ce que les reflets de J. Vernet ont quelquefois de dur, et ne craint pas d'estomper ses lumières un peu métalliques.

Pour terminer cette digression, trop longue et cependant incomplète, il suffira de citer en bloc les noms des graveurs qui n'y ont pas encore trouvé place. Parmi les élèves de Le Bas, Bacheley, Chenu, Helman, Duret, ont produit des œuvres estimables. Basan a donné neuf pièces de sa main, et en a publié un grand nombre, dues à Poly, Miger, Daudet et autres. Ghendt, De Flumet, Baquoy, Ander, Hill, Le Charpentier, De Longueil, Chereau, ont aussi gravé quelques estampes d'un mérite inégal. — Mais sera-t-il jamais possible de dresser un état complet des graveurs contemporains de J. Vernet qui ont popularisé ses ouvrages? Tout ce qui tenait le burin au xviiie siècle s'est jeté sur cette proie facile : l'élan fut général, ou, pour mieux dire, universel. Car J. Vernet était à la mode, non-seulement en France, mais partout. Partout aussi surgissent des interprètes de son talent. A Londres, où ses meilleures productions d'Italie ont trouvé une hospitalité splendide, les meilleurs artistes du temps, Lauvrie, Barns, Benazech, Dickinson, Lerpinière, Byrne, Boydell, Th. Major, et avant tous Vivarès et Woollett, lui font une popularité égale à celle dont il jouit en France, pendant que Fokke et Haldenovang le révèlent à la Hollande et à l'Allemagne. Berardi, Canale, Parboni, Ferradini reproduisent les tableaux qu'il a laissés dans les galeries italiennes. Mais ce mouvement, qui entraîne sur les pas du peintre des Tempêtes tous les graveurs du xviiie siècle, cesse avec lui. A part les reproductions de la collection Filhol, dues à De Saulx, Reville, De Villiers, Bovinet, Schrœder et Pillement; les travaux plus importants exécutés pour le *Musée Royal* par Dequevauvillers, Dupin, Dufour, Fortier et Duparc, et quelques lithographies, je ne sache pas que le xixe siècle ait vu éclore une estampe d'après Joseph Vernet. Les graveurs d'aujourd'hui ont assez à faire avec Horace.

XI

Dans cette nomenclature des graveurs de J. Vernet, il est un nom que nous avons cité en passant, mais sur lequel il nous faut maintenant revenir, parce qu'il doit nous introduire auprès des membres encore inconnus de la famille Vernet. Ce nom, c'est celui de Pierre-Antoine Martini, né à Parme, élève de Le Bas, bien connu par ses estampes des Salons de 1785 et 1787 (1).

Martini a gravé d'après J. Vernet deux pièces : — l'une, en largeur, est la *Vue d'Avignon;* nous nous en occuperons en son temps ; — l'autre, en hauteur, porte pour titre : « *Les Plaisirs de l'Été,* » et, sous le titre, l'adresse de l'éditeur : — « A Paris, chés Vernet le jeune, quai des Augustins, au coin de la rue Gist-le-cœur. » — Si l'on rapproche cette adresse d'un passage des *Livres de raison,* où J. Vernet dit en propres termes : — « Envoyé a mon frère pr du papier pr imprimer les estampes intitulées les *Plaisirs de l'Été,* » — on en conclura que J. Vernet a eu un frère plus jeune que lui, établi marchand d'estampes à Paris. — Quel était ce frère ? — Les *Livres de raison* ne laissent à cet égard aucun doute; ils donnent son nom; ils confirment le fait attesté par l'estampe de Martini, et l'entourent de nombreux détails auxquels viennent se joindre ceux que fournissent les documents contemporains.

Vernet jeune, c'est François Vernet, celui des enfants d'Antoine dont l'acte de naissance n'a pu être retrouvé dans les registres des paroisses d'Avignon. Voici, si l'on s'en souvient, les seuls qui aient été relevés :

(1) Un *Salon* moins connu que ceux de Martini, et non moins curieux, c'est le Salon de l'an VIII, estampe en deux feuilles, gravée par Monsaldy et Devisme, sous ce titre : « Vue des ouvrages de peinture des artistes vivants exposés au Muséum central des Arts en l'an VIII de la R. F. — Déposée à la Bibliothèque nationale. —A Paris, chez les C[ens] Monsaldy et Devisme, rue de Molière, n° 2, maison du Caffé de l'Odéon. » —Cette eau-forte, très-mordue, et encore charbonnée par des retouches à la pointe sèche, est l'œuvre d'un disciple malheureux de Duplessis-Bertaux : sa perspective forcénée exagère encore l'aspect étrange des peintures suspendues aux quatre parois du salon carré : malgré l'allongement indéfini des figures, émaciées comme au sortir d'un laminoir, on reconnaît les tableaux des plus fervents élèves de l'école Davidienne, mêlés aux paysages de Bertin, Boguet, Valenciennes, et aux sujets de genre de Greuze, Boilly, Granet, etc. Les costumes des spectateurs ne sont pas ce qu'il y a de moins fantastique. — Dimensions, dans le champ de la gravure : 270 mill. de haut sur 485 de large. — M. de Montaiglon, dans son *Essai de bibliographie des livrets et des critiques de Salons,* à la suite du *Livret de l'Exposition de* 1673, a cité les deux pièces de Martini et les images grossières qui les avaient précédées : mais il n'a rien dit de cette estampe, ce qui pourrait faire croire qu'elle est, sinon introuvable, au moins tout à fait rare.

8 octobre 1712. Louise.

14 août 1714. Claude-Joseph, le peintre des Ports de France.

15 septembre 1716. Jean-Antoine, — le frère « que j'avois à Naples. »

24 février 1719. Marie-Louise.

14 janvier 1720. Élisabeth-Marie.

François a pu naître, soit en 1715, soit plutôt en 1718, — ou peut-être en 1721. Dans ce dernier cas, l'absence de son acte de naissance n'aurait pas de quoi surprendre. Les registres des paroisses d'Avignon n'étaient pas tenus par des héros : une suite de pages blanches y raconte seule la peste de 1721. Ce terrible fléau, transfuge de Marseille, ravagea Avignon pendant une année entière, — une année de vacances pour messieurs les clercs, qui, de peur d'accroître le nombre des morts, qu'ils n'enregistraient pas, négligèrent aussi d'enregistrer les naissances.

En somme, que François Vernet soit né en 1715 ou en 1721, la différence n'est pas grande. L'essentiel est qu'il se fit peintre, à l'exemple de ses frères : mais il ne paraît pas avoir étudié hors d'Avignon. Il existait dans cette ville une association religieuse, connue sous le nom de congrégation des Pauvres Femmes, qui acheta le 11 novembre 1735 un terrain pour s'y construire une chapelle. Le tableau destiné au maître-autel de cette chapelle fut demandé à François Vernet. Il dut l'exécuter vers 1740. Plus tard, la congrégation se transporta dans l'église paroissiale de Saint-Agricol, où le tableau se voit encore. Il serait puéril d'y chercher des qualités de premier ordre : son plus grand mérite est sa simplicité. Quelques pauvres femmes, agenouillées, offrent leur cœur à la Vierge Marie, qui apparaît sur les nuages. Composition, dessin, couleur, tout est modeste. En 1751, la confrérie des Pénitents blancs, qui se recrutait volontiers parmi les artistes, admit François Vernet au nombre de ses affiliés. Mais il jouit peu de temps de cet honneur; dès 1753, il habitait Paris, puisque Joseph l'inscrit sur la liste des personnes qu'il se propose d'y voir; trois ans plus tard, il obtient de son frère l'illustre deux petits tableaux pour le prix de 200 livres. Il cultivait encore la peinture en 1763; car Joseph, de retour à Paris, après son tour de France, lui fait cadeau de trois toiles à peindre et le conduit en visite chez M. de Marigny, dans le but de lui procurer de l'ouvrage.

L'année suivante, Joseph Vernet écrit, au commencement de mars : — « Donné à celuy qui est venu faire signer le contrac d'élève pour mon frere, » et quelques jours après : « Donné pour le notaire qui a fait l'écrit pour mon frere... 15 livres » — Il ne peut être question ici d'un contrat d'élève pour François, qui a alors quarante-trois ans au moins, mais pour son fils. Et, en effet, François est déjà père de famille : il a deux fils, trois peut-être, et, de plus, il a recueilli chez lui le fils de son frère Jean, celui que Joseph appelle le neveu napolitain. Aussi sa position est-elle assez précaire, malgré les avances continuelles de petites sommes et les secours de tout genre que ne cesse de lui prodiguer son frère Joseph, la providence de la famille. François est-il malade, c'est Joseph qui paye les visites du médecin. — A-t-il besoin d'argent, Joseph lui prête sous main mille ou douze cents livres, par l'intermédiaire d'un ami commun, M. de Mons, le caissier de la Compagnie des Indes. — C'est Joseph encore qui acquitte l'arriéré du loyer de François, — quinze mois, 625 livres. — Il est vrai qu'il s'agit de contenter un collègue : François Vernet demeurait rue Princesse, dans une maison appartenant au peintre Chardin.

Enfin, en 1769, nouveau prêt de douze cents livres, toujours sous le manteau de M. de Mons. Avec cette somme, François s'établit marchand d'estampes et ouvre une boutique. Ici encore, Joseph intervient : c'est lui qui fournit à son frère le premier fonds de marchandises. Il lui remet les estampes de Rochefort et de la Rochelle, celles des *Quatre Parties du Jour* de Cathelin, la *Tempête* de Flipart, et d'autres pièces de Daudet et de madame Berteau, — « pour vendre pour mon compte. » — « Mon frère, ajoute-t-il, m'a envoyé pour le prix des 2 estampes de Rochefort et de la Rochelle 12 bouteilles de vin qu'on dit d'Espagne et luy ay envoyé deux autres estampes semblables dont il doit me tenir compte. » — Et dès lors il ne cesse de lui envoyer tout ce qu'on grave d'après ses œuvres, et même d'autres estampes dont la vente lui paraît présenter des chances de bénéfice. — Ainsi le *Jardin d'amour*, gravé par Lempereur d'après Rubens : le succès rapide de cette pièce rendit en peu de temps les épreuves rares et chères ; — ainsi les *Arabesques du Vatican* : on connaît cette suite, œuvre de Volpato ; les planches appartiennent encore, si je ne me trompe, à la Chalcographie romaine.

Soit que les épreuves fussent rares dans leur nouveauté, soit que le graveur, ou la Chalcographie, refusât de les livrer au commerce, soit enfin que J. Vernet eût des facilités particulières pour les obtenir à meilleur compte, ses *Livres* nous le montrent, pendant plusieurs années, exploitant assidûment cette veine, tantôt vendant lui-même les estampes de la main à la main, tantôt les faisant vendre par son frère ou son beau-frère. Avant de monter l'affaire, il en avait calculé les bénéfices :

— « Les estampes des loges du Vatican 50 suittes 1680
« Fraix de Rome à Paris   300
                                                        ─────
                                                          1980

« En les vendant 30 s. chaque cela fairoit   2700 » —

Mais il calculait largement. — « Le 22 octobre 1770 payé une lettre de change de 1673 liv. 9 s. 9 d. tirée par M. Fortunato Cioia, Banquier a Rome, pour le payement de 50 suittes des gravures des loges du Vatican a 3 sequins la suitte... 1675 liv. 9 s. 9 d. » — Et le port de la caisse ne lui coûtait que 75 liv. Il y avait donc, et pour Joseph et pour François, un bénéfice raisonnable. Aussi, grâce à ce renfort, le commerce des estampes prend une certaine extension. Cathelin vient de graver, en 1770, le portrait de « Joseph Vernet, Peintre du Roy et conseiller en son Académie de Peinture et de Sculpture, peint par L. M. Vanloo en 1768. » — Il en remet trois cents épreuves à François, à vendre à 30 sols pièce. Le voilà presque éditeur.

D'autre part, la visite à M. de Marigny avait fini par porter ses fruits. Depuis quelques années déjà, François Vernet travaille pour le roi. Laissant à sa femme et à son fils aîné le soin du magasin d'estampes, il s'est établi à Versailles, ainsi que nous l'apprend Joseph : — « Mon frere loge a Versailles, chez Mad^e Clarice rüe Marly a côté du vinaigrier au 3e, » — et il ajoute, dans l'intention de l'aller voir : — « On peut loger a Versailles a l'hotel de Modenne au bout de la rüe des Recolets. » — Le *Mercure de France* du mois d'août 1770 a conservé le souvenir des travaux de François Vernet. Il concourut à la décoration de la nouvelle salle de spectacle inaugurée aux fêtes du mariage du Dauphin. — « Les curieux, disent les Mémoires de Bachaumont, vont en foule à Versailles admirer la magnifique salle qu'on vient d'y construire. Indépendamment du beau coup d'œil qu'elle présente, de sa coupe avantageuse, et de la magnificence de son ensemble, le mécanisme de son intérieur offre des détails immenses et admirables à ceux qui s'y connaissent. » — Voici, d'après le *Mercure,* la part de François dans ces merveilles : « M. Vernet, frère du célèbre Vernet, peintre de marines, chargé de tous les rehaussés d'or et des peintures dont les loges particulières du roi sont ornées, ainsi que de parties du grand plafond et autres, n'a pas moins répondu à la confiance accordée à son mérite, et s'est également distingué par ses soins et son talent. »

Il semble que ces travaux, rétribués selon leur mérite, auraient dû remettre à flot la barque du pauvre François et le sauver du besoin, contre lequel il lutte toute sa vie. Mais, ne l'oublions pas, en 1770, les temps étaient durs. On ne payait guère alors, — le roi moins que tout autre. L'abbé Terray tenait les finances, et l'on connaît le mot de ces mauvais plaisants, étouffés au parterre trop étroit des théâtres, qui s'écriaient : « Ah! que l'abbé Terray n'est-il là pour nous réduire de moitié! » — François fut si bien réduit, qu'en cette même année il n'avait pas 325 liv. pour payer la maîtrise de son fils aîné à l'Académie de Saint-Luc. Sans l'oncle Joseph, qui intervint à point, — *Deus è machinâ,* — le neveu n'aurait pu être inscrit au nombre des sculpteurs d'ornement de cette académie. — Toutefois, hâtons-nous de le dire, un jour vint où la dette royale fut acquittée; mais pour François ce jour vint bien tard : — il était mort depuis cinq ans.

En 1772, Martini entreprend la gravure des *Plaisirs de l'Été,* un agréable tableau de baigneuses, dont l'heureux possesseur nous est inconnu. Cette fois, point d'intermédiaire entre le peintre et le graveur. C'est J. Vernet lui-même qui fait reproduire son tableau; il paye en argent les deux tiers de la planche, 480 livr. (l'autre tiers fut sans doute réglé en épreuves); c'est lui aussi qui fournit le papier pour l'impression : — « Le 13 novembre envoyé a mon frère pour du papier pour imprimer les estampes intitulées les *Plaisirs de l'Été.* » — Ici François est bien réellement éditeur. L'estampe ne porte qu'une adresse, la sienne, identique à celle que donne l'*Almanach des Artistes* de 1776 : — « Vernet le jeune, quai des Augustins, tient magasin d'estampes anciennes et modernes, montées et en feuilles. »

François Vernet a-t-il édité d'autres pièces que l'estampe de Martini? Pour ma part, je n'en connais aucune. Toujours est-il qu'à partir de cette publication sa position paraît s'améliorer. Le commerce va bien ; les bénéfices permettent de se libérer peu à peu vis-à-vis des prête-nom de Joseph : on rembourse le billet de M. Lepot, celui de M. Aubert, autant de billets de complaisance derrière lesquels se cache le véritable bailleur de fonds. François a marié son fils aîné. Il semble qu'il puisse dès lors suffire à son existence et à celle de sa famille, quand tout d'un coup son nom disparaît des *Livres de raison*, à la fin de 1780 ; — et, quelques mois après, Joseph Vernet écrit : — « J'ay pretté a ma belle sœur veuve Vernet quinze cents livres. »

Telle fut la vie de François Vernet, vie besogneuse et mal assise, partagée entre l'art, le métier et le commerce. Il végéta une soixantaine d'années à l'ombre de son frère, et s'éteignit avant lui, sans avoir jamais pu atteindre, ni à son talent, ni à sa fortune, ni à sa gloire.

Cette mort léguait à Joseph Vernet la tutelle de sa belle-sœur et de ses neveux. En présence de ces nouvelles charges, la générosité du peintre de marine ne faiblit pas. Ses bienfaits survécurent à son frère. Les *Livres de raison* nous le montrent, en 1783, payant à madame veuve Vernet le premier quartier d'une pension annuelle de six louis, qu'il lui continue sa vie durant : — c'est sa manière de toucher les intérêts des quinze cents livres qu'il vient de lui prêter. — En même temps, il s'occupe de faire rentrer les sommes dues au défunt :

« Souvenir pour mon frère.
« Il y est dû chez la Reine. . . . . . 645 liv.
« De la Tribune. . . . . 802 liv. »

Et ailleurs : — « Le 19 décembre 1782 j'ay reçu sur ce qui est dû a feu mon frere par le Roy 202 livres ; » — et, plus tard encore : — « Le 8 may 1785 j'ay remis a M. Maillard verificateur des bâtiments du Roy a Choisy 17 pièces concernant les ouvrages que feu mon frere a fait pour le service de la Cour. » — Une lettre de Joseph Vernet, dont on trouvera plus loin le texte, dit en propres termes : « Mon frere a peint la salle a manger de Choisy. » — Quant à « la Tribune, » il s'agit sans doute de la tribune de la Chapelle, à Versailles ; et la phrase — « il y est dû chez la Reine 645 livres » — fait probablement allusion à des travaux de peinture ou de décoration exécutés dans les petits appartements de Marie-Antoinette.

De ces travaux de François Vernet, que reste-t-il?— La décoration est chose fragile : et puis, tant d'orages ont passé sur le château de Versailles! Mais on retrouvera toujours le frère de Joseph à Avignon, où se conservent, comme je l'ai dit, trois œuvres de sa main. — Dans l'église de Saint-Agricol, le tableau des *Pauvres Femmes*; — au musée, un petit tableau de Fleurs, et un Paysage. — Il y a dans ce dernier une fraîcheur de coloris qui donne bonne opinion des dessus de porte qu'a dû peindre François Vernet.

François Vernet a eu deux fils, — trois peut-être. L'existence des deux premiers ne peut faire l'ombre d'un doute; mais, quant au troisième, les *Livres de raison* sont trop peu explicites pour nous permettre sur son compte, comme aussi sur celui des autres neveux de Joseph Vernet, autre chose que des conjectures. On y rencontre, en effet, tour à tour : — « Mon neveu Joseph sculpteur. » — « Mon neveu l'abbé. » — « Mon neveu Guibert. » — « Mon neveu sculpteur le cadet. » — « Mon neveu sculpteur le sourd. » — « Mon neveu l'aîné peintre. » — « Mon neveu napolitain. » — « Mon neveu militaire. » — « Mon neveu l'orfèvre. » — Toute une bande de neveux, âpre aux étrennes et prompte aux emprunts. Pour ne parler que des fils de François, Joseph Vernet note en 1768 : « Le 1er janvier donné aux fils de mon frere aux deux grands c'est a dire a son ainé et au neveu napolitain 6 livres a chaque et au petit 3 livres. » — Total 15 livres. — Cela fait deux. — En 1769 : — « Le 1er janvier donné a fils de mon frere pour etrennes 6 livres aux deux cadets 3 livres a chaquun et au neveu napolitain 6 livres. » — Total 18 livres. — Cela fait trois. — En 1773, il écrit aussi : — « Etrennes a mes trois neveux fils de mon frere 9 livres. » — Mais en 1781 : — « Etrennes aux fils de mon frère Jean et Antoine. » — Et cela ne fait plus que deux. — Comment s'y reconnaître? La question, par bonheur, est sans importance. On me pardonnera d'en agir librement avec ces messieurs, et d'adopter à leur égard un classement arbitraire, mais plausible.

Joseph est l'aîné des fils de François : c'est pour lui que fut signé le *contrat d'élève* en 1764, c'est lui qui passe maître à l'Académie de Saint-Luc en qualité de sculpteur d'ornements, en 1770. Cette même année, il commence à fournir à son oncle des bordures pour ses tableaux. Les prix varient de un louis à quatre : un tableau de trois pieds de large sur deux de haut reçoit un cadre de quatre louis = 96 livres. Bien que le peintre des Ports de France ne le laisse pas manquer d'ouvrage, le neveu sculpteur fait de fréquents appels à la bourse de son oncle. Il a toujours un terme à payer, ou un enfant à baptiser, et il ne peut faire l'un ou l'autre sans y convier l'oncle Joseph : il l'accable de ses adresses, et Dieu sait s'il change souvent de domicile : — rue des Juifs, rue du Vieux-Colombier, rue du Petit-Vaugirard, rue des Fossoyeurs, rue Cassette. — En un mot, à quelque page qu'on ouvre les *Livres de raison,* le neveu sculpteur est toujours là. Toutefois son oncle n'est pas son seul protecteur: le neveu Joseph a des amis à Moulins, des abbés, qui lui font tenir, par une religieuse tourière de la Visitation, une pension mensuelle de 50 livres ; et c'est de lui aussi qu'il s'agit dans cette note : — « M. Lemoyne architecte rue d'Enfer qui doit faire la salle d'assemblée du clergé ou il peut y avoir de l'ouvrage de sculpture pour mon neveu protégé par l'évêque d'Autun. » — En 1785, année où s'arrête le dernier *Livre* de J. Vernet, le neveu sculpteur habite encore Paris et continue son commerce, — et ses emprunts.

Le second fils de François, plus modeste et plus tranquille que son frère, se voua au plus noble des ministères, au service des pauvres. Dès 1780, il est « mon neveu l'abbé. » — Des notes postérieures le nomment « mon neveu religieux, » — « novice de la Charité, » — enfin, « frère de la Charité. » — Il n'encombre pas les *Livres de raison;* une seule fois il sollicite de son oncle une lettre de recommandation pour son supérieur ; il ne paraît guère qu'au premier de l'an, époque où il vient recevoir une petite étrenne.

Le neveu napolitain — le fils du peintre Jean Vernet, mort à Naples — a vécu chez François depuis 1765. Mais qu'est-il devenu ? A mesure que ses neveux sortent de page, Joseph Vernet ne les désigne plus que par leur profession. Qu'on me permette de voir dans celui-ci le militaire. Né en Italie, habitué à la vie en plein soleil, il n'a pu accepter l'existence sédentaire de ses cousins, et il s'engage. — « Le 21 mars 1771 envoyé a Mr de Boullongne Tresorier de l'Extraordinaire des Guerres 500 livres, 300 livres pour le congé de mon neveu et 200 livres pour les choses necessaires pour son voyage. » — « Le 28 septembre 1774 envoyé a M. Moreau sergent au regiment d'Auvergne pour mon neveu par une rescription (1) sur le Directeur des Octrois a Thionville... 72 livres. » — « Le 4ᵉ mars 1775 envoyé a M. le Chevalier de Plantade major du regiment d'Auvergne a Givet pour des depenses faittes pʳ mon neveu... 150 livres. » — Six mois plus tard, le régiment quitte la garnison de Givet, et se met en route pour Nantes. Chemin faisant, on prend gîte à Saint-Denis, aux portes de Paris. Et l'oncle d'accourir. — « Le 15 septembre dejeuner a Saint-Denis pour mon neveu... 9 livres. —Le 15 donné a l'officier M.... pour les choses dont *peut avoir besoin* mon neveu... 84 livres. » — L'expression est charmante : un père n'eût pas mieux dit. — Mais où va donc le régiment d'Auvergne? Ici encore, il faut laisser la parole à l'oncle Joseph : — « Pour ecrire a mon neveu a l'isle Saint-Domingue il faut addresser les lettres a M. Rimbert negociant a Nantes qui est de la connoissance d'un soldat du regiment d'Auvergne dont le nom de guerre est *Chantemerle*. Je dois repondre a une lettre de mon neveu ecritte de Nantes le 19ᵉ novembre 1775. » — Cette lettre, c'étaient ses adieux. Le neveu militaire ne reparaît plus sur les *Livres de raison*. Les extraits que j'en ai donnés me semblent témoigner de la part de J. Vernet une sollicitude exceptionnelle qui ne peut s'appliquer qu'à un orphelin. C'est pourquoi je pense qu'il faut voir dans le camarade de *Chantemerle* le neveu napolitain, le fils de Jean Vernet.

Restent encore, sans compter le fils de Guibert, trois neveux : — l'orfévre d'abord, le troisième fils de François peut-être, apprenti chez M. Violet, et chez Aubert, le joaillier de la couronne; — puis le peintre, nommé parfois « mon neveu l'aîné peintre, » et le sculpteur sourd, — deux frères, à en juger par les indications un peu vagues des *Livres de raison*, deux fils d'une sœur de Joseph Vernet. — L'aîné exécute chez son oncle Joseph des travaux de peinture et de dorure; il est marié, il demeure quai des Augustins; peut-être a-t-il succédé à l'oncle François. Le cadet,

(1) L'*Almanach du voyageur à Paris*, de Thierry, donne les détails suivants sur les *rescriptions* : « Tous les particuliers qui veulent faire passer de l'argent en province, peuvent aller tous les jours de la semaine... aux bureaux ci-après, où l'on délivre des Rescriptions gratuitement : Aux Fermes Générales A la Régie Générale, rue de Choiseul. A l'Administration des domaines. A l'Hôtel de l'Administration des Postes, etc., etc.

le sculpteur sourd, traîne dans l'ombre son existence souffreteuse, qui ne se révèle que par les secours dont on le charge pour sa mère : ils vivent ensemble; lorsqu'elle meurt, en 1784, le pauvre infirme ne sait plus vivre seul, et il meurt à son tour, dix mois après elle.

Cette sœur de Joseph Vernet nous replonge dans les incertitudes. Il la nomme tantôt « ma sœur aînée, » tantôt « ma sœur Elisabeth. » Or, la sœur Élisabeth serait, d'après les actes de naissance, la plus jeune des trois; l'aînée se nommait Louise. Quoi qu'il en soit de son prénom, cette sœur, veuve de bonne heure, est venue s'établir à Paris avec ses fils : elle vit des libéralités de Joseph, qui lui sert une pension de deux cents livres, doublée en 1783. Elle meurt l'année d'après. — Une autre sœur, la plus jeune, est restée à Avignon, d'où elle expédie à son frère ses provisions d'huile de Provence. Une autre enfin, la seconde, Marie-Louise, a épousé M. Guibert.

Ce nom n'est pas nouveau pour nous : il a déjà été question plus d'une fois du beau-frère de J. Vernet. La communication de nouveaux documents nous permet de compléter son histoire.

Guibert était originaire d'Avignon. Il épousa, vers 1745 ou 1746, la seconde fille d'Antoine Vernet, nommée Marie-Louise. C'est à cette date que Joseph lui écrit de Rome, sans doute à l'occasion du mariage. Quand le peintre de marine vint à Paris, en 1753, prendre les ordres de M. de Marigny, relativement à la grande entreprise des Ports de France, il n'oublia pas de solliciter pour sa famille la protection du directeur général des Bâtiments, et, deux ans plus tard, il renouvela ses sollicitations dans une lettre déjà publiée (1), mais qu'il est nécessaire de reproduire :

« Monsieur, — Les complaisances et les bontés que vous avés
« pour moy me rendent importun auprès de vous; j'ay eu l'hon-
« neur de vous écrire il y a peut de jours pour vous faire scavoir
« mon arrivée en cette ville, vous me l'avez ordonné : mon étour-
« derie me fit oublier de vous faire une prière, la voicy :
« Un beau frere, sculpteur, que j'ay à Avignon, dont j'ay eu
« l'honneur de vous parler et que vous me fittes la grace de me

(1) *Archives de l'Art français*, Documents, tome Ier, page 304.

« promettre d'employer dans les batiments, s'il venuoit a Paris,
« pourroit en attendant d'avoir cet avantage faire des bordures
« pour les tableaux que je peint pour le Roy; il en fairoit a me-
« sure que je fairoit des tableaux; il pourroit se charger de la
« dorure et les fairoit rendre a Paris comme si elles y avoient
« esté faittes; je puis avoir l'honneur de vous assurer, Monsieur,
« qu'elles seroient au moins aussy bien que touttes celles que je
« puis avoir vû a Paris, et j'ose avancer qu'elles seroient mieux.
« Pour etre mieux assuré de ce que j'avance icy on pourroit luy
« en faire essayer une, et je m'engage a les luy faire faire a deux
« cents livres ou cents écû meilleur marché que les quatres qu'on
« a deja faits pour mes quatre premiers tableaux; comme M. Co-
« chin a été chargé de faire exécuter les dittes bordures je luy ai
« écrit pour qu'il m'aida en cette affaire; j'ose esperer que vous
« voudrez bien me faire ajoutter cette obligation à tant d'autres
« que je vous ay déja.

« Je suis avec le plus vray et le plus respectueux attachement,
« Monsieur, votre tres humble et tres obéissant serviteur,

« A Toulon, ce 11ᵉ octobre 1755.   Vernet. »

Cette recommandation eut le résultat qu'en attendait J. Vernet. Guibert fut dès ce moment employé au service du roi : on peut lui attribuer les bordures des tableaux des Ports de France, à l'exception des quatre premiers. Mais il exécuta ces travaux sans sortir d'Avignon, ou du moins y était-il encore en octobre 1756, lorsque son beau-frère J. Vernet lui fit ce prêt de 1,000 livres dont j'ai rapporté les conditions délicates.

Quatre ans plus tard, en 1760, nous retrouvons Guibert à Paris. C'est lui que le graveur Wille (1) charge de faire passer à J. Vernet, alors à Bayonne, les épreuves de deux planches de Zingg. Il habita d'abord « chez madame la comtesse Du Bosc, faubourg Saint-Germain rüe de Tournon prés le Luxembourg; » — puis « rüe des Francs-bourgeois prés la place Saint-Michel chez madame Richardi; » — enfin, il vint s'établir à la « maison neuve de Saint-Sulpice, » où il eut l'honneur d'héberger quelque temps J. Vernet et sa famille, à leur arrivée à Paris, en 1762. L'Al-

---

(1) *Mémoires et Journal de J.-G. Wille, graveur du Roi*, publiés par M. Georges Duplessis, tome 1ᵉʳ, page 147.

manach des Artistes de 1776 donne encore une autre adresse : parmi les sculpteurs en ornements de l'Académie de Saint-Luc, il cite Guibert, « rue de Sève (Sèvres) au-dessus de la barrière. »

De tous les parents de J. Vernet, Guibert est celui qui paraît le moins maltraité de la fortune. Les deux beaux-frères vivent même à peu près sur le pied de l'égalité : on échange des visites, des soupers, des cadeaux, et — symptôme caractéristique! — on boit le même vin, — du vin de M. Desfriches (1), un amateur d'Orléans, ou du bourgogne que fait venir de Lyon M. Saint-Clair, beau-frère de l'architecte Soufflot. En 1764, Guibert est déjà père de famille; il a fils et fille, et, au premier de l'an, c'est à ses enfants que s'adressent les meilleures étrennes de l'oncle Joseph. Il procure au peintre son beau-frère quelques commandes de tableaux, quelques ventes d'estampes; mais, depuis Avignon, il ne lui emprunte plus rien. On sent un homme à son aise, qui ne demande qu'au travail les ressources nécessaires à l'entretien de sa famille, et, si le travail ne lui manque pas, c'est qu'il est, dans sa spécialité, un homme de talent. Il a contribué, lui aussi, à la décoration de la salle de spectacle de Versailles, et voici ce qu'en dit le *Mercure* (2) : — « Les ornements en sculpture faits par M. Guibert, variés à l'infini et aussi précieux par leur légèreté et leur élégance que par l'agrément de leur composition, confirment la réputation qu'il s'est faite dans ce genre. »

Enfin, pour compléter cette petite biographie de Guibert, nous citerons une lettre de Joseph Vernet, du 14 août 1773, qui donne aussi, sur son frère François, quelques détails précieux : elle est adressée, comme celle de Toulon, à M. de Marigny (3).

(1) La charmante existence que celle de M. Desfriches! Négociant, amateur de tableaux, graveur à l'eau-forte, la province lui est légère. Lorsque l'ennui le prend à Orléans, il accourt à Paris; il vient visiter ses amis, Greuze, Vernet, le bon Wille, chez qui il trouve table ouverte. Si quelques paysagistes s'égarent du côté d'Orléans, c'est lui qui les héberge, et, laissant les affaires, il court la campagne avec eux. A J. Vernet il fournit du vin, à Wille du vinaigre; à l'un il demande un petit tableau pour faire pendant à une peinture de Guillaume van de Velde; l'autre lui fait mordre ses planches et lui tire les épreuves des six pièces qu'il a gravées. M. Desfriches se nommait Agman-Thomas : né en 1723, il mourut en 1800. Sa commande à J. Vernet est de 1786.

(2) *Mercure de France*, août 1770, pages 183, 184.

(3) *Archives de l'Art français*, Documents, tome V, numéro de novembre 1857.

« Monseigneur, — J'ay l'honneur de vous demander la per-
« mission de vous parler et de vous faire des prieres pour deux
« personnes qui m'intéressent ; l'un est le sieur Guibert sculpteur
« en ornemens qui depuis dix et huit ans travaille pour le Roy,
« et a fait tout ce qu'il y a de plus beau dans ce genre dans toutes
« les maisons Royalles il est mon Beau Frère. L'autre est mon
« frère, Peintre en ornemens, tous deux excellens dans leurs
« genres ; mon frere a peint la salle de l'opera a Versailles,
« dans les appartemens ; la salle a manger a Choisy, etc. Comme
« on pourrois Monseigneur vous parler en faveur de qu'elquautres
« de leurs genre ; je vous prie de vouloir bien honorer mes Pa-
« rents de votre puissante Protection ; je joindré cette nouvelle
« obligation a tant d'autres que je vous ay deja.... — Je suis, etc.

« VERNET.

« A Paris le 14ᵉ aoust 1773. »

Le fils de Guibert se fit peintre. En 1774, il est à Rome : l'ambition l'a touché, il prend son art au sérieux. Cependant je n'hé-
site pas à lui attribuer deux pièces médiocres gravées à Avignon,
en 1785, et signées « J.-B. Guibert sculp. Aven. » — L'une, d'après
un tableau de L. Parrocel, peint en 1673, représente un miracle
de saint François-Xavier : elle est dédiée à « Messire Joseph
François Xavier de Seytres, marquis de Caumont, » — le fils du
protecteur de J. Vernet. — L'autre est une copie réduite d'une
assez bonne gravure italienne d'après le Pordenone, si je ne me
trompe : elle porte : — « P. Labruzzi del. J. B. Gᵗ. sc. Beatus
Laurentius a Brundusio ordinis F.F. minorum Sᵗ-Francisci Ca-
pucinorum minister generalis. »

L'intérêt qui s'attache aux héritiers d'un grand nom nous a entraîné, à ce qu'il semble, bien loin de l'objet principal de cette
étude. Et cependant qui sait si cette excursion parmi les membres obscurs de la famille Vernet ne nous rapproche pas, au
contraire, de celui qui en fut toute sa vie le chef et le tuteur ? Pour
tracer de Joseph Vernet un portrait fidèle, il aurait fallu consacrer un chapitre aux qualités de son cœur. Ce chapitre, le voilà
fait. Mieux que tous les développements, l'histoire vulgaire
de cette famille met en relief l'inépuisable générosité de Joseph
Vernet, son affection toujours en éveil, les ressources infinies et
jusqu'aux ruses de sa bienfaisance.

XII

Une fois sa vie assise à Paris, J. Vernet ne tarde pas à reprendre ses habitudes d'ordre, et il se remet à enregistrer avec soin les tableaux qui lui sont « ordonnez. » A partir de 1764, la note des Commandes forme une suite régulière et non interrompue jusqu'en 1788, et la note des Reçus lui sert de corollaire, en même temps que de contrôle. Il faudrait pouvoir citer en entier ces deux curieux documents, tant ils contiennent de renseignements précieux, et sur l'artiste qui nous occupe, et sur les amateurs pour lesquels il travaille.

En 1764, Joseph Vernet avait cinquante ans. Si ce n'est pas l'âge de la jeunesse, comme le voudraient certains savants désireux de ne pas vieillir, c'est du moins, surtout pour un artiste d'un tempérament aussi robuste que celui de J. Vernet, l'âge de la maturité, d'une maturité saine et forte. Aussi le peintre des Ports de France, délivré de sa lourde tâche, et retrempé dans la vie parisienne, retrouva-t-il pendant quelques années une séve, une ardeur, une puissance de travail, qui fait de cette période une époque aussi féconde que les dernières années de son séjour à Rome, les plus belles de sa vie. Ce sera, si l'on veut, non pas l'été, mais l'automne de son génie.

A Paris, de même qu'à Rome, les Anglais forment l'avant-garde de ce bataillon d'amateurs qui viennent prendre leur tour d'inscription auprès de l'infatigable artiste. Tempêtes, Brouillards, Levers ou Couchers de soleil, Cascades, Baigneuses, Clairs de lune, — le peintre suffit à tout ; il n'a qu'à détacher une page de son imagination, copie fidèle du livre de la nature. Il semble que sa mémoire, pour me servir d'une comparaison empruntée à un art tout moderne, conserve, intacte et ineffaçable, l'épreuve négative de tout ce qu'il a vu ; il en tire à volonté autant d'épreuves positives que peut en réclamer l'empressement des curieux.

Quelques-unes de ces commandes anglaises étaient procurées par madame Geoffrin. Les riches insulaires de passage à Paris, avides de voir de près toutes les curiosités du continent, ne pouvaient manquer d'aller frapper à la porte de cette femme célèbre, et celle-ci ouvrait volontiers sa ménagerie aux nobles étrangers,

tout fiers de voir des philosophes manger. — « Pr milord Temis-
« tocle fils de Mr le Duc de Bedfort un tableau de mesure toile
« ditte d'empereur en hauteur avec des rochers montagnes fort
« élevées, cascades troncs d'arbre etc. ordonné le 18e avril 1764
« et promis pour le commencement de l'année 1765 c'est avec
« Made Geoffrin que je dois avoir a faire pour le prix etc. » —
M. Thornhill cadet vient ensuite : il n'était pas le fils d'un duc, mais
d'un artiste assez estimé, sir James Thornhill, qui eut le titre de
premier peintre de la reine Anne, de George Ier et de George II.
Lui-même était peintre de la marine, et sa sœur avait épousé le
grand humouriste Hogarth. M. Thornhill commande, le 17 mai
1764, deux tableaux de 32 pouces de large sur 20 de haut, « un
« doit representer un lever de solleil l'autre un coucher en marine,
le prix est de 1500 livres les deux. » — Plus tard, il revient à la
charge ; le 24 janvier 1766, il fait encore demander, par l'intermédiaire de son ami M. Monnet, « deux tableaux de trois pieds
« de large, sur deux et demy de haut en marine, un calme et une
« tempeste le prix a 1200 livres chaque, promis pour un an
« d'appresent. »

La commande de M. Sargent sort de l'ordinaire : — « Un tableau
« de huit pieds de large sur cinqs ou six de haut, marine et pay-
« sage a ma fantaisie, ordonne dans le mois de mars 1765 et
« promis pour le plustot que je le pourray, le prix est de cent
« cinquante loüis ou 3600 livres, plus deux tableaux de 30 pouces
« de large sur 20 de haut, païsage ou marine, le prix est de
« 1500 livres les deux ; » — et il a soin d'écrire lui-même son
adresse : — « To John Sargent Esqr, member of Parliament in
« London. The frames to be addressed to Mr Christo Chambers
« negociant dans Mincing Lane, London ; » — et J. Vernet ajoute :
« — Le correspondant de M. Sargent à Livorne est M. Francesco
« Jerny. » Quelques mois après, il note encore : — « Les trois
« tableaux pr Mr Sargent doivent representer, le grand un port
« de mer tranquille au coucher du soleil ; un des petits doit etre
« une matinée fraiche, avec un vent frais qui agitte un peu la mer
« et le pendant un clair de lune. » — C'est seulement l'année
suivante qu'il écrit : — « J'ay commencé à finir le grand tableau
« de Mr Sargent le 25 mars 1766 ; » — et ce grand tableau fut
payé, non pas cent cinquante louis, mais 4000 livres.

L'acteur Garrick, forcé par la maladie de déserter le théâtre de

Londres, vint faire un tour sur le continent en 1763 et 1765 : il commande un tableau à J. Vernet. M. Colebrooke, le père du grand orientaliste à qui M. Walckenaer a consacré une notice, en emporte deux « d'environ trois pieds et demy de large, du prix « de 3000 livres. » — Puis vient toute une série d'amateurs qui a son domicile légal chez M. Foley, — « Banquier anglois, rüe « Saint-Sauveur, à côté d'un droguiste. » — Les uns sont simplement désignés par leur nationalité : — « Pr un Mr Anglois un « tableau... il doit etre ovale de trois pieds de large sur deux « pieds deux pouce de haut... » — Les autres ont leur nom en toutes lettres : — « Pr M. Henry Hoare (Fleet street) Anglois deux « tableaux ovale de trois pieds de large sur deux pieds 4 pouce « de haut et je dois laisser tout autour un pouce de plus, un doit « representer un clair de lune l'autre a ma fantaisie. Mr Foley « doit me les payer. » — En 1767, il en ajoute un troisième : — « Pr M. Henry Hoare un tableau ovalle de trois pieds deux pouce « 3 lignes de large sur deux pieds six pouces et demy de haut ; « il doit representer un coucher de soleil le disque en plain dans « le tableau avec quelques fabriques c'est à dire quelque mole : le « prix est de 1200 livres. » — Quand il s'agit de payer, M. Hoare se conduit en véritable gentleman : — « Dans le mois de mars « 1767 j'ay reçû de Mr Foley pr deux tableaux que j'ay fait pr « M. Hoar 2400 livres. » — « Le 13e juin 1769 j'ay reçû de « Mr Panchaud 1500 livres pr prix d'un tableau que j'ay fait pr « M. Foley et 1200 livres pr un tableau que j'ay fait pr M. Henry « Hoare et luy ay remis ces tableaux. — Un mois aprés M. Henry « Hoare m'a envoyé en present pr me marquer combien il a été « satisfait du tableau que je luy ay fait encore 1200 livres que « m'a aussi payé M. Panchaud. » — M. Panchaud, qui joue ici le rôle d'intermédiaire, était l'associé de Perregaux, banquier de la cour d'Angleterre, rue Saint-Sauveur, à Paris.

Ailleurs figure un autre banquier, Lecouteulx, — Lecouteulx et comp., rue Montorgueil, — comme fondé de pouvoir de « Mi- « lord King, » nom commun à plusieurs antiquaires célèbres. « Milord King » avait demandé en 1767 une Tempête du prix de cent louis. L'année suivante, J. Vernet ajoute : — « Le 19e juin « 1768 Mr Lecouteult Bancquier et venû de la part de Milord Kins « Anglois a Londres m'ordonner un tableau de quatre pieds et « demy de large sur trois pieds et demy de haut, representant un

« port de mer enrichi de beaucoup de figures édifices et bâtiments
« maritimes au coucher du soleil, je l'ay promis pr le courant
« de l'année 1769. Le prix est de 150 loüis ou 3600 livres c'est
« pour faire pendant a la Tempeste que j'ay fait pour la même per-
« sonne. »

Il faut citer aussi la commande de M. Boyd. Elle met en scène un Vanloo qui ne saurait être Carle, — mort en 1765, — mais qui est son neveu Louis-Michel, habile portraitiste, né en 1707, mort en 1771. A la mort du roi d'Espagne, qui l'avait fait son premier peintre, il revint à Paris. « Mais il crut, dit Mariette, travailler plus lucrativement à Londres, et il y est allé en 1764. J'entends dire que ses espérances n'ont pas été absolument remplies. » En effet, il n'y séjourna qu'un an : il sut du moins s'y créer des relations utiles, dont il tira profit pour ses amis. — « Tableau
« pr M. Boyd Anglois a Londres ordonné par M. Vanloo par une
« lettre qu'il a reçû de M. Pavillon il doit avoir cinqs pieds de
« large, sur six pieds et un pouce de haut mesure d'Angleterre
« prise sur le pied anglois. Il doit representer une grande chutte
« d'eau, des lointains et orné de beaucoup de figures, le prix est
« de cent cinquante loüis ou 3600 livres je l'ay promis pr le mois
« de mars de l'année 1768 il a été ordonné en decembre 1766. »
— « Par une lettre de Mr Pavillon du 24ᵉ fevrier 1767 ecritte a
« M. Vanloo il a envoyé une nouvelle mesure du tableau cy-des-
« sus..... il doit y avoir toujours des chuttes d'eau mais avec un
« fond de marine. Les deux dessus de porte du salon ou doit etre
« ce tableau estant en paysage. » – J. Vernet n'a pas manqué de prendre note de l'adresse de M. Pavillon : — « To Mr Pavillon,
« at Mr Ramsay principal painter to his Majesty, Harley street,
« Cavendish square, London. »

Chaque année apporte à J. Vernet une commande de l'Angleterre. En 1771, c'est « Mylord Arnundell, » — ou plutôt Arundell, — héritier d'un grand nom cher à tout ce qui aime les arts (1); M. Henry Hoare demande pour lui deux tableaux, « un
« clair de lune et une tempeste de mer, — il me propose, » ajoute

(1) Sur les collections d'Arundell, voir Dallaway, *passim* (*les Beaux-Arts en Angleterre*). On y retrouve également tous les noms cités ici. Lord Egremont, les Thornhill, lord Shelburne, etc. — « Les principaux amateurs qui ont fait des collections de tableaux, sous les règnes de George Iᵉʳ et de George II, furent... et M. Hoare, banquier. » (T. II, page 266.)

le peintre, « 200 livres sterlins pour chaque et ne me fixe pas de
« mesure je luy ay proposé de les faire de cinq pieds de large sur
« trois et six pouces de haut ou cinq pieds sur trois. » — Les
9,000 livres furent payées l'année d'après par les mains du chevalier Lambert, encore un banquier. — En 1772, c'est M. Crawford, un de ces noms qui se prêtent trop aux caprices orthographiques de la plume de J. Vernet : tantôt il l'appelle « le general
« Craffort », tantôt Mr Crawford, Graften street, London »; tantôt,
l'incorporant à son domicile, du logis et de l'homme il ne fait
qu'un : — « M. Crawfort-Crafton. » — Par bonheur, le chevalier
Lambert est encore là; il empêche le tableau de J. Vernet, un
paysage « avec des Baigneuses dans une Grotte au bord de la
mer, » prix 1,200 livres, — de s'égarer dans les rues de Londres
à la poursuite d'une adresse impossible (1). — En 1773 arrive
« Mr Windem milord Aigremont », ou, pour parler correctement,
M. W. Windham lord Egremont, ministre de Sa Majesté Britannique à Florence, possesseur à Petworth d'une belle collection
d'antiques, et à Londres d'un cabinet de tableaux : — ... Un
coucher de soleil et un clair de lune, de cinqs pieds de large sur
trois de hauteur. » — En 1774, milord Shelburne, autrement dit
le marquis de Lansdowne, pair d'Angleterre, grand homme d'État,
s'adresse à J. Vernet pour augmenter la collection de tableaux
anciens et modernes qu'il avait logée dans son palais de Berkeley
square. — « Le 21e octobre 1774 Milord Shelburne m'a ordonné
« deux tableaux de huit pieds de large sur cinqs de hauteur, un
« doit representer un pays agreste avec rocher hautes montagnes,
« torrens, cascades troncs d'arbres, du mouvement dans les
« figures, etc... l'autre une mer tranquille au coucher du soleil
« avec des beaux édifices; quelques figures nobles comme Turcs,
« Grecques, etc., promis pour le mois d'ottobre 1775. Le prix
« doit en etre reglé avec M. l'abbé Morellet qui est venu chez moy
« avec ledit Milord (2). »

(1) « Plusieurs riches amateurs anglois montrent encore le même goût pour
ce genre de collection (les portraits). M. Crawford a rassemblé, dans le bel hôtel
qu'il occupe maintenant à Paris, une suite très-intéressante de portraits également
curieux et pour l'art et pour l'histoire. » — (Note de Millin, dans Dallaway, t. II,
p 210.) — Quintin Crawford, ou Craufurd, a joué en France un rôle politique et
littéraire dans les premières années de la Restauration.

(2) A la vente du marquis de Lansdowne un *Naufrage* de J. Vernet atteignit le
prix de 145 liv. sterl. (3,645 fr.).

Les Reçus donnent encore quelques noms absents de la liste des Commandes : — lord Bruce, gendre de M. Hoare, paye, en 1771, deux tableaux 720 livres. — « Milord Clive, amy de « M. Hoard, » pair d'Irlande, fondateur de la puissance anglaise aux Indes, en émiettant les roupies dont il avait fait collection là-bas, en échange quelques-unes — 9,600 livres — contre deux tableaux de J. Vernet; c'était un an avant le scandaleux procès qui précipita sa chute. — Enfin, « M. Norris, Irlandois, » un inconnu dont nous ne savons rien, sinon qu'il demeura à Paris, « rue de Clairy, près la rüe St Claude », fournit à J. Vernet l'occasion d'une splendide affaire : — « Le 5e aoust 1774 j'ay reçû de M. Norris la somme de 1440 livres pr deux tableaux de moy que j'avois achetté 600 livres. »

Après 1776, les Anglais disparaissent, et, pendant les treize années qui s'écoulent de cette date à la mort de J. Vernet, il ne s'en rencontre plus un seul. A quelle cause attribuer cette défection brusque et générale de la clientèle britannique? — Hélas! sans doute les dernières productions de J. Vernet transportées en Angleterre témoignaient contre lui : on s'aperçut que son génie commençait à battre de l'aile, et d'un commun accord les amateurs se retirèrent. Aussi cette année 1776 nous paraît-elle une date importante : elle clôt la seconde période brillante de la vie de J. Vernet et inaugure sa décadence.

C'est en 1738 que J. Vernet avait commencé à travailler pour l'Angleterre. Pendant trente-huit ans, sa vogue se soutint de l'autre côté du détroit, et soixante-trois tableaux de sa main allèrent prendre place près des Claude et des Poussin dont s'enorgueillissaient les galeries de Londres. C'était, en moins d'un siècle, la seconde invasion de la peinture française sur le sol anglais. Mais celle-ci demeura sans influence. La manière de J. Vernet ne fit pas un adepte. Le goût franco-italien dont il était l'apôtre trouva la résistance organisée. Autour de Wilson et de Gainsborough se groupait dès lors une école originale, moins éprise du pittoresque et plus pénétrée de la poésie intime de la nature, école vivace et puissante, qui ne tarda pas à son tour à passer le détroit, et à donner le branle au génie français, endormi sur les platitudes de l'école impériale.

Les travaux de J. Vernet pendant la période qui nous occupe, 1764-1776, ne se bornent pas à ceux qu'il exécuta pour l'An-

gleterre. Les commandes lui arrivent de tous les coins de l'Europe. L'ambassadeur de la cour de Suède, l'aimable comte de Kreutz, dont Marmontel a tracé un portrait plein de charme (1), paraît à trois reprises dans les *Livres de raison*. En 1764, il commande deux tableaux de 1,500 livres chaque; en 1769, un *Clair de lune* et un *Lever du soleil dans un brouillard*, payés 2,400 livres; en 1778, deux autres sujets de marine, « un cou-
« cher de soleil très chaud et l'autre un lever de soleil très frais
« dans un broüillard », sans indication de prix. Déjà nous avons vu le baron Aldecrantz (2) emporter en Suède quatre ouvrages de J. Vernet. C'est de l'une ou l'autre de ces collections que proviennent le *Clair de lune*, le *Port du Levant* et la *Tempête*, actuellement placés au musée de Stockholm. — Le duc des Deux-Ponts et l'électeur palatin, ces deux princes si jaloux d'une des plus belles prérogatives de la souveraineté, la protection des beaux-arts, n'oublièrent pas J. Vernet dans le nombre des artistes français dont ils faisaient acheter les œuvres. Le premier, le prince Frédéric des Deux-Ponts se trouvait encore à Paris en 1767 : Wille enregistre avec soin les visites qu'il reçoit de cette jeune tête couronnée, et qu'il lui rend : c'est alors sans doute qu'il fit sa commande à J. Vernet. Mais, en 1771, c'est des mains de M. de Fontenet que ce dernier reçoit les soixante louis, prix d'un tableau peint pour Son Altesse sérénissime. Il en peignit un second, car on voit le neveu Vernet, sculpteur, fournir pour le duc des Deux-Ponts deux bordures du prix de 144 livres. — La vente du cabinet du duc des Deux-Ponts eut lieu en 1778. L'extrait du catalogue que donne M. Ch. Blanc, dans le *Trésor de la Curiosité*, ne mentionne pas ces deux tableaux. — Quant à l'électeur palatin, sa commande est plus importante : — « Du 16 octobre 1769. Deux
« tableaux de quatre pieds de large sur la hauteur a proportion
« qui seroit de trois pieds ou environ les sujets a ma fantaisie un

---

(1) *Mémoires d'un père pour servir à l'instruction de ses enfants*, livre VI, page 233, de l'édition Barrière, dans la Bibliothèque des Mémoires publiée par Firmin Didot.

(2) En parlant de cette commande (page 107, livraison de novembre 1857), nous avons dénaturé le nom d'Aldecrantz. L'écriture de J. Vernet, qui ne vaut guère mieux que son orthographe, nous avait fait lire et imprimer Aldeewans. Il s'agit bien évidemment d'Aldecrantz, illustre architecte suédois, qui fut grand-intendant des arts et bâtiments sous Gustave III, et président de l'Académie des Arts de Stockholm.

« orage et une marine ou autre chose de mon genre, on me laisse
« le maitre du temps ; ils ont été ordonnez par Mr le Baron ( )
« et ils sont pour l'Electeur Palatin; le prix est de cent cinquante
« loüis chaque. » — Cette commande fut modifiée le mois suivant : — « Trois tableaux pour l'Electeur Palatin et pour sa ga-
« lerie de Mannheim ordonnez le 25 novembre 1769 par Mr le
« Baron de Siekingen (1), un de quatre pieds six pouces de large,
« sur trois pieds six pouces de haut, un de cinqs pieds de large
« sur trois pieds de haut, et un autre de cinqs pieds de large sur
« trois pieds six pouces de haut. Ils doivent etre ou en marine,
« ou en paysage a ma fantaisie, je les fairay des que je le pourray;
« et le prix est de cent cinquante loüis chaque, ou trois mille six
« cent livres. » — Ici encore le peintre fournit les bordures,
sculptées sans doute par le neveu Vernet : — « Pour les deux
« bordures de l'Electeur Palatin 400 livres; pr la caisse et
« embalage 48 livres 12 s. » — Les reçus, en date du 15 février 1771 et du 2 décembre 1772, ne mentionnent que deux
tableaux.

Des princes aux rois, il n'y a qu'un pas : — « Pour le Roy
« de Pologne deux tableaux de 5 pieds de large sur 3 et six
« pouces de haut a ma fantaisie ordonnez par M. Billon, marchand de soyerie d'Avignon, le prix est de deux cents louis
« chaques. » — On ne s'attendait guère à voir Avignon en cette
affaire. — Déjà, l'année précédente, l'impératrice de Russie
avait ouvert à J. Vernet le chemin de Saint-Pétersbourg, devenu si
familier à son petit-fils Horace : — « Pr l'Impératrice de Russie
« un grand tableau je suis le maître de la mesure, du sujet et du
« prix (2). » — Plus tard, nous verrons le grand-duc Paul faire
aussi ses commandes, et le prince Yousoupoff imiter son exemple.
Pour le moment, un seul amateur russe marche sur les traces
de Catherine II : c'est le baron de Demidoff, un des membres de
cette opulente famille chez qui la fortune ne fut pas moins héréditaire que le goût éclairé des beaux-arts. Le baron de Demi-

(1) M de Siekingen a fourni à Wille l'occasion d'une des notes les plus impayables de son singulier journal. « Le 5 may 1765. Un jeune artiste de la forêt Noire est venu chez moi, me portant une lettre de recommandation de M. le baron de Siekingen. Il se nomme M. Harscher et parle par le nez. »

(2) Le musée de l'Ermitage à Saint-Pétersbourg contient dix-sept tableaux de la main de J. Vernet (voir Dussieux, *les Artistes français à l'étranger*, page 442).

doff voyageait avec un prince russe (1); il séjourna d'abord à Paris : — « Le 14ᵉ décembre 1771, » écrit J. Vernet, « M. Dimidoff
« Russe m'a demandé un tableau sur cuivre de deux pieds de
« large la hauteur a proportion representant une tempête en
« marine le prix est de 50 loüis. » — Quelques jours après, la planche de cuivre est achetée chez le sieur Romain, chaudronnier, au prix de 27 liv. 12 sous. Au mois de mai 1772, Julliac fournit la bordure, 60 liv., et le baron paye le tout 1,200 liv.

Vers la même époque, les Pays-Bas s'enrichirent aussi d'un assez grand nombre de productions de J. Vernet. Ici, les clients, pour n'être pas des têtes couronnées, n'en agissent pas moins le plus royalement du monde : — « Pour M. Pieter Van de Cop-
« pello a Leyden quatre tableaux de quatre pieds de large, la
« hauteur a proportion; deux en marine et deux en paysage avec
« des chuttes d'eau, representent les quatre parties du jour a ma
« fantaisie; ordonnez dans le mois d'aoust 1765 et promis pour
« une année d'apres, le prix est de deux mil livres chaque. » —
« Pr M. François Prenner Lammens a Gand un tableau de trois
« pieds de large sur 2 pieds de haut le sujet a été indiqué par
« ce Mr je l'ay par écrit, mais je me suis reservé de le faire a ma
« fantaisie si ce sujet ne me plaisoit pas, il est recommandé par
« Mr de la Reyniere fermier géneral. » — Cette commande paraît dater de 1766, ainsi que la suivante, dont il a déjà été question : — « Pour Mr Oudermeulen d'Amsterdam amy de M. Gi-
« rardot de Marigny deux tableaux de 30 pouce de large sur
« 20 pouce de haut, un doit etre un clair de lune l'autre un lever
« du soleil. J'ay deja fait pour la meme personne un coucher de
« soleil avec un fond ou il y a un fanal, et une gallerie en collon-
« nade, et un vaisseau de guerre hollandois et l'autre est une
« tempeste. Le prix est de mille livre piece. Plus deux autres ta-
« bleaux de la taille a peu pres de ceux que j'ay fait sur cuivre a
« M. de Villette dans le goust de celuy dont l'estampe est inti-
« tulée la Jeune Napolitaine et l'autre a ma fantaisie. Je fairay
« du paysage et je les dois remetre a Mr Thellusson Necker et
« comp. » — En 1770, c'est le tour de La Haye : — « Mr Fagel

---

(1) Le *Journal de Wille* ajoute quelques détails sur cet amateur, qu'il nomme tantôt Diminow (mars 1772, t. Iᵉʳ, p. 502), tantôt Demidoff (mai 1773, t. Iᵉʳ, p. 549).

« fils greffier des Ettats generaux ou de la Republique de Hol-
« lande à La Haye. M. Vernet est prié de la part de M. Fagel de
« se charger de faire pour luï une marine moitié paysage, ce
« sujet rapellant quelqu'une des cotes de l'Italie, representant un
« couchant serein et quelques baigneuses de plus un paysage
« avec de l'eau. M. Vernet a bien voulu promettre l'un pour l'eté
« 1770 et l'autre un an après. » — J. Vernet ajoute de sa main :
« Le paysage fraix avec quelque chutte d'eau. Ordonné au
« mois de septembre 1769. Celui des baigneuses doit être fait
« dans le courant de l'eté de 1770, et l'autre dans celui de 1771,
« le prix est de cent loüis piece; la mesure est de trois pieds de
« large sur deux de haut. » — Enfin un autre amateur hollandais vient s'inscrire à son tour : — « Pour M. Borrée ou Borel le
« fils fiscal de l'amirauté a Amsterdam, deux tableaux de trois
« pieds de long sur deux et demy de haut a ma fantaisie promis
« pr le plus tot que je pourray, les remettre a Mr Ferdinand
« Grant Banquier rue Montmartre — ordonnez par M. Bost qui
« alloit faire un voyage en Itallie. » — Outre ces onze tableaux,
J. Vernet, à en croire M. Dussieux (*les Artistes français à
l'étranger*, page 254), aurait fait pour le stathouder douze marines regardées comme ses chefs-d'œuvre; les *Livres de raison*
n'offrent pas la moindre trace de cet important travail, ni parmi
les Commandes ni parmi les Reçus.

Mentionnons encore, au nombre des amateurs étrangers, le
nom suivant, sur lequel il nous a été impossible de trouver aucun
renseignement historique : — « Le 23e juillet 1772 M. Fischer
« de Wanguen l'ainé a Berne en Suisse, m'a demandé un tableau
« de deux pieds de large sur 15 pouces de haut ou la forme que
« que je croiray bonne, il doit representer une marine avec du
« paysage a ma fantaisie; je luy ay demandé 40 loüis et l'ay
« laissé le mettre du prix, a son tour il m'a aussi laissé le maitre
« de régler ce que je fairay lorsque le tableau sera fait. » —

Si nous avons cru devoir, lorsqu'il s'agissait d'œuvres exécutées pour des amateurs étrangers, citer presque toutes les commandes et même en donner le texte exact, afin d'établir en
quelque sorte l'acte de naissance des peintures qui popularisè-
rent en Europe le nom de J. Vernet, la même rigueur n'est plus
nécessaire en ce qui touche les tableaux commandés par des amateurs français. Il suffira d'indiquer les noms principaux, et de

transcrire celles des commandes dont l'auteur, le sujet ou la rédaction, présentent un intérêt particulier.

A ce titre, il convient de placer en première ligne le nom de Diderot. Philosophe avant d'être critique, Diderot avait le courage de ses enthousiasmes. Avec Greuze et Vernet il ne s'en tenait pas à une admiration stérile ; posséder des tableaux de leur main lui paraissait un plaisir plus vif que celui d'écrire des dithyrambes en leur honneur, et ce plaisir, qu'un autre, moins délicat, eût pu se procurer à meilleur compte, en laissant lire, sous le manteau, quelques pages des *Salons* écrits pour Grimm, Diderot ne le demandait qu'à sa bourse, souvent assez peu garnie. Il achetait argent comptant des tableaux déjà surpayés par sa plume. Ses commandes manquent dans les *Livres de raison;* et c'est justice, car lui-même a écrit à propos de J. Vernet : — « Il ne faut rien commander à un artiste, et quand on veut avoir « un beau tableau de sa façon, il faut lui dire : Faites-moi un ta- « bleau, et choisissez le sujet qui vous conviendra. Encore « serait-il plus sûr et plus court d'en prendre un tout fait. » — C'est ainsi qu'a agi Diderot; aussi les *Livres* de Vernet ne donnent-ils que des reçus : — « Le 10 décembre 1768 j'ay reçu « pour un tableau que j'ay fait pr M. Diderot 600 liv. » — « Dans le mois de novembre 1769 j'ay reçu de Mr. Diderot « 600 liv. pr un tableau que je luy ay fait. » — Quant au sujet, Diderot l'indique lui-même, si je ne me trompe, dans une lettre qui suivit de près l'achat de sa bibliothèque par l'impératrice de Russie. Le bonheur de conserver ses Vernet lui paraissait une des conséquences les plus heureuses de ce que sa reconnaissance ne craignait pas d'appeler le bienfait de l'impératrice.

Vers la même époque, — en 1769, — J. Vernet reçut une commande importante pour madame Du Barry. Il ne s'agissait d'abord que de quatre tableaux de trois pieds de haut sur cinq de large. Mais, lorsque ceux-ci furent terminés, on en ajouta un cinquième plus important, de huit pieds sur cinq. Les *Livres de raison*, bien qu'ils ne donnent pas le texte de la commande, sont très-explicites sur ces tableaux. C'est d'abord la lettre de remercîment de J. Vernet : — « Ecrit à Made Du Barry, le 11e juin ; » — puis les reçus, qui se suivent avec plus ou moins de régularité : — « Le 22e octobre 1771 j'ay reçu de Mr. Beaujon Banc- « quier de la cour 5,000 liv. pour prix d'un tableau representant

« un clair de lune qu'a de moy Mad° la comtesse Du Barry. » —
« Le 9° septembre 1772.... cinqs mille livres pr prix du second
« tableau que j'ay fait pour Mad° la comtesse Du Barry. » —
« Le ( ) novembre 1772.. quatre mille livres pr le 3° ta-
« bleau... » — « Le 9° décembre 4,000 liv. pr prix du 4° ta-
« bleau... » — Enfin, l'année suivante : — « Le 25 octobre
« reçû de Mr. de Beaujon a compte des tableaux que je fais pr
« Mad° Du Barry 6,000 liv. » — « Le premier aoust 1774 j'ay
« reçû de M. Lepot d'Auteüil nottaire la somme de trois mille
« livres, qui avec celle de six mille livre que j'avois reçû a
« compte d'un tableau de 8 pieds sur 5 que j'ay fait pr Mad° la
« comtesse Du Barry fait l'entier payement de ce tableau. » —
Les notes d'emballage nous apprennent la destination de ces
peintures : — « Le 30 septembre 1771 caisse pr le tableau
« de Mad° Du Barry... 16 liv. 04 s. — port de la ditte caisse a
« Versaille... 6 liv. » — « Le 10 aoust 1773 voyage a Lucienne,
« carosse, nourriture des cheveaux et cocher 5 liv., etreinnes au
« cocher 1 liv. 16 s. voiture 24 liv. aux 4 hommes qui onts porté
« mes 4 tableaux de Lucienne 16 liv. » — En présence d'indications aussi formelles, il est impossible de ne pas regarder
comme inexact un passage des *Mémoires* de Bachaumont relatif
à ces travaux. « 28 janvier 1772. — Madame la comtesse Du
« Barry ayant eu occasion de connaître les talens précieux de
« M. Vernet, le fameux peintre de marine, qui a décoré le joli
« pavillon de Lucienne de morceaux assortis de sa façon, est
« allée chez cet artiste rendre hommage à ses talens. Elle y a
« trouvé deux tableaux finis et prêts à être emballés pour un sei-
« gneur étranger, auquel ils étaient destinés : elle les a consi-
« dérés avec la plus grande attention, et en a été si enchantée,
« qu'elle a voulu les avoir. En vain le sieur Vernet a déclaré ne
« pouvoir lui faire ce sacrifice, puisque ces ouvrages ne lui ap-
« partenaient plus ; elle n'a tenu aucun compte de ces supplica-
« tions, et a fait enlever de force les deux chefs-d'œuvre ; mais
« en même temps, pour dédommager le peintre, elle lui a dressé
« sur un bout de papier une ordonnance de cinquante mille li-
« vres, payables par le sieur Beaujon, banquier de la cour, ce
« qui a un peu consolé M. Vernet, et rend la Minerve du jour,
« très-recommandable aux artistes. » — L'auteur des *Mémoires*
a été évidemment mal renseigné, puisque le total des sommes

reçues par J. Vernet pour les tableaux de madame Du Barry ne s'élève qu'à 27,000 liv. Il y a donc bien à rabattre de la générosité de la favorite. Le tableau destiné à un seigneur étranger ne pourrait être que le cinquième, et l'ordonnance de 50,000 liv. se réduit ainsi à la somme plus modeste de neuf mille. Quant aux magnificences du pavillon de Lucienne, on peut en voir la description dans ces mêmes *Mémoires*, à la date du 20 juillet 1772. La place des tableaux de J. Vernet n'est pas indiquée, comme l'est celle des peintures de Fragonard. Mais, en général, on le sait, le XVIIIe siècle n'accordait pas au paysage et à la marine la même importance qu'à la peinture historique et allégorique, et, pendant que celle-ci s'étalait fièrement au plafond ou s'encadrait dans les trumeaux des appartements, la peinture de marine et de paysage n'avait d'autre asile que les dessus de portes et les dessus de cheminées. Les véritables amateurs osaient seuls suspendre sur un panneau tapissé une marine de J. Vernet ornée de son cadre. Chez les grands seigneurs, la peinture, de quelque illustre nom qu'elle fût signée, rentrait comme accessoire dans le système de décoration générale (1).

Une autre femme, d'un mérite tout différent, doit trouver place ici, madame de Bandeville. Son nom ne se rencontre naturellement dans aucune biographie : l'histoire, qui a toujours un sourire pour les plus viles courtisanes, ne fait pas l'aumône d'un souvenir aux femmes honnêtes dont le seul mérite est d'avoir eu le goût du beau et d'avoir su le répandre et l'entretenir autour d'elles. C'est dans un catalogue de vente qu'il faut chercher l'éloge de la présidente de Bandeville, écrit par la plume d'un huissier-priseur. — « Tout le monde sait que madame de
« Bandeville avoit un goût sage et un coup d'œil sûr, guidée par
« ses connaissances dans le dessin, qu'elle avoit étudié...
« Madame la présidente de Bandeville a été généralement
« regrettée des gens honnêtes et vertueux qui la connaissoient,
« et le nombre en étoit grand ; des artistes, qu'elle aimoit et dont
« elle étoit vénérée ; des jeunes élèves, qu'elle accueilloit avec
« bonté et qu'elle encourageoit ; enfin, la douceur de son caractère,
« la bonté de son âme, sa bienfaisance, son austère probité, la

(1) Que sont devenues les peintures du pavillon de Lucienne ? La ville du Havre vient, dit-on, d'en acquérir une partie ; mais les Vernet ne s'y trouvent pas.

« simplicité de ses mœurs, n'oublions pas d'ajouter la justesse et
« la finesse de son esprit, la faisoient rechercher et chérir
« de tout le monde (1)... » Madame de Bandeville possédait,
quai des Théatins, un cabinet d'histoire naturelle, remarquable
par sa collection de coquilles, et un cabinet de tableaux des
trois écoles ; elle avait aussi, à Passy, une maison où elle se
plaisait à réunir les artistes. Madame de Bandeville se montra
des plus empressées à accueillir J. Vernet, à son retour à
Paris : elle lui commanda, dans les premiers jours d'octobre 1764, un tableau de deux pieds de large sur la hauteur à
proportion, et, au mois de janvier de l'année suivante, un tableau
de deux pieds et demi de large sur deux pieds de haut, —
du prix de 1,000 livres.

Quelques noms de femmes-amateurs accompagnent celui de
madame de Bandeville. Telle est la comtesse de Turpin de Crissé,
fille du maréchal de Lowendhal, femme d'esprit et de goût, mère
et grand'mère d'artistes estimables; telle encore madame de
Montullé, baronne de Saint-Port, dame de Sainte-Assise, etc.;
son mari, mort en 1787, associé libre de l'Académie de Peinture,
lui légua le soin de son cabinet d'histoire naturelle, plus connu
que son cabinet de tableaux; madame de Montullé commanda
à J. Vernet, en 1766, un tableau ovale, « du prix de vingt loüis, »
que madame Bertaud a gravé sous le titre : — *les Pêcheurs à la
ligne;*—telle enfin madame de Saintcey ou Sainsey, plus inconnue
encore; elle ne figure aussi que pour un tableau de 600 livres.
Mais voici qui est plus important : — « Vers les derniers jours
« de janvier 1768 madame de la Borde m'a demandé un tableau
« de 5 pieds 4 pouce de large sur 3 pieds 10 pouce de haut le
« sujet a ma fantaisie, pour faire pendant a celuy qu'avoit
« madame Geoffrin qui represente des grands rochers avec des

---

(1) J'emprunte cet extrait à une note du *Journal de Wille* (t. II, p. 547). Le *Journal de Paris* du 6 juillet 1787 annonce ainsi la mort de la présidente de Bandeville : « Dame Marie-Anne-Catherine Bigot de Graveron, veuve de Mre Pierre-
« François Doublet, chevalier, marquis de Bandeville, conseiller du Roi en ses
« conseils, président honoraire en sa Cour de Parlement, (décédée) en son hôtel,
« quais Malaquais. » — L'*Almanach du voyageur à Paris* pour 1788 nous apprend
un nouveau détail : « Madame la présidente de Bandeville étant décédée, son cabinet d'histoire naturelle appartient à M. l'abbé de Gruel à qui cette dame l'a léguée. »
Le nom de l'abbé Gruel se rencontre souvent, dans les *Livres de raison*, parmi ceux
des amateurs à qui J. Vernet distribue des estampes.

« chuttes d'eau ou il y a tres peu de ciel. Ce tableau devoit être
« fait avant la fin de la même année 1768, et j'ay promis de faire
« en sorte qu'il soit fait, il m'a été payé 4,800 livres. »

Le nom de madame de Laborde nous amène aux financiers.

Beaujon, le banquier de la cour, que nous avons vu s'entremettre pour madame Du Barry, se piquait, comme tous les Turcarets d'alors, de posséder sa collection de tableaux des trois écoles, et nul, à coup sûr, ne la logeait plus magnifiquement. On sait que l'hôtel occupé par ce millionnaire n'était autre que l'hôtel d'Évreux, devenu plus tard le palais de l'Élysée. Beaujon paya, en 1776, un seul tableau de J. Vernet 4,800 livres. — Avant lui, en 1774, l'abbé Terray, le fléau des rentiers, s'était inscrit pour deux tableaux, dans lesquels le peintre des Tempêtes aborda un genre très-favorable à son talent, et heureusement imité plus tard par Demarne, — la peinture de grande route. Bien que le *Livre de raison* ne donne pas la commande, mais seulement deux reçus sans indication du sujet, il est impossible de se méprendre sur ces deux tableaux. Le catalogue de la vente de l'abbé Terray les décrit ainsi : — « Dans le premier, c'est une ville sur une rivière, avec un pont, un bateau et une foire; et dans le second, un grand chemin que l'on ouvre au flanc d'une montagne ; sur le bord d'une rivière, il y a des paveurs, un piqueur... » — Tous deux figurèrent au Salon de 1775. « Peu s'en faut, dit Diderot, que ces tableaux ne soient comparables à ceux que Vernet a faits en Italie : s'ils leur sont inférieurs, c'est qu'alors il copiait la nature et qu'aujourd'hui il copie sa chambre. » Le premier, *les Abords d'une foire*, appartient au musée de Montpellier; il est signé — « *J. Vernet f.* 1774; » — il porte 97 cent. de hauteur sur une largeur de 1,62 cent. Or, les dimensions et la signature sont identiques à celles d'un paysage du musée du Louvre, catalogué sous le n° 648, qui représente « de nombreux ouvriers occupés aux travaux de terrassement et « de pavage d'une grande route pratiquée dans le roc..... Au « premier plan, deux cavaliers suivis de leurs domestiques : l'un « d'eux (l'ingénieur Perronnet, dit le livret de la grande galerie « de 1848) lit un papier, pendant qu'un homme, le chapeau à la « main, se tient auprès de lui. — Signé *J. Vernet f.* 1774 (1). » —

(1) *Notice des tableaux exposés dans les galeries du Louvre*, par Fréd. Villot,

L'histoire de ces deux intéressants tableaux sera complète, quand on saura que l'abbé Terray les paya ensemble 10,000 livres, par les mains de Dufresnoy (1), notaire, le 7 novembre 1774 et le 12 janvier 1775. A la vente de l'ancien ministre d'État, en 1779, ils furent acquis au prix de six mille livres par Feuillet, cet intrépide acheteur que l'on retrouve à toutes les ventes du xviiie siècle.

Mais de tous les manieurs d'argent de ce siècle, digne précurseur du nôtre, nul n'a employé J. Vernet à des travaux plus importants que J.-Jos. de Laborde, ancien banquier de la cour sous Louis XV, mort sur l'échafaud en 1794, père du comte Alexandre de Laborde. — M. de Laborde s'était fait construire, rue Grange-Batelière, une maison, ou plutôt un hôtel où il n'avait épargné aucune magnificence. Il appela pour le décorer tous les artistes à la mode : J. Vernet ne pouvait être oublié (2). Voici comment lui-même rend compte de ce fait, par une note copiée avec soin dans son *Livre de raison* : — « Article du Gazettin de « Bruxelles du samedy 31 octobre 1767. — On assure que « M. de la Borde cy devant bancquier de la cour vient de « conclure un marché considérable avec M. Vernet Peintre « celebre de marines. Il luy a demandé huit tableaux pour orner « une magnifique gallerie, et luy donne cinquante mille Ecû « pour ce travail. Il est beau de faire servir une grande fortune « a la gloire des arts, et des artistes, consequemment à sa « Patrie. » — Cinquante mille écus! Les chroniqueurs n'y vont

---

3e partie, Ecole française, page 396.— Le *Livre de raison* donne l'adresse de « Pé- « ronnet, premier ingénieur des Ponts et Chaussées, rüe des Blancs Manteaux. » — Le tableau de J. Vernet fait sans doute allusion à des travaux exécutés par cet ingénieur sous le ministère et d'après les ordres de l'abbé Terray.

(1) Ducloz-Dufresnoy (Charles-Nicolas), notaire à Paris et syndic de la compagnie; il habitait rue Vivienne, où était sa galerie de tableaux des trois écoles. Député suppléant aux Etats Généraux en 1789, il mourut sur l'échafaud en 1794.

(2) M. de Laborde s'était fait bâtir aussi, près d'Étampes, un château, le château de Méréville, qu'il décora splendidement. Peut-être est-ce pour le château et non pas pour la ville que J. Vernet a travaillé (*).

(*) Les huit tableaux de J. Vernet décoraient la salle de billard du château de Méréville, qui s'était conservé intact jusqu'en 1826; il fut acheté alors par un spéculateur qui en démolit une partie et qui vendit les objets d'art qu'il renfermait; les tableaux de Vernet furent vendus au roi, pour la somme de 12,000 francs : nous nous rappelons les avoir vus au château de Saint-Cloud, avant 1830.

(*Note de la Rédaction.*)

pas de main morte. Mais, de même que tout à l'heure, à propos de Lucienne, nous avons pris en flagrant délit d'exagération l'auteur des *Mémoires secrets*, de même ici il ne faut accepter que sous bénéfice d'inventaire le chiffre du *Gazettin*, bien que J. Vernet semble, en le reproduisant, se porter garant de son exactitude. Les Reçus accusent un tout autre chiffre : — « Dans « le mois de mars 1767 j'ay reçu de M. de la Borde Bancquier « de la cour 16,000 livres et j'en ay placé six à la caisse « descompte pour six actions que j'ay prises. » — « Le premier « jour de l'an 1768 j'ay reçu de Mr de la Borde la somme de « seize mille livres pour entier payement des huits tableaux que « je luy fait et en ay placé dix mille. » — Cinquante mille écus, en monnaie de *Gazettin*, ne font donc, en monnaie courante, que trente-deux mille livres. Encore ce bon Vernet accepte-t-il, en payement, des actions de la caisse récemment établie par M. de Laborde, et trop bien caractérisée par la mode des *chapeaux à la caisse d'escompte*, c'est-à-dire *sans fonds*. — Quant à la dimension des tableaux, elle n'est pas indiquée, et, pour le sujet, il faut s'en tenir aux notes suivantes : — « J'ay commencé « a finir le clair de lune pour Mr de la Borde le 7e septembre. » — « J'ay commencé a finir le tableau de la tempeste pour « Mr de la Borde le 29e juillet 1767, il ettoit ebauché. » — « J'ay commencé a finir le tableau du feu d'artifice le 18e aoust, « et j'avois passé deux jours a ebaucher un tableau pour un « Anglois. » — « J'ay commencé a finir le soleil couchant en « païsage pour M. de la Borde le mercredy s^t (saint) 3e mars. » — Outre les huit peintures dont il s'agit ici, M. de Laborde demanda encore à J. Vernet deux petits tableaux sur cuivre, payés, en 1768, 960 livres, — et deux tableaux, « l'un « reppresentant des Baigneuses sous une grotte au bord de la « mer, et l'autre des Baigneuses au bord d'une riviere, » de trois pieds de large sur deux de hauteur, payés ensemble 4,800 livres, le 20 septembre 1770.

Dans la dernière période de la vie de J. Vernet, nous le verrons employé à d'autres travaux de même nature, pendant que le nombre de ses tableaux de cabinet diminuera sensiblement. C'est par la peinture décorative que J. Vernet a commencé, c'est par la peinture décorative qu'il finira, et rien, en effet, ne convenait mieux à son génie plus étendu que profond, plus souple que puissant, plus agréable que précieux. Jeter sur les parois d'une galerie huit improvisations différentes, toutes également pleines d'intérêt et de charme, était une œuvre plus facile pour lui que de condenser dans une petite toile une pensée poétique d'un ordre élevé, entourée de toutes les séductions d'une exécution savante. Déjà, à l'époque qui nous occupe, les tableaux de ce genre, ceux que recherchent de préférence les véritables amateurs, deviennent plus rares. Il s'en rencontre cependant encore quelques-uns : — « Le 15e may 1767 M. Le Pelletier de Morfontaine intendant de « Soisson m'a ordonné deux tableaux de trois pieds de large sur « la hauteur a proportion en marine ou en paysage a ma fantaisie, « mais avec des choses et des effets piquants comme tempeste, « cascades, etc., promis de les ebaucher pour le commencement « de l'hiver prochain et les finir le plustot que je le pourray ; « le prix est de 1,500 livres chaque. » — M. Pelletier de Morfontaine avait réuni, rue Neuve de Nazareth, une collection de tableaux, bronzes et porcelaines; il devint, sous Louis XVI, prévôt des marchands. C'était un curieux, aussi bien que M. Le Rebourg, conseiller au Parlement, plus tard président de la quatrième chambre des Enquêtes. M. Le Rebourg demeurait rue du Bac, au coin de la rue de l'Université. « Il a, » dit Dargenville dans son *Voyage pittoresque de Paris*, « un choix « de tableaux fait avec goût, » et il cite les principaux. J. Vernet peignit pour lui, en 1769, un tableau « pour faire pendant a « un paysage qu'il a acheté chez Mr de Villette ou il y a des « baigneuses a l'heure du coucher du solleil, il est peint sur « cuivre. » — La vente de Le Rebourg eut lieu en 1778 : l'extrait du catalogue que donne M. Ch. Blanc (*Trésor de la Curiosité*, page 420) ne mentionne que « le paysage achetté chez Mr de Villette » et gravé par Aliamet sous le titre — *le Soir*.

Un amateur provençal se présente, l'illustre Boyer de Fonscolombe. Il avait rassemblé dans son hôtel, à Aix, une collection vraiment remarquable de tableaux, dessins, estampes, statues de marbre et de bronze, etc. — « MM. Robert (Hubert Robert), Vallée-Poussin, Gibelin et autres peintres dont il avait cultivé la connoissance et l'amitié, l'éclairoient sur son choix, le guidoient dans sa marche et assuroient l'agrément de sa jouissance ; » — ainsi s'exprime la notice placée en tête du catalogue de sa vente : elle eut lieu en 1790. On y vit figurer deux tableaux de J. Vernet, l'un, peint à Rome, dans le goût de Salvator Rosa; l'autre était un *Clair de lune*, de sept pouces et demi de haut sur onze et demi de large. Aucun ne s'accorde avec la commande de 1769 : — « Pour M⁽ʳ⁾ Boyer de Fonscolombe a Aix un tableau de 18 pouce de large la hauteur a proportion a ce que m'a dit M. Defontanieu de Marseille a qui j'ay dit que ce tableau couteroit 20 loüis. »

Enfin, à ce petit groupe d'amateurs français il faut joindre, pour le compléter, M. Aubert, joaillier de la couronne. Voisin de J. Vernet, logé comme lui aux Galeries du Louvre, M. Aubert avait, lui aussi, une intéressante collection de tableaux des trois écoles; il pensa que la peinture de J. Vernet n'y serait pas déplacée, et on le vit rechercher avec ardeur les tableaux du peintre des *Tempêtes*, devenu son ami. — « Pour M. Aubert, » écrit J. Vernet en 1772, « deux petits tableaux pour faire pendant « à deux autres qu'il a de moy dont un est un paysage le matin « et l'autre une marine au coucher du soleil. Les pendants « doivent être une marine en tempeste au clair de la lune et « l'autre un paysage avec des baigneuses. » — Tous quatre se retrouvent dans le catalogue de la vente de M. Aubert, — les deux premiers sous le n° 59, — les deux autres sous le n° 60 : des deux premiers, l'un avait été peint l'année précédente et livré à M. Aubert pour la somme de 300 livres, le second avait été sans doute acquis par lui d'un amateur, car on n'en trouve ni la commande ni le reçu. Quant aux pendants, commandés en 1772, ils furent payés ensemble 600 livres. La vente du cabinet Aubert eut lieu en 1786 : on y comptait en tout huit tableaux de J. Vernet. Le n° 58 du catalogue est cette *Vue d'Avignon*, ordonnée par Peilhon en 1751, dont nous avons ailleurs raconté les aventures, et à laquelle nous reviendrons, quand il sera question de l'estampe de Martini. Le n° 61 comprend deux petits tableaux « de forme ronde et convenables pour faire des dessus de boëte aussi riches que curieux. » — Hélas! il n'est que trop vrai; le génie fatigué de J. Vernet ne sut pas résister aux tentations de la mode; la facilité de sa main les lui rendait d'autant plus attrayantes qu'il était sûr d'y réussir : il a peint, au déclin de sa vie, des dessus de tabatières. Le n° 62 est « un autre tableau, aussi convenable « pour orner une boëte : il represente une tempête, aussi ingenieusement rendue que dans les chefs-d'œuvre en grand de cet Artiste. » — Ainsi parle le catalogue, et, pour qu'on ne puisse pas s'y tromper, voici les reçus : — « Vers la my avril 1783 j'ay reçû par les mains de M. Aubert pour 3 petits tableaux ronds pour tabatiere et pour un petit tableau de dix pouces 900 livres pour les trois ronds et 600 livres pour le petit tableau... 1,500 livres. » — En 1783, J. Vernet avait soixante-neuf ans. — A soixante-neuf ans, la main virile du Titien peignait la *Danaé* du musée de Naples.

XIII

La vie domestique de J. Vernet à Paris n'offre pas moins d'intérêt que l'histoire de ses travaux.

C'est, nous l'avons vu, le 27 avril 1763 que toute la famille vint s'installer aux galeries du Louvre (1). Rien ne serait plus facile, à l'aide des *Livres de raison,* que de reconstituer ce logement tel qu'il était, d'en décrire les différentes pièces, de remettre chaque meuble à sa place, depuis « la commode de palissandre avec des dorures, » les fauteuils de canne, la « petite table nommée chifoniere, » les « chaises de paile, » la « petite comode à l'usage de la peinture, » « la nate pr la salle a manger, » etc., jusqu'aux ustensiles les plus vulgaires et les plus *innominables*, que le bon Vernet nomme en toutes lettres ; — sans oublier la batterie de cuisine, splendidement fournie de chaudrons et de casseroles ; les étoffes d'ameublement et le linge de table : — « 128 aulnes camelot moiré verd de Saxce a 24 s., » — « 87 aulnes siamoise bleu et blanc a 35 s., » — « 28 aul[es] toile de Flandre bon teint a 34 s., » — « 40 aul[es] toile de Maubelliard (Montbelliard) large a 18 s., » — « 3 aulnes de Couty 7/4 de Bruxelles a 5 liv., » — « 4 aul[es] de nape a Lozange a 4 liv. 12 s. l'aulne, 3 aulnes serviettes pr 4 serviettes a 42 s. l'aulne, 2 douzaine de

(1) C'est encore un catalogue de vente qui nous renseignera sur le logement de J. Vernet, au Louvre, et c'est le catalogue même de sa vente. En voici le titre exact : « Notice des tableaux, dessins et estampes, outremer, boite à couleur et ustensiles relatifs à la peinture, après le décès de M. Vernet, peintre du Roi et de son Académie royale de Peinture et de Sculpture, dont la vente se fera les mardi 20 et mercredi 21 avril 1790,... en son attelier au Louvre, du coté de Saint-Germain-l'Auxerrois, escalier de la Colonnade, au-dessus du corps de garde de la Garde invalide... — Se distribue chez M. Le Brun, garde des tableaux de messeigneurs comte d'Artois et duc d'Orléans, rue du Gros Chenet, n° 47... »

serviettes a 12 liv. 10 s. la douzaine en toile unie; » — enfin, les « choses de cristal, » et les porcelaines : — « 18 assiettes de porcelaine bleu et blanc a 16 liv. la douzaine, 18 autres assiettes de porcelaine en couleur 24 liv. la douzaine et 4 compottiers a 3 liv. 10 s. pièce, plus un service de fayance blanche, » — et « l'argeanterie, » achetée pièce à pièce « quai des orphèvres. » Il y aurait aussi à relever le chapitre de la toilette; on retrouverait là les étoffes à la mode, tous les menus détails du costume : — les dentelles d'Émilie, ses collerettes, ses fourreaux, son collier, sa « Ste Therese; » — les bas de castor de Charlot, l'agrafe pour son col, les manchettes d'entoilage ou de mousseline, les souliers gris, les manchons, le chapeau à plume ou à bord d'or; et, quant à leur mère, — « 18 aulnes de satin cerise a mouches a 7 liv. 10 s. l'aulne pour robbe de madame... 135 liv., plus la chenille couleur de martre de ladite robbe 18 liv.; »—18 aulnes de satin citron pr une robbe de madame a 8 liv. l'aulne 144 liv. » — « la robe de Gourgouran... 204 liv., » — et les crochets de corps, les dessus de mulles, les mitons, le mouchoir de gaze, tous les affiquets, plus nombreux encore alors qu'aujourd'hui. Le costume de monsieur ne le cède en rien à celui de madame pour la variété et le luxe des étoffes. Veut-on dresser l'inventaire de ses habits?—Il y a « l'habbit de ratine doublé de satin, » — « l'habbit d'etoffe de soye grise ditte lustrine avec croisé blanc pr la doublure, » celui-ci coûte 201 liv., — « l'habbit et justaucorps de velours cizellé, » « la veste bleue de Lyon, » « l'habbit de velours noir, » « l'habbit de calaisienne canelle; » « la redingotte, » importation anglaise qui apparaît en 1764, — et « le drap de Louviers gris clair; » « le drap d'Elbeuf, » — et les boutons d'argent,— et « les gallons d'or sur doré, » — « 14 aulnes pesants 20 onces 396 a 10 liv. l'once fonts 203 liv. 15 s. »—Voilà certes une garde-robe galante, à faire rougir nos pauvres habits noirs : **M. Féoga**, le tailleur de J. Vernet, ne trouverait pas son compte aujourd'hui, lui à qui un peintre payait chaque année trois ou quatre notes de 200 livres, pour la façon seulement, en fournissant l'étoffe ! Encore faut-il joindre à ce luxe d'habits les accessoires, — le chapeau pour mettre sur la tête et le « chapeau pr mettre sous le bras, » les manchettes brodées, les cols de mousseline, les bas de soie grise, les boucles pour souliers, pour cols, pour jarretières, sans parler de l'attirail des perruques, la houppe, « fer pour friser et couteau pour auter la poudre, » bourses, têtes à perruque, rasoirs, « cizeaux ;... » — et le fourbisseur, qui joue un rôle si important à cette époque : — « un bout à mon épée, » — « un fourreau pour mon épée, » — « un seinturon, » — « une épée pour Charlot 36 liv. »

Que serait-ce si, pénétrant plus avant dans les mystères du ménage, nous supputions, livre par livre, et sou par sou, après les dépenses d'entretien, les dépenses de bouche ? Les *Livres de raison* ouvrent un vaste champ à de telles excentricités. Mais tant de détails nous mèneraient trop loin de notre but. Ce n'est là, après tout, que le cadre du tableau de famille que nous voulons esquisser. Laissant donc de côté les choses, occupons-nous des personnes.

Le grand souci de J. Vernet, comme de tout bon père de famille, c'est, on le comprend de reste, l'éducation de ses enfants. Au milieu du remue-ménage des derniers temps, Livio a grandi, il entre maintenant dans sa dix-septième année; c'est le moment de quitter le collège et de songer à prendre un état. Au mois de juillet 1764, Livio dit adieu aux Révérends de Jully, et revient à la maison paternelle. Mais son éducation n'est pas complète, car on lui donne, dès le mois suivant, un maître d'écriture, M. Dautrep, et un maître à danser, M. Vincent. A la rentrée des Facultés, il prend ses inscriptions de droit, et chacune des années suivantes le montre passant successivement tous ses examens et sa thèse ; — non pas que J. Vernet tienne un journal de ces événements minimes ; mais, à cette époque, la coutume des *épices* subsistait encore : chaque examen de droit se solde par une dépense de bougies; que J. Vernet ne manque pas d'enregistrer : — « Le 19 aoust 1765 six livres de bougies pour le Président du « Droit. » — « Le 6 juin 1766 pour trente livres de bougies « pour les Examinateurs de mon fils, » etc. — Enfin, dès cette année, Livio commence à travailler chez un procureur, M. Courleveau, et, au mois de septembre, il est reçu avocat au parlement de Paris. — Quelle est donc, pour son fils aîné, l'ambition de J. Vernet? — Elle se révèle tout entière dans une seule ligne des *Dépenses générales :* — « Le 10ᵉ fevrier 1768 achetté pour mon « fils ainé le Livre Parfait nottaire en deux volumes. » — Et de fait, de l'officine du procureur, mons Livio passe à vingt ans dans l'étude de Mᵉ Dutartre, notaire : c'était un amateur de tableaux;

il demeurait rue vieille du Temple, hôtel de la Tour du Pin ; son cabinet est cité par Dargenville.

Cependant l'ambition de J. Vernet se trouva déçue. Malgré ses sacrifices de bougies, malgré l'achat du *Parfait notaire*, Livio laissa trop voir qu'il n'en ferait pas même un médiocre. Il fallut renoncer à ces hautes visées : le fils aîné du « Peintre du Roi pour les marines » s'estima heureux alors d'avoir profité des leçons de M. Dautrep ; sa belle main lui permit d'entrer comme commis dans l'administration des Fermes. — « Mon fils est entré « aux Fermes le 8ᵉ octobre 1771 pour commencer à s'instruire « dans le département des Traittes de M. Digeon son Directeur. » — Et, afin de lui faciliter ces nouvelles études, le bon Vernet, trop persuadé que, pour faire un cordon bleu, il suffit de lire la *Cuisinière bourgeoise*, achète à Livio le *Livre des Fermes*, en l'accompagnant, il est vrai, des « Pensées de Marcaurelle. » Livio avait vingt-quatre ans.

Que devient cependant le petit Charlot, l'espoir de son père, et l'objet de sa prédilection ? — Charlot, il ne faut pas se le dissimuler, est l'enfant gâté de la famille. Mais aussi jamais préférence fut-elle mieux justifiée ? A quatre ans, Charlot commençait à dessiner ; à cinq ans, il couvrait de croquis tout papier qui lui tombait sous la main ; cette précocité qui eût désespéré plus d'un père, faisait la joie, l'orgueil de J. Vernet, si bien qu'il conduisait chez ses amis ce petit prodige, afin de donner à la compagnie et à lui-même le plaisir de le voir improviser des croquis déjà pleins de verve et d'esprit.

On comprend qu'avec de telles prémisses l'éducation littéraire de Carle ait été un peu négligée. Quelle différence entre lui et son frère ! Livio a connu les rigueurs du collège, la reclusion, l'exil de la maison paternelle. Charlot ne quitte pas Paris : pour lui, il n'est point d'externat assez doux. A sept ans, il entre dans une école, mais c'est pour en sortir bien vite, et, pendant cinq années, il ne cesse de passer d'une pension à une autre, cherchant toujours la facile. Lui survient-il le moindre *bobo*, on le garde à la maison, et c'est alors une avalanche de joujoux, présage de ses goûts à venir, — le cheval, le tambour, le carrosse, le bilboquet, les estampes de courses ; — le peintre Carle est là tout entier.

Ici point d'incertitude sur la vocation de l'enfant. Depuis longtemps déjà, son père s'est dit : — « Il sera peintre. » — A onze ans, l'écolier prend ses galons de rapin. — « Carle a commencé à « dessiner chez Mr Lépicié le pr juillet 1769. — Il a commencé « à peindre le 14ᵉ novembre 1771. » — Ces deux lignes résument son éducation artistique. Si, pendant quelque temps encore, on lui conserve un maître de grammaire, c'est qu'après tout on peut le payer. Mais entre M. Bourrely armé de son rudiment et Dechamps le modèle, — « qui pose le Christ, » — soyez sûr que ni le père ni le fils n'hésitent. Toutes les sympathies sont pour le dernier.

Nous ne pouvons songer à reproduire ici les détails que fournissent les *Livres de raison* sur cette enfance et cette jeunesse si occupées ; ces détails sont infinis, ils ne peuvent trouver place que dans une étude spéciale sur Carle Vernet.

Quelques mots seulement au sujet d'Émilie. — Née, on l'a vu, en 1760, elle est encore bien petite fille, quand déjà son frère aîné étudie le *Livre des Fermes*. Elle a pour premier professeur, comme Charlot, une maîtresse d'école qui leur montre à lire dans le même alphabet. Puis on lui donne le maître à écrire et le maître à danser. Cette éducation sommaire se termine à seize ans par le mariage. Nous aurons à nous occuper plus tard de cet événement.

Mais l'éducation ne se borne pas aux leçons des maîtres. Il y a dans la conduite et l'esprit des parents, il y a dans l'atmosphère de la maison paternelle tout un enseignement que les maîtres ne donnent pas. Les premières impressions de l'enfance sont ineffaçables, et au nombre des plus puissantes il faut compter les premières lectures. A ce titre, un coup d'œil sur la bibliothèque de J. Vernet ne sera pas inutile.

Ce n'est pas que J. Vernet ait jamais eu une bibliothèque. Il a eu quelques livres, achetés au jour le jour, suivant le besoin ou l'intérêt du moment. Tant qu'il court la province, il s'en tient à l'utile : — « Etude sur une introduction générale et raisonnée à l'étude des langues et particulièrement des langues françoise et italienne, etc. (1). » — « Modèles de lettres sur différents su-

---

(1) « A Paris, chez De Bure, quay des Augustins, Briasson, rüe Sᵗ-Jacques, et Lembert, pres la Comédie françoise, in-12 de 200 pages, le prix est de 40 sols de l'année 1757. » *Livres de raison*, Iᵉʳ vol, page 92.

jets (1). » — « Principes generaux et raisonnés de l'ortographe françoise avec des remarques sur la prononciation (2). » — Ici, il a surtout en vue l'instruction de sa femme, la Romaine Virginia. — Une fois à Paris, sa littérature s'étend : il s'abonne à la *Gazette de France*, aux *Petites Affiches* (3) : il achète davantage et volontiers. Ces acquisitions peuvent se diviser en trois catégories. — D'abord, les livres pratiques et usuels : — « un livre des Routtes et cartes géographiques, » le *Parfait notaire*, le *Livre des Fermes*, le *Livre des synonymes*, l'*Histoire ancienne et moderne*, par l'abbé Millot, « deux volumes de cavallerie à l'usage de Carle, » « deux volumes de M. Dandré Bardon (4), » « le Traité de peinture par Filibien (5), » « un livre du Vignola, » « 4 volumes sur Paris et ses environs ; » — auxquels il faut joindre ceux qui s'adressent aux enfants : — « Avantures de Télémaque, » « Magasin des Enfants (6), » Grammaire des jeunes demoiselles, Grammaire italienne par M. Palomba, Étrennes à la jeunesse. — Puis, et c'est la catégorie la plus nombreuse, les brochures, les livres de circonstance, par lesquels J. Vernet entre dans le courant des idées du jour : — *le Huron* (7), — une feuille de Fréron (1767),

(1) « Se trouve à Paris, chez Desain et Saillant, rue S¹-Jean de Beauvais, et la veuve David, quay des Augustins. » (*Livres de raison*, 1ᵉʳ vol., p. 92.)

(2 « Par M. Donchet, avocat au Parlement, à Paris, chez la veuve Robinot et Didot, quay des Augustins, et chez Lembert, rüe de la Comédie françoise. »(*Ibid.*)

(3) « Madᵉ Kerlon, rüe Jacinte, porte S¹-Michel, vers le milieu de la rüe, pour les Petites affiches de provinces. — M. l'abbé Aubert, pour les affiches de Paris, au bureau, rue Baillet. — M. Fréron, rue de Seinne, chez Madʳ Le Lievre. » (*Livres de raison*, IIᵉ vol., page 157). De Querlon fut, en effet, un des rédacteurs de la *Gazette de France*, et le directeur des *Petites Affiches de Province*.

(4) Traité de peinture suivi d'un Essai sur la sculpture et d'un catalogue raisonné des plus fameux peintres, sculpteurs et graveurs de l'École française, pour servir d'introduction à l'Histoire universelle relative à ces Beaux-Arts. Paris, 1765. 2 vol. in-12

(5) S'agit-il des *Entretiens sur les vies et les ouvrages des plus excellents peintres anciens et modernes*, ou des *Principes de l'architecture, de la sculpture, de la peinture et des autres arts qui en dépendent ?* — Ailleurs, J. Vernet, a noté aussi : « Noms de ceux qui on traitté de la perspective, l'abbé Didier, le père Nicceron, le père Lamy, le père Du Breüil, Habraam Bosse ou Bosc. »

(6) Par madame Le Prince de Beaumont.

(7) Comédie en deux actes, tirée de *l'Ingénu* de Voltaire, représentée le 20 août 1768, sur le Théâtre italien : Marmontel était l'auteur de cette platitude, qui ne se soutint que grâce aux ariettes de Grétry. A propos de Marmontel, dont le *Bélisaire* figure aussi dans la Bibliothèque de J. Vernet, M. Henri de Laborde cite un juge-

— *Bélisaire* (1767), — « Lettres philosophiques sur les phisionomies, » — « Brochure d'Adélaïde de Hongrie (1), » — l'Ingénu, — *Vie de Benoit XIV* (2), — « brochure des Dances angloises, » — « le Scaffandre, » — « Brochure des doutes d'un provincial, » — Lettre à M. de Buffon, — « Lettres du Pape Ganganelli (3), » — et les innombrables critiques du Salon. — Enfin, la troisième catégorie comprend les livres littéraires ou de pur agrément : — « le Livre de M. La Rochefoucault, » « les pensées de Marcaurelle, » « six volumes de Clarice (Clarisse Harlowe), » « Voyages de l'amiral Anson (4), » *la Jérusalem délivrée,* le *Voyage pittoresque d'Italie,* par l'abbé de Saint-Non (5), « Observations sur les Poëtes italiens, » *Voyage dans les montagnes de la Suisse,* par M. de Saussure (6), *Voyage de Provence,* par Mislin, « OEuvres de M. Thissot (7). » — Mais, en dehors de ces catégories, figurent encore quelques ouvrages qui ne sauraient trouver place ni dans l'une ni dans l'autre : — « l'Albert moderne (8), » — « la brochure des Tours du sieur Pinetti (9), »

ment curieux du peintre des tempêtes, sur l'auteur de tant de livres insipides. « Pour caractériser les aspirations impuissantes de Marmontel, J. Vernet le comparait sans détour à un homme dont les sens trahiraient perpétuellement les désirs. »

(1) *Adélaïde de Hongrie,* nouvelle tragédie de M. Dorat, n'est autre chose que ses *Deux Reines,* drame en prose, non représenté et imprimé en 1770. (Mémoires secrets de Bachaumont, 14 août 1774).

(2) Par Prosper Lambertini, Paris, 1775, in-12.

(3) Il est curieux de voir J. Vernet prendre part à l'émotion littéraire causée par la publication des lettres de Clément XIV. Mais il y vient un peu tard. En 1776, lorsqu'il se décide à acheter ces fameuses lettres, la supercherie était découverte, et le public nommait tout haut l'auteur véritable, Caraccioli.

(4) *Voyages de l'amiral Anson autour du monde,* traduit de l'anglais par Élie de Joncourt. Édition de Paris, 1750, in-4°, et 1754, 4 vol. in-12 ; la traduction est retouchée par l'abbé de Gua de Malves.

(5) *Voyage pittoresque ou Description du royaume de Naples et de Sicile,* par J.-Cl. Richard, abbé de Saint-Non. Paris, Lafosse. 1781-1786, 4 tomes en 5 vol. Très-grand in-folio avec figures.

(6) *Voyages dans les Alpes, précédé d'un Essai sur l'histoire naturelle des environs de Genève,* par Horace Benedict de Saussure. Neuchâtel, 1780-1796, 4 vol. in-8°, fig.

(7) Simon-André Tissot, né dans le pays de Vaud, en 1728, mort en 1797, le médecin des gens de lettres. L'édition complète de ses œuvres, publiée à Paris sous sa direction, est de 1769.

(8) *L'Albert moderne,* par Alletz. Paris, 1768. In-12. (Barbier, *Dictionn. des anonymes.*)

(9) Nouveau spectacle très-étonnant et très-amusant, tenu par le sieur Joseph

— « 4 volumes des Tours et récréations mathématiques (1), » — « deux brochures de la comtesse Tation (2) ; » — en d'autres termes, des manuels de magie blanche, d'escamotage et de calembours. Voilà le lait sucé par Carle. Cette nomenclature de livres hétérogènes reflète, comme un miroir, le caractère du père et celui du fils : — esprit vif, alerte, pointu et positif, mais non réfléchi, — imagination aventureuse, — humeur vagabonde, — et cette suprême agilité de main qui improvise les tableaux ainsi que des tours de passe-passe et escamote les difficultés de l'art ni plus ni moins qu'une muscade.

A Paris, aussi bien qu'à Rome, la vie de J. Vernet est une vie de plaisir et de joies, — joies honnêtes, bien entendu, plaisirs permis, tels que peut les aimer un père de famille. Mais, de ceux-là, il ne s'en refuse aucun. Ce ne sont que parties fines avec les Vanloo et les Coustou, tantôt à Saint-Cloud ou à Vincennes, tantôt à la Râpée ou aux Porcherons, ou bien des dîners intimes, soit chez Trianon, le traiteur de la Croix-Rouge, soit chez Philippe, ou chez Dupré, autre traiteur de bon ton, plus rapproché des galeries ; car on y va plus souvent en pique-nique, et c'est chez lui que se font les repas de fondation, — « le 5 janvier, veille des Rois, — le 10 janvier, souper des dames, mesd[es] Vanloo, Roslin, etc., — le 19 mars, jour de saint Joseph. » Quelquefois aussi les Vernet traitent chez eux et rendent aux Soufflot leurs politesses ; il s'agit de déguster quelque gourmandise expédiée par les amis de province, « la volaille venue de Dieppe, » — « la dinde de Périgueux, » — « le cochon de M. Drovais, » — « le crabbe de La Rochelle. » — Partout l'excellent artiste a laissé de bons souvenirs, et c'est à qui lui prouvera son affection par un envoi de victuailles : tantôt un baril d'huîtres marinées vient renforcer les provisions du ménage, tantôt un baril d'anchois ; la « Sœur d'Avignon » pourvoit la maison d'huile de

Pinetti, Romain, professeur de mathématiques et de physique... etc. (Thierry, *Almanach du voyageur à Paris,* page 611.)

(1) « Le 15e décembre 1769, j'ay souscrit pr les 4 volumes des tours et récréations mathématiques, j'ay eû les deux p[rs] volumes, j'ay donné 18 livres, j'en doit encore donner 6 pour le troisième, lorsqu'on le livrera, et le 4e on le recevra gratis. » (*Livres de raison,* 11e vol, page 86.)

(2) Lettre écrite à madame la comtesse Tation, par le sieur de Boisflotté, étudiant en droit fil ; nouvelle édition, augmentée de plusieurs notes d'infamie ; Amsterdam (Paris), 1770, in-8º.

Provence et de « vermicelly, » et un évêque, — l'évêque de Bayonne — se charge de la fournir de chocolat, — ingénieux moyen de rappeler à J. Vernet qu'il attend toujours les tableaux commandés pour sa cathédrale.

Et les spectacles! Il n'en manque pas un. Il n'est pas de ces raffinés qui s'en tiennent à l'Opéra ou aux Italiens : pour lui, tout est bon, pourvu qu'on rie. Les Variétés amusantes, les Comédiens de bois, « les sauteurs de chez Restier » l'attirent tour à tour. Mais c'est à Nicolet qu'il donne la préférence (1). Le bon père y conduit Charlot toutes les fois qu'il y pense, et, s'il n'a pas Charlot sous la main, il y va seul. Plus tard, à mesure que Carle grandit, et que se développe sa passion pour les chevaux, Nicolet se voit délaissé pour les sieurs Astley père et fils, écuyers anglais qui avaient établi un manége dans une charmante salle du faubourg du Temple, décorée comme un bosquet de jardin, et éclairée par deux mille lampes. Il serait injuste d'oublier les « Fantoccini, » un autre spectacle favori de J. Vernet : il dut s'y asseoir plus d'une fois à côté de son amie madame Le Brun, dont l'enthousiasme pour les marionnettes de Carlo Perico égalait le sien (2). Cet enthousiasme, J. Vernet le devait à l'Italie, la terre classique de Polichinelle et d'Arlequin, où le goût des marionnettes n'a rien

---

(1) Il est curieux de constater chez Wille, dont le *Journal* a plus d'un rapport avec les *Livres de raison* de J. Vernet, le même goût pour les spectacles de la foire. Mais Wille avait chez Nicolet des priviléges dont ne jouissait pas J. Vernet. « M. Nicolet m'ayant invité, de même que mon fils et ma femme, à son spectacle sur les boulevards, M. Isembert fut de la partie, pour y voir principalement les huit sauteurs catalans, dont un fait le paillasse et est supérieur aux autres, quoique tous fassent des prodiges en divers jeux et des sauts étonnants et neufs pour nous qui étions accoutumés à nos sauteurs connus de tout Paris. M. Nicolet nous avait placés dans une des loges d'honneur... » (Wille, t. II, page 144.)

(2) Il ne faut pas confondre les Comédiens de bois et les Fantoccini. Les premiers étaient un spectacle satirique, monté par Audinot, un fruit sec de l'Opéra-Comique, pour faire pièce à ses anciens camarades. (Voir Bachaumont, 16 février 1769.) Les seconds formaient, sous la direction de l'Italien Carlo Perico, une troupe savante et disciplinée où l'art dramatique était pris au sérieux : « Ces marionnettes étaient si bien faites, dit madame Le Brun, et leurs mouvements si naturels, qu'elles faisaient parfois illusion. Ma fille, qui avait plus de six ans et que j'y menais avec moi, ne doutait pas d'abord que ces personnages ne fussent vivans. Quand je lui eus dit le contraire, je me rappelle que je la menai peu de jours après à la Comédie française, où ma loge était assez éloignée du théâtre : « Et ceux-là, maman, me dit-elle, sont-ils vivants? » (*Souvenirs de madame Le Brun*, t. 1er, p. 32.)

perdu de sa vivacité : aujourd'hui encore, c'est une des passions du peuple romain. J'ai vu le petit théâtre de la via del Babuino faire tous les soirs salle comble, et plus d'un *prix* de Rome affronter les miasmes alliacés de ce spectacle populaire, pour voir se trémousser ces merveilleuses poupées de bois, aussi gracieuses et plus souples, plus légères que les meilleurs danseurs d'opéra, et, dans les pièces parlées, mimes adorables des lazzis napolitains. Tous nos grands artistes ont passé par cette école : tel élève de David, cherchant de bonne foi l'antique, a eu la main forcée par le souvenir des Fantoccini.

Les concerts tiennent une place importante parmi les plaisirs de J. Vernet. L'ami de Pergolèse est un des habitués du concert spirituel : ses notes nous le montrent lié avec les principaux artistes qui s'y faisaient entendre, — le violoniste Gaviniès, qu'il écrit Gavigné, — mademoiselle Fel, la maîtresse du pastelliste La Tour, chanteuse légère, très-applaudie de son temps (1), — Le Gros, une des plus belles hautes-contre de l'Opéra, directeur de l'entreprise, — Duport l'aîné, « joüeur de violoncello ; » ce dernier demeurait « rüe Saint-Honoré chez M. Lepaute, horloger, tout près de la fontaine de la rüe de l'Arbre sec. » Il n'est pas un musicien célèbre de l'époque qui n'ait laissé son adresse sur les *Livres de raison*. Celle de Grétry s'y rencontre plusieurs fois, et l'on voit le peintre des tempêtes assidu aux premières représentations de l'auteur du *Tableau parlant*. Celle de Gluck s'y trouve aussi, à côté de celle de Piccini ; mais, si J. Vernet fait la dépense d'un fiacre pour se rendre chez le premier, sous le nom du second il écrit : — « Recommander M. Piccini à M. D'Armand. » — Il est lié avec Boyer, « compositeur de musique ; » avec Duni, auteur de *Ninette à la Cour*; avec Philidor, plus célèbre aujourd'hui par ses prouesses au jeu d'échecs que par ses opéras-comiques ; avec Trial, ou plutôt les deux Trial, tous deux Avignonais, l'un violoniste habile, l'autre créateur au théâtre

(1) Le musée de Saint-Quentin, presque uniquement composé d'œuvres de La Tour, offre, de mademoiselle Fel, le plus adorable portrait, crayonné sur une feuille de papier gris à peine couverte. Elle a dans les cheveux un peu de gaze et quelques fleurs jetées au hasard, la plus adorable toilette qu'un amant puisse rêver. La tête, fine, légère et souriante, est d'un air et d'une grâce si pénétrants, que pour ceux qui ont vu une fois cette tête sur ce méchant bout de papier, le modèle n'est plus un portrait, mais une femme, et une femme qu'on a aimée. (A. de M.)

du rôle comique qui a gardé son nom ; avec le chanteur Jéliote, avec Dugazon, le grand comique, et sa femme, l'adorable soubrette. Il y a aussi un Rigel, « faiseur de sonates, » un Vachon, « joüeur de violon, » un chevalier de Chabert, amateur. Si quelque artiste étranger, de passage à Paris, veut se faire entendre, J. Vernet est des premiers à prendre des billets. En 1770, il patronne un musicien précoce, sur lequel les *Mémoires de Bachaumont* s'expriment en ces termes : — « On parle beaucoup d'une comédie que répètent aujourd'hui les Italiens dont la musique est de la composition du petit d'Arcy, jeune homme de onze ans, qui a déjà déployé ses talens au concert spirituel, où il a exécuté sur le clavecin différentes pièces de sa façon avec l'indulgence du public. » — Les *Livres* de J. Vernet donnent une orthographe différente : — « Le père et la mère du petit clavessiniste allemand « s'apelle Darcis et demeurent chez M. Noé maître en chirurgie, « rue Coqueron prés la place des Victoires. » — Ailleurs, il accueille Tenducci, un musicien italien, et Eckhard, un musicien d'Augsbourg, dont Diderot a parlé dans sa correspondance.

J. Vernet est aussi un grand coureur de fêtes et réjouissances publiques. Partout où va la foule, il la suit, badaud consciencieux et infatigable. Il la suit à la foire Saint-Germain (1), à la foire Saint-Ovide, à la foire Saint-Laurent : il la suit à la revue du roi dans la plaine des Sablons (2), au Waux-Hall (3), — qu'il écrit Foxal, — au bal d'Auteuil, au Colisée. Il est surtout friand

---

(1) La foire Saint-Germain s'ouvrait le 3 février et durait jusques et y compris le samedi de la Passion. Elle se tenait sur l'emplacement occupé aujourd'hui par le marché Saint-Germain. La foire Saint-Ovide avait lieu à la fin d'août, et se tenait sur la place Vendôme, autour de la statue équestre du grand roi. La foire Saint-Laurent durait depuis le 1er juillet jusqu'au 30 septembre ; elle disposait d'un espace de six à sept arpents dans le voisinage de l'église Saint-Laurent.

(2) « C'est dans les premiers jours du mois de mai que le Roi passe en revue tous les régimens des Gardes Françoises et Suisses. Cette revue se fait à la plaine des Sablons, située entre la butte de l'Étoile et Neuilly. » (Thierry, *Almanach du voyageur à Paris*.)

(3) Le Waux-Hall d'hiver se tenait à la foire Saint-Germain. Il faut lire, dans Thierry, la description de cet endroit féerique, lieu de réunion « d'un sexe enchanteur à la suite duquel marchent les Grâces, les Amours et les Ris. » Il y avait aussi un Waux-Hall d'été, assez mauvais lieu baptisé du nom peu équivoque de *Fêtes de Tempé*. Il était situé boulevard du Temple. Quant au Colisée, c'était, dans un des grands carrés des Champs-Élysées, un avant goût du Pré-Catelan. (Voir *Souvenirs de madame Lebrun*, t. Ier, p. 53, et *Mémoires de Bachaumont*, passim.)

d'illuminations et de feux d'artifice ; là, il prend place au premier rang, et, plus d'une fois sans doute, avec Charlot sur ses épaules. S'il ne s'est pas fait écraser aux fêtes du mariage du Dauphin, ce n'est assurément pas de sa faute. M. Henri de Laborde, dans l'excellent travail que j'ai déjà eu l'occasion de citer, donne la clef de cette passion pyrotechnique : — « Les admirateurs de la *girandola* qu'on tire chaque année au château Saint-Ange, à Rome, ignorent peut-être que l'éclat incomparable de ce spectacle est dû en grande partie à l'imagination de Vernet. C'est lui qui s'avisa de doubler le volume de cette gerbe de feu et d'ajouter à la girandola primitive un nombre de fusées devenu aujourd'hui traditionnel. En outre, comme il manquait, suivant son expression, « une basse » à ce concert de détonations, il voulut que le canon en fît l'office : les décharges de l'artillerie devinrent l'accompagnement nécessaire de tout feu d'artifice en Italie, et, le succès de ces innovations s'étant répandu dans toute l'Europe, il s'ensuivit dans l'art de la pyrotechnie une révolution dont l'honneur appartient à Vernet, et qu'il est juste de lui restituer, si mince et si secondaire qu'il soit. » — On ne trouve cependant dans les *Livres de raison,* ni le nom de Ruggieri, — l'éternel Ruggieri, — ni celui de Torre. Il est donc probable qu'à Paris J. Vernet se réduisit au rôle de spectateur, et qu'il ne prit aucune part active aux luttes des deux artificiers rivaux.

Le goût de l'escamotage, non moins vif que celui des feux d'artifice, a conduit J. Vernet jusqu'aux portes de la science. Cet esprit, curieux de tours d'adresse, trouvait un plaisir extrême dans les expériences de physique. En 1764, on lit à chaque page des *Dépenses générales* le nom de « Comus. » On pourrait croire qu'il s'agit ici de quelque exploit gastronomique voilé sous le nom du dieu de la table. Il n'en est rien. Le sobriquet de Comus cache un estimable physicien, Nicolas-Philippe Ledru (1), à qui ses séances de physique amusante avaient fait une réputation. Ledru fut un de ces êtres hybrides, mi-saltimbanques et mi-savants, qui semblent instruire en amusant, ce qui leur permet d'amuser les gens d'esprit. Il eut la bonne fortune d'être nommé professeur de mathématiques des enfants de France; mais son principal

(1) Le petit-fils de Comus est devenu célèbre à son tour sous le nom de Ledru-Rollin.

titre à l'attention de la postérité, c'est l'heureuse idée qu'il eut d'introduire dans le répertoire de la physique amusante les effets surprenants de la « phantasmagorie, » de l'électricité et du magnétisme. Comus a été le précurseur de Comte et de Robert Houdin ; Jonas, autre physicien d'un ordre moins relevé, qui donnait publiquement, au Waux-Hall de la foire Saint-Germain, des leçons d'escamotage très-suivies des fils de famille, a compté aussi parmi ses clients ou ses élèves Joseph et Carle Vernet. Plus tard, nous les verrons également assidus aux séances plus sérieuses de MM. Charles et Robert, les premiers aéronautes parisiens.

Ainsi s'écoule cette vie bourgeoise, aussi facile au plaisir qu'au travail, exempte des bouleversements que les passions traînent avec elles. Les *Livres de raison*, où elle se reflète calme et souriante, abondent, on l'a vu, en détails d'habitudes ; mais il est malaisé d'y relever un événement capital, une date significative, propres à servir de jalons à une biographie. Voici cependant quelques *domestica facta* dont il est bon de prendre note.

On lit, dans le *Livre de raison* de madame Vernet (1), sous la

(1) Madame Vernet tenait, elle aussi, son *Livre de raison*. Mais ce n'est qu'une nomenclature sèche et dépourvue d'intérêt, qui a le grand tort de faire double emploi avec les *Livres* de son mari. Les dépenses y sont rangées par catégories, sous les rubriques suivantes :

« Denari recevuti principiando dal primo gennaro 1767. »
« Lista delle spese di tavola principiando   id.   »
« Lista delle spese commune che fa S¹ Gian principiando. id. »
« Lista delle legnia che si prendera nel corso del anno 1767. »
« Lista del carbone che   id.   »
« Lista delle candele che si prenderanno   id.   »
« Lista de denari che si daranno nel corso del anno 1767, alla lavandara. »
« Lista delle spese che farò per me Virginia Parker Vernet principiando dal p^{mo} gennaro 1767. »
« Lista delle spese che si farà per Livio nel corso del anno 1767. »
« Lista delle spese che si faranno par Carluccio   id.   »
« Lista delle spese che si faranno per Emilia   id.   »
« Lista delle spese che si faranno in mancia   id.   » (La *mancia*, c'est à la fois le cadeau, l'étrenne, le pourboire, la bonnemain, etc.)

Toutes ces rubriques sont répétées chaque année dans le même ordre : le *Livre* s'arrête en 1772. Le désordre de J. Vernet est plein de piquant et d'imprévu. Rien de plus froid, au contraire, que cette régularité méthodique, et quelque peu méthodiste de la belle Virginia, toujours Anglaise sous son nom romain et ses habits à la française.

rubrique : — « Lista delle spese che si faranno in mancia nel anno 1767 — mancia al servitore di M. Vanloo che a portato il mio retratto. . . . . 6 livres. » Ce portrait, peint en 1767 par M. Vanloo, c'est-à-dire par Louis-Michel Vanloo, — est probablement celui qui orne aujourd'hui le salon de M. Horace Vernet. Il y sert de pendant au portrait de Joseph Vernet, peint par le même artiste l'année suivante, en 1768. Ce dernier a été gravé par Cathelin, en 1770. Les *Livres de raison* contiennent à ce sujet la note suivante : — « Le 3 8bre payé a M. Cathelin graveur « 350 livres qui avec 100 livres qu'il me devoit fait le prix de « 300 estampes de mon portrait qu'il a gravé et qu'il a donné à « mon frere a 30 sols chaque. » — L'estampe porte : — « Jo- « seph Vernet, Peintre du Roi et Conseiller en son Académie de Peinture et Sculpture. — Peint par L.-M. Vanloo 1768. — Gravé par L.-J. Cathelin 1770. — A Paris chés l'auteur rue St André des Arts, etc. » — Joseph Vernet y est représenté en buste, sa palette à la main, dans le désordre pittoresque d'un riche costume de travail, encadré au milieu d'un œil-de-bœuf, comme la plupart des portraits du temps. Plus tard, il se fit encore peindre par son amie madame Le Brun. — « Le 3 8bre 1779 donné au do- « mestique de mad^e Le Brun qui a porté mon portrait... 6 liv. » — Celui-ci est au Louvre, dans la salle consacrée au peintre des Ports. J. Vernet y est représenté « la tête nue, vue de trois quarts et tournée à droite. Il porte un habit de velours violet, tient de la main gauche sa palette, et un pinceau de la main droite, posée sur son genoux. » On lit à droite la signature : — « M^{de} Le Brun f. 1778. » — Ces deux dates rectifient celle que madame Le Brun a donnée elle-même dans ses *Mémoires* : c'est par erreur qu'elle classe le portrait de J. Vernet parmi ceux qu'elle a peints en 1789.

La galerie de famille n'eût pas été complète, si, après avoir fait peindre en 1767 sa femme, et lui-même en 1768, J. Vernet n'y eût ajouté, en 1769, les portraits de ses enfants. Un compte de bordures payé au neveu sculpteur mentionne « celle pr le portrait de Carle 24 liv., » et celle « du portrait d'Émilie. » De Livio, il n'en est pas question. Quant au nom du peintre, comme, en 1769, Carle, âgé de onze ans, entrait chez Lépicié en qualité d'élève, J. Vernet ne pouvait guère choisir pour peindre son fils un autre artiste que celui qu'il lui donnait pour maître ; et, après avoir confié le portrait de Carle à Lépicié, il ne pouvait guère non plus demander à un autre de ses collègues celui d'Émilie. On peut donc croire, jusqu'à preuve contraire, que les portraits de Carle et d'Émilie, peints en 1769, étaient de la main de Lépicié. Ce qui est sûr, c'est que, quatre ans plus tard, Lépicié, et peut-être de son plein gré, a fait un portrait de son jeune élève ; c'est un petit tableau d'une couleur pâle, mais assez fine, qui représente un tout jeune homme assis dessinant sur un grand carton posé sur une table à tiroir. Après la signature de Lépicié, il porte la date de 1772, — Carle avait alors quatorze ans, — et appartient aujourd'hui à M. Horace Vernet, qui l'avait prêté à l'exposition que l'Association des artistes fit à la fin de 1846 dans une salle de la rue Saint-Lazare (1). Quant à Émilie, quatorze ans après 1769, et lorsque devenue madame Chalgrin, elle voulut offrir à son père une reproduction de ses traits charmants, la jeune femme posa cette fois devant Hall, miniaturiste suédois, agréé de l'Académie en 1769 et mort en 1793 à Liége (2). — « Le 22 octobre, » écrit J. Vernet, « donné au domestique de « M. Hall qui a porté le portrait 6 liv. » — « Le 24 payé à M. De « Launay une tabattiere pr le portrait de ma fille 40 liv. »

Plusieurs souverains étrangers visitèrent Paris pendant la seconde moitié du xviiie siècle. On peut lire, dans le Journal de Wille, la réception faite par l'Académie royale de Peinture et de Sculpture au roi de Danemark, le 8 novembre 1768. Il vit là réunis tout ce que Paris comptait de grands artistes. Mais plus d'un sans doute avait déjà présenté à l'illustre voyageur ses plus belles œuvres, ainsi que le fit J. Vernet. — « Le 11e septembre 1768 « pr avoir fait porter mes tableaux chez le Roy de Danemarc... « 20 liv. » — En 1771, la même exposition à domicile se renouvela en faveur du roi de Suède Gustave III : — « pr montrer mes « tableaux au Roy de Suede le 11e février mais fraix (3)... 9 liv. » — En 1777, ce fut le tour de l'empereur d'Allemagne Joseph II,

(1) Le livret l'indiquait à tort comme étant le portrait de Joseph Vernet, à dix-huit ans, erreur qu'un de nos amis releva alors dans la suite d'articles qu'il consacra à cette exposition, dans le *Moniteur des Arts*.

(2) M. Villot, d'après des papiers de famille, prépare, sur ce peintre, l'un des plus charmants dont se puisse honorer l'art de la miniature, une étude des plus nouvelles et des plus curieuses.

(3) Quelque habitué que l'on soit à l'orthographe fantaisiste de J. Vernet, il est assez difficile de se persuader que ces deux mots barbares « mais fraix » signifient tout simplement « mes frais. »

qui voyageait sous le nom du comte de Falkenstein. Les Mémoires du temps se sont plu à recueillir les bons mots tombés de cette bouche impériale. J. Vernet lui-même a cédé à la contagion de l'exemple, et ce n'est pas sans une certaine emphase qu'il a écrit en grosses lettres à la page 273 de son *Livre de raison* : — « Ce « que j'ay entendu dire a l'Empereur : — Ce sonts les evenements « qui nous apprennent à nous connoitre ; on ne parvient au vray « principe que par la connoissance de soy meme et elle ne « s'acquier que quant on a besoin de soy. — Voila ma maxime. »

Quelques événements plus intimes marquent la fin de cette période de la vie de J. Vernet. Déjà, depuis quelques années, la santé de la signora Virginia donnait des inquiétudes : le mal dont elle souffrait exerça une fâcheuse influence sur ses facultés mentales. En 1774, à la suite de nouvelles crises, il fallut en venir à une mesure décisive. Madame Vernet fut mise en pension à la campagne chez une demoiselle Douay, chargée de lui prodiguer les soins qu'exigeait son état. L'année suivante, M. Parker mourut, et J. Vernet demeura seul avec son fils Carle et sa fille Émilie. Mais celle-ci ne tarda pas à le quitter aussi. En 1776, c'est-à-dire à l'âge de seize ans (1), elle épousa l'architecte Chalgrin, membre

(1) M. J. Dumesnil, le savant historien des plus célèbres amateurs italiens et français, a publié, à propos de Thomas Desfriches, d'Orléans, treize lettres de Joseph Vernet, pleines des plus curieux détails. Dans la lettre II, en date du 16 mai 1775, on lit : « Mon gendre et ma fille sont impatients de lier connaissance avec vous. » Ce qui semblerait prouver qu'Émilie Vernet était déjà mariée à cette époque. Cependant le *Livre de raison* indique le contraire : — « Le 6 may 1775, donné à M. Testu, maître à écrire de ma fille, pr le mois d'avril, 08 livres. » — « Le 6 donné au maître à danser, 24 livres. » — « Le 10 juin, pr M. Pérot, maitre a danser, 24 livres. » — Et, aux étrennes de janvier 1776 : — « Étrennes a mon fils cadet, 24 livres. — A ma fille, 24 livres. » Ce n'est qu'au mois de juin 1776, qu'il est question d'Émilie comme d'une femme mariée. « Le 27 donné à la cuisinière de ma fille, 6 livres » — « Vers le 24 donné à cocher de ma fille d'étrennes, 3 livres. » Nous sommes donc fondé à croire qu'il y a erreur dans la date de la lettre citée ; ou bien, le mariage étant dès lors arrêté, c'est par anticipation que J. Vernet, écrivant à la hâte, appellerait M. Chalgrin son gendre, au lieu de son futur gendre. Il faut se souvenir, d'ailleurs, qu'Émilie Vernet était née au mois de juillet 1760. En mai 1775, elle n'aurait pas eu encore quinze ans. N'ayant pas trouvé son acte de mariage, qui aurait mis fin à ces incertitudes, nous donnerons son acte de décès, où l'on remarquera l'absence du nom d'Émilie ; mais la qualité de femme de Chalgrin prouve, et au delà, que c'est bien d'elle qu'il s'agit : « Du treize thermidor de l'an deuxième de la République, acte de décès de Marie-Félicité Vernet, du six de ce mois, âgée de trente-quatre ans, native de Bayonne, départe-

de l'Académie d'Architecture, homme de talent, à qui Paris doit plusieurs travaux importants (1). De plus, Chalgrin était riche; il avait équipage. — « Donné au cocher de ma fille d'étreinnes 3 l. » — « Le 26 pr des bouffettes pr les chevaux de ma fille. » — Quelques lignes plus loin, J. Vernet donne lui-même le chiffre de la dot. — « Le 24 octobre j'ay fait compter à M. Chalgrin mon gendre 40 mille livres. »

On peut juger par ce chiffre de l'état de la fortune de J. Vernet, en 1776. Elle s'était, depuis dix ans, continuellement améliorée. D'une part, le prix de ses tableaux, malgré les signes de décadence déjà visibles de son talent, n'avait fait qu'augmenter (2). D'autre part, ses placements mieux dirigés se ressentaient de sa liaison avec des hommes de finances, — De Mons, le caissier de la Compagnie des Indes, — De Boulogne, trésorier général de l'Extraordinaire des Guerres, — Blondel de Gagny, de Laborde, etc. — Voici, au surplus, comment il établit lui-même le bilan de ses revenus :

« La ville ou comunoté de Marseille me fait
« une rente perpétuelle de 300 l. par an sur
« 7500 l. de capital a 4 pour cent payable tous
« les premiers may, fait le 25 septembre 1767,
« et c'est M. J. Gignoux nég^t a Marseille qui est

ment des Pyrénées-Orientales, domiciliée à Passy-lez-Paris, mariée à Chalgrin. Vu l'extrait du jugement du tribunal révolutionnaire et du procès-verbal d'exécution en date du six de ce mois. Signé : *J. Derbez,* commis greffier. Officier public : ANTOINE TRIAL. »

(1) Jean-François-Thérèse Chalgrin, fut d'abord élève de Servandoni et de Boullée. Grand prix de 1758, il alla se perfectionner en Italie. En 1776, il était intendant des bâtiments de Monsieur et demeurait rue Neuve-des-Petits-Champs. Il avait déjà construit l'hôtel de la Vrillière, rue Saint-Florentin, et rebâti le Collége-Royal L'année suivante, en 1777, il fut chargé de l'achèvement de Saint-Sulpice. On lui doit aussi l'église de Saint-Philippe-du-Roule, et le chœur de l'église du Gros-Caillou. Un de ses parents, un frère peut-être, était secrétaire de la légation française à Munich, ainsi que nous l'apprend le *Livre de raison.* Né en 1739, Chalgrin mourut le 20 janvier 1811. La Révolution, qui lui avait ravi sa jeune femme, épargna sa tête. En 1809, il fut choisi, ainsi que Raymond, pour élever l'arc de triomphe de l'Étoile : la retraite de celui-ci le laissa peu après seul directeur des travaux. Il devint alors membre de l'Institut.

(2) J. Vernet a plus d'une fois, sur la demande d'un amateur ou d'un marchand, dressé la note du prix de ses tableaux, et ces différentes notes, il les a transcrites dans ses *Livres de raison.* En les comparant entre elles, on a la mesure de

« chargé de ma procuration pour en retirer la
« rente tous les ans et me l'envoyer. . . .   300 l.
   « Les États de Bretagne me font une rente

l'estime que lui-même faisait de ses œuvres à diverses époques de sa vie, en même temps que l'on suit pas à pas le mouvement progressif de la valeur qu'y attachait le public.

I. — *Notte des prix que j'ay donné à M. le marquis de Maligne.*

Toile de 7 et 5   80 la piece (écus romains).
  » d'empereur   60 »
  » de 4 palmes   50 »
  » de teste   30 »

Cette note sans date parait être de 1749, ainsi que celle qui suit :

II. — *Notte des prix que j'ay donné à l'abbé M. Grand.*

Toile d'empereur   75 la piece   (4 pieds 3 pouces sur 3 et 1 pouce).
  » de quatre palmes 60 »   (3 pieds 1/2 pouce sur 2 p 3 p. 1/2).
  » de trois palmes   40 »   (2 pi. 3 pc. 1/2 sur 1 pi. 10 pc 1 2).
  » de teste   30 »   (1 pi. 11 pc. 1/2 sur 1 pi. 1/2 pc.).

III. — *Prix des tableaux que j'ay fixé au mois de janv^r 1764 et que j'ay marqué à M. Mathias.*

De 4 pieds de France de large, la hauteur a proportion c'est-à-dire 2 pieds et 1/2 ou 3 pieds.   1500 livres.
De 3 pieds la hauteur a proportion qui est toujours moindre que la largeur   1200 »
De 2 pieds et 1/2 de large   1000 »
De 2 pieds   800 »
Et d'un pied ou un pied et demy   600 »

IV. — *Prix des tableaux que j'ay fixée pour l'amy hollandois de M. de Marigny parent de M. de la Croix.* (Oudermeulen, dont la première commande est de 1763.)

De 4 pieds de large   1500 livres.
De 3   »   1200 »
De 2 et 1/2 »   1000 »
De 2   »   800 »
De 18 pouces.   600 »

Une lettre de J. Vernet, en date du 6 mai 1765, publiée dans le *Cabinet de l'amateur*, t. II, reproduit les mêmes prix.

V. — *Prix que j'ay donné à M. Kingsby, Anglois.*

D'un pied sur 9 a 10 pouces   25 louis.
De 15 a 16 pouces sur 11 a 12   40 »
De 18 p. a 20 sur 15 a 16   50 »
De 2 pieds et 1/2, hauteur a proportion   75 »
De 3 pieds, hauteur a proportion   100 »
De 4 pieds, hauteur a proportion   150 »
De 5 pieds, hauteur a proportion   200 »
De 6 pieds, hauteur a proportion   250 »

Cette dernière note, également sans date, est à coup sûr antérieure à 1770.

« annuelle de 100 l. sur un contrat de 2000 l.
« a 5 pour cent payable tous les premiers jan-
« vier, et premiers juillet 50 l. M. De Quevau-
« viller, en place de M. Lefevre payeur de rente
« rüe des Arcis vis a vis le Singe vert, est chargé
« de me le payer sans retenue. . . . . . 100 l.

« La ville de Paris ou les Aides ou Gabelles
« me fait une rente hereditaire a 4 p. cent de
« 600 l. par an sur trois contracts de 500 l.
« chaque payable de six en six mois, le 1ᵉʳ jan-
« vier et le 1ᵉʳ juillet 300 l. M. Quevauviller à la
« place de M. Lefevre payeur de rente est chargé
« de me la payer, et vû les retenües qu'il y a sur
« les Aides et Gabelles et les quittances il ne me
« paye tous les six mois que 314 l. 16 s. entre
« la Bretagne et les Aides et Gabelles . . . 529 l. 12 s.

« La Compagnie des Indes pour trois con-
« tracts de Deux mille livres chaque sur la tête
« de mes enfants en rente viagère a neuf pour
« cent sans retenüe 540 l. par an qui se payent
« de six en six mois 270 l. le 1ᵉʳ avril et le pr
« octobre . . . . 540 l.

« La somme de 17925 l. en coupons de la
« 4ᵉ lotterie royale a ettée convertie en trois con-
« tracts en rente perpétuelle sur le Roy un de
« 6000 l. n° 5204 a 4 pour cent portant 240 l.
« de rente, un de 5300 l. n° 5205 portant 212 l.
« et un 6625 l. n° 5206 portant 265 l. les trois
« sommes faisent ensemble 717 l. de rente, sur
« quoy il faut déduire le dixième et ne reste que 645 l. 6 s.

« Trois contracts en rente viagere sur la tete
« de mes trois enfants provenant d'une lotterie de
« la Compagnie des Indes du 13 octobre 1770,
« un de 50 l. de rente et les deux autres de 40 l.
« chaques payables de six mois en six mois au
« premier juillet et au premier janvier a compter
« depuis le pᵉʳ juillet 1770, cela se paye actuel-
« lement à l'hôtel de ville de Paris, M. Quevau-
« viller est chargé d'en retirer la rente et me la

« payer à la place de M. Lefevre. . . . .   130 l.

« Les premiers jours de janvier 1768 j'ay
« acheté des papiers de Nouette faits pr payer
« les deptes de la marine et des collonies j'en ay
« pris pr dix mille livres qui a 35 1/2 perte
« monts produit quinze mille livres au cinq pr
« cent l'année, et tous les ans j'ay espérance de
« gagner quelque lots au tirage qui se fait au
« mois de janvier . . . .   750 l.

« M. Magon de Lalande tresorier general des
« Etats de Bretagne sur le capital de 3500 l.
« doit me payer tous les ans 140 l. de six mois
« en six mois 70 l. sans autre retenüe . . .   140 l.

« Le 24 janv. 1772 j'ay reçu du Bureau des
« hypoteques la somme de 1296 l. pr les arre-
« rages de six mois depuis le 1er juillet 1771
« jusqu'au 1er janv^r 1772 sur 6 deniers d'inte-
« rest que mon fils y a c'est a dire le droit de
« presence a six pour cent et l'interest de mon
« argent aussy a six pr cent avec deduction du
« Xme cet interest a été paye selon les epoques des
« placements des fonds, 6000 l. le 29 octobre,
« 6000 l. le 4e décembre et 28000 l. le 10e dé-
« cembre 1772 ce qui fait (par an) . . . .   4320 l.
                                              ─────────
                                              7454 l. 18 s.

Il résulte de ces révélations, puisées à différents endroits des *Livres de raison*, que J. Vernet possédait, en 1776, un capital de cent quatre mille neuf cent vingt-cinq livres, lui rapportant chaque année sept mille quatre cent cinquante livres et dix-huit sols. Il faut joindre à cette somme le revenu des tableaux, qui varie, bon an mal an, suivant le plus ou moins d'activité ou plutôt la plus ou moins bonne tenue des livres, de 9,000 à 27,000 liv. On peut le fixer à une moyenne de vingt mille livres.

En somme, J. Vernet n'était pas précisément un homme riche; mais, s'il n'avait pas la richesse, il avait l'aisance qui apprend à s'en passer. Rien ne l'eût empêché de thésauriser. Il aima mieux faire à sa famille, à ses enfants, à lui-même, une vie large et facile, que de grossir chaque année son capital d'économies réalisées à leurs dépens et aux siens. Les *Livres de raison,* si explicites sur le chapitre des revenus, ne le sont pas moins sur celui des dépenses; sans qu'il soit besoin d'additionner toutes les sommes portées aux *Dépenses générales,* on trouve — page 112 — une note sans date, mais évidemment antérieure à 1775, qui résume en quelques chiffres la vie domestique de Joseph Vernet.

« Pour la cuisiniere 150 l. par an et 30 l. d'etreines.	180 liv.
« Pour la femme de chambre 150 l. et 24 d'etreine.	174
« Pour un laquais 150 l. et 50 l. d'etreine.	200
« Pour un laquais perruquier etreines et tout.	300
« Pour la blanchisseuse	600
« Pour mon fils Carle en maitres	600
« Pour Emilie pour la maitresse d'ecole	80
« Pour perruquier pr Mad^e	72
« Pr deux chambres que je loüe.	150
« Pour la table 12 l. par jour ou environ	4320
« En habbits environ.	1500
« En voitures spectacles etc, environ	600
« Pour étreines en differents endroits	800
« En toiles et couleurs pr peindre environ.	500
	10,076

Il est une dépense que J. Vernet a oublié de mentionner ici, — le jeu. On jouait beaucoup au siècle passé, on jouait dans toutes les compagnies. Cet esprit vif, remuant et curieux d'imprévu, ne pouvait pas ne pas aimer les émotions du jeu. Le soin qu'il met à noter ses pertes et ses gains en est une preuve. Il jouait tous les deux ou trois jours, et, bien que l'enjeu fût minime, on comprend qu'il ait pu écrire au-dessous de ses longues colonnes de chiffres : — « Depuis le 5e janv. 1768 jusqu'au 24 avril 1771 je perds 774 l.; » — ou, en 1773 : — « Gagné en un an 212 l.; » — ou : — « Décembre 1774, perdu en un an 2863 l.; il me reste de gain 49 l. »

Du reste, il en est de cette note de la page 212 comme de toutes les notes de ce genre. Celui qui cherche à se rendre compte d'avance de ses dépenses annuelles a beau exagérer les chiffres, la réalité lui donne toujours un démenti. Quand J. Vernet, au bout de l'an, a voulu résumer ses dépenses, il est toujours arrivé à un total de plus de 20,000 livres. — Enfin, pour achever d'expliquer la disproportion flagrante du revenu des tableaux et du capital produit uniquement par les économies réalisées sur ce revenu, il faut observer que J. Vernet eut à payer les divers cautionnements exigés pour les places que Livio occupa tour à tour, et en définitive une partie de la charge de receveur général des tabacs à Avignon, qu'il acheta en 1785.

Mais c'en est assez sur ces questions de ménage, — c'en est trop peut-être. — Il est temps d'arriver à la dernière période de la vie si remplie et si féconde dont nous avons entrepris d'écrire l'histoire.

XIV

Il y a un lieu commun cher aux biographes, qui consiste à représenter le génie comme se survivant à lui-même, et conservant intactes, jusque sous les glaces de l'âge, les grandes qualités qui ont fait la force et le charme de sa jeunesse. Ce paradoxe d'un enthousiasme banal n'a pas besoin d'être réfuté. L'artiste le mieux doué traverse des phases successives qui le conduisent insensiblement à la mort, et que l'on pourrait comparer — si la comparaison était moins rebattue — aux différentes saisons de l'année. Les premières œuvres du génie ont la grâce fragile, l'attrait délicat des premières fleurs; la fraîcheur des impressions, voilée d'inexpérience, rappelle ces matinées humides où le soleil essaye ses forces derrière un rideau de brouillards. C'est le printemps de l'artiste : il aime la nature d'une passion chaste et désintéressée; il l'adore sans oser y toucher; il la reproduit comme l'eau dormante réfléchit le ciel; il vit en elle, il ne vit pas en lui. Mais, à mesure que le talent mûrit, la personnalité de l'homme se dégage; il s'empare de la nature et confond sa vie avec la sienne : ce sont deux puissances égales qui se fécondent l'une par l'autre. La volonté choisit les impressions, et les impressions se retrempent dans la volonté. A la vigueur de la production, à l'abondance des fruits pleins et savoureux, on reconnaît l'été, l'époque des grandes œuvres. Puis vient l'automne, saison productive aussi, mais non sans effort. Il faut que l'homme arrache à la nature tout ce qu'elle peut encore donner, car déjà la nature lassée ne répond plus aux transports de l'artiste. Le talent se replie sur lui-même, il s'enivre de ses propres fruits, il apprend à se suffire. Enfin, l'hiver arrive: adieu la nature! Elle dort sous son linceul de neige, et l'artiste, cloué au coin du foyer solitaire, fouille les derniers replis de son cœur et y cherche quelque image oubliée, pâle reflet de celle qu'il a aimée. C'est le temps des redites. On vit sur son passé. Mais le cœur est éteint, la main tremble; la réflexion seule s'entête à des combinaisons mécaniques d'éléments ressassés, et s'épuise à coudre des oripeaux d'impressions fanées à des lambeaux de souvenirs.

Le printemps de J. Vernet s'est écoulé en Italie. L'entreprise des Ports de France marque la fin de son été. A Paris, il retrouve une époque brillante et féconde; mais cette arrière-saison n'est qu'un automne où commence le déclin de son génie, comme dans ces *Soirs* qu'il a peints si souvent on voit le soleil descendre et disparaître derrière un horizon embrasé de ses derniers feux.

Et maintenant voici l'hiver. Au soir étincelant succède la nuit, non point une nuit noire, mais une de ces nuits éclairées par la lumière artificielle d'un feu autour duquel se chauffent des échappés du naufrage, à l'abri du rocher traditionnel, pendant que la lune blafarde verse un dernier rayon sur une mer fatiguée. Ainsi le peintre rassemble les débris de ses souvenirs et cherche à les ranimer à la flamme d'une inspiration artificielle. Déjà Diderot lui a reproché de copier sa chambre. Il la copie en effet, et, pour la tapisser, non-seulement il vide le fond de ses portefeuilles, mais il achète les estampes d'Ozanne, celles du Guaspre et celles de Berghem; il fait emplette d'un petit modèle de vaisseau. Un autre se reposerait peut-être. Mais un Vernet au repos, est-ce possible? Les commandes arrivent, comment les refuser? Et quelles commandes! C'est M. Girardot de Marigny, à qui il ne faut pas moins de douze tableaux; c'est La Ferté, l'intendant des Menus, c'est madame Montz, qui en veulent chacun une demi-douzaine; c'est M. Paupe, un marchand de rubans, qui, pendant dix ans, s'inscrit chaque année sur le *Livre de raison,* et qui s'y inscrit le dernier en 1788 pour son onzième tableau; c'est le prince des Asturies, le comte du Nord, — en un mot, une foule d'amateurs de tout étage qui se pressent à qui mieux mieux pour avoir, eux aussi, une *Tempête* ou un *Brouillard* de l'illustre M. Vernet.

Il a déjà été question de M. Girardot de Marigny : sa première commande date de 1777. — « Le 7ᵉ juin 1777 M. Girardot de « Marigny m'a demandé deux tableaux de 4 pieds de large sur la « hauteur a proportion un en marine et paysage au coucher du « soleil l'autre une marine au lever du soleil par un tems de « Broüillard. Le prix est de 3,000 livres chaque. » — Les commandes postérieures ne sont représentées que par les reçus, échelonnés en à-compte irréguliers. — Janvier et avril 1778, 6,000 livres pour les deux tableaux commandés en 1777, plus 220 livres pour les bordures. — Décembre 1778, juillet et août 1779, 6,000 livres « pour prix de deux tableaux que j'ay « fait pour M. Girardot de Marigny representant la chutte du « Rhin vüe de deux cottez oposez. » — Octobre 1779, mars et juin 1780, 6,000 livres pour « le tableau du Port de mer et celuy de la Tempeste. » — Mai et septembre 1781, 3,000 livres pour le tableau « representant une marine au clair de la lune. » — Janvier, mars et juillet 1783, 6,000 livres pour le tableau « des Baigneuses et celuy des Rochers et Cascades. » — Décembre 1783, mai 1784 et mai 1785, 6,000 livres pour « le 9ᵉ et le 10ᵉ tableau. » — Et enfin : « Vers le 27 décembre 1785 j'ay recu de M. Girardot de Marigny a compte de deux tableaux 3,000 livres (1). — C'est le dernier reçu inscrit sur le *Livre de raison*. Nous retrouverons tantôt M. Girardot de Marigny.

C'est aussi par les reçus que nous sont connus les travaux exécutés par J. Vernet pour M. de la Ferté ou de la Freté, car les deux noms se croisent dans les *Livres de raison* de façon à faire croire qu'il s'agit d'un seul individu, défiguré parfois par une allitération à l'italienne. Une note, sans date, précise les dimensions et la destination des tableaux : — « 4 paneaux du « salon de Mʳ de la Freté. 2 de 7 pieds 8 pouces de largeur et

(1) Ces deux derniers tableaux sont sans doute ceux que mentionne le livret du Salon de 1789, comme appartenant à M. Girardot de Marigny : « Nᵒ 26. Deux tableaux : l'un représente le Naufrage de Virginie à l'Isle de France, sujet tiré d'un ouvrage de M. de Saint-Pierre ; l'autre est un paysage au lever du soleil. » Le musée de l'Ermitage à Saint-Pétersbourg possède un *Naufrage de Virginie* peint par J. Vernet, qui pourrait bien être le même que celui du Salon de 1789. On connait les relations du peintre des Ports de mer avec l'auteur de *Paul et Virginie* : on sait que c'est grâce aux démarches de ce vieillard toujours alerte, que Bernardin de Saint-Pierre obtint une seconde lecture qui le vengea des dédains de ses premiers juges.

« 9 pieds 4 pouces de hauteur. — 1 de 6 pieds 2 pouces de
« largeur. — 1 de 6 pieds 1 pouce de largeur. Ils ont tous la
« même hauteur de 9 pieds 4 pouces. » — Les reçus commencent
en 1776; en 1778, ces quatre immenses peintures sont entièrement
payées au prix de 5,000 livres chaque. En 1780, M. de la Freté
veut compléter la décoration de son salon. — « Un tableau pr
« M. de la Freté de quatre pieds six pouces de large sur trois
« pieds de haut, la bordure doit avoir quatre pouces et demy de
« large ce qui fait neufs pouces, neufs et quatre pieds et demy
« font cin pieds trois pouces, l'emplacement six pieds et un
« pouce, restera donc de distance entre le tableau et la moulure
« de la tapisserie 4 pouces et demy de chaque cotté. » —
Enfin, en 1784, nouvelle commande, plus intéressante cette
fois : — « Pr M. de La Freté deux tableaux de quatre pieds de
« large sur deux pieds huits pouces de haut, l'un doit représenter
« un endroit agréable avec des isles dans un lac ou des
« compagnies vonts s'amuser, on peut faire une ville dans le
« fond, et un chateau sur le bord du lac. L'autre en opposition
« doit estre un orage de terre avec des choses effrayantes et
« desagréables. » — Un seul de ces tableaux figure aux reçus
pour la somme de 3,000 livres

A la même époque, c'est-à-dire entre 1776 et 1778, J. Vernet
peignit aussi différents morceaux pour « un amy de Mad^e Geoffrin, »
pour « Mr Tronchin du Marc d'or » (un homonyme, un frère
peut-être du docteur Tronchin), pour Bachellier, le peintre d'animaux, pour Bellisard, ou Bellicard, architecte de l'Académie,
pour le marquis de Ségur. — Mais la seule commande qui mérite
d'être relevée est celle-ci : — « Un tableau d'environ deux
« pieds pr M^r le President de Saint-Victor ancien secretaire de
« l'Academie des Sciences de Rouen, il doit representer une
« Tempeste dans un lieu sauvage avec quelque bout de ruine
« dans le fond, des figures sur le devant qui ont fait naufrage,
« ou il y aye une ou deux femmes qu'on retire de l'eau, un
« vieillard qui rend grace au ciel d'autre (d'être) sauvé un chien
« et autres choses convenables au sujet promis pr le mois de
« janvier 1778 prix 600 livres il doit être en largeur. »

Cette date de 1778 est une date importante dans la dernière
période de la vie de J. Vernet. Il accomplissait alors sa soixante-quatrième année. Depuis quinze ans, il habitait Paris, c'est-à-dire

que, depuis quinze ans, il n'avait plus consulté la nature, ou, s'il l'avait entrevue, c'était à Saint-Cloud, à Sèvres, à Nogent; et les sites paisibles des bords de la Seine ne cadraient guère, on en conviendra, avec sa prédilection pour l'abrupt paysage de Salvator (1). Il en était donc réduit à vivre sur son vieux fonds de paysagiste. Ses études d'Italie et de Provence, retournées et combinées de toutes façons, ne lui fournissaient plus rien de nouveau : sa mémoire, si riche qu'elle fût, commençait à s'épuiser. Plus d'une fois alors il dut jeter un regard d'envie et de regret sur cette Italie, le berceau de son génie, dont le séparaient irrévocablement et la longueur du voyage, et la nécessité de passer la mer, et le poids des années. Et cependant il sentait le besoin de se retremper aux sources vives de la nature. Une occasion se présenta. M. Girardot de Marigny partait pour la Suisse. J. Vernet se décida à l'accompagner; il crut qu'il retrouverait dans ce pays de montagnes les accidents qu'il aimait à reproduire, rochers escarpés, vallées ombreuses, cascades, lacs, tout l'attirail du pittoresque, tous les éléments favoris de ses paysages. — Une illusion semblable a entraîné en Suisse bien d'autres peintres de talent. Pour tous, la nature alpestre n'a été féconde qu'en déceptions.

Les trois voyageurs — Carle en faisait partie — quittèrent Paris le 16 juin. Le 12 août ils étaient de retour. Le voyage avait duré près de deux mois. Quant à l'itinéraire suivi, les notes du *Livre de raison* n'indiquent que deux stations principales, Lausanne et Genève : — « J'ay depencé a mon voyage de la

---

(1) L'impression de la nature française sur l'imagination de J. Vernet paraît avoir été nulle. Il a vécu au milieu des admirables paysages de l'Ile-de-France sans les voir, cloîtré qu'il était dans l'infranchissable réseau de ses souvenirs italiens. C'est à peine si quelques-uns de ses tableaux, — ceux de l'abbé Terray, par exemple (vid. sup.), laissent soupçonner qu'il les a peints à Paris, et non à Rome. Le catalogue de sa vente ne mentionne qu'une seule étude des environs de Paris, un beau dessin sur papier blanc, lavé à l'encre de Chine, représentant une vue de Nogent-sur-Seine. » De son côté le *Livre de raison* ne contient qu'une note où se voit une réminiscence de la nature française : « Chamarande, village qui appar« tient à M. de Talaru où il y a des belles vües a dessiner dans le genre des Rochers, « on passe par le chemin d'Orléans. » Chamarande et Lardy sont à gauche du chemin de fer d'Orléans, deux ou trois lieues avant Étampes, et consistent en une longue colline d'où se détachent une série de promontoires formant des vallons remplis de grès roulés comme dans certaines parties de Fontainebleau.

« Suisse 1700 livres depuis Lausanne le 5 juillet 1778 jusqu'au
« 8 aoust, et de Geneve a Paris pres de 600 livres ce qui fait
« 2300 livres. » — Et ailleurs : — « J'ay depencé cette annee
« tant a Paris qu'a mon voyage de la Suisse, — à Paris
« 15417 : 05 : 9 ; — En voyage 2300 livres ; — En present
« de mes ouvrages a Mr Girardot de Marigny qui a depencé pr
« moy au voyage de la Suisse jusqu'a Lausanne 1500 livres ; —
« a Mr Tronchin (1) chez qui j'ay passé un mois a Geneve
« 1000 livres ; — a M. Hubert (2) qui a fait des frais pr le
« voyage d'Evian (3) 300 livres ; — 20517 : 05 : 9. » — Toutefois
un des reçus relatifs aux peintures exécutées pour M. Girardot de
Marigny prouve que les voyageurs visitèrent aussi Schaffouse. —
« ..... 6000 livres pr prix de deux tableaux representant la
« chutte du Rhin vüe des deux cotté oposez. » — Enfin, une
autre note de quatre lignes, qui semble indiquer des projets de
tableaux, marque quelques points intermédiaires de la route : —
« Caverne des Dragons près Saint-André. — Un pont pres du
« Rocher de Balin. — Les Glacieres de Breithorn au clair de la
« lune. — Une partie des glaciers de la montagne de Getten dans
« le canton de Berne (4). » — Le Catalogue de la vente faite
après le décès de J. Vernet indique au n° 35 : — « Deux beaux
« dessins de paysage sur papier bleu, représentant des vues
« d'Italie et de Genève, » et au n° 50 : — « 16 dessins
« représentant des vues de la Suisse d'après nature. »

(1) M. Tronchin n'est autre, je pense, que le célèbre médecin, l'apôtre de l'inoculation, avec lequel J. Vernet s'était lié à Paris, aussi bien qu'avec M. Tronchin du Marc d'or. Les voyageurs visitèrent en Suisse un autre médecin célèbre, Tissot, l'auteur du *Traité de la santé des gens de lettres*. J. Vernet a noté avec soin « le remède qu'a donné M. Tissot pr les maux d'estomac de Carle. » Cette ordonnance est un modèle de bon sens pratique. Au jeune homme ardent et étourdi qui se plaint, dans la fleur de la jeunesse et de la santé, d'un mal réservé aux vieillards, le docteur philosophe ordonne pour tout remède de manger lentement et avec modération et de bien mâcher ce qu'il mange.

(2) Dans le catalogue de la vente J. Vernet, on retrouve M. Hubert « N° 12. Hubert, de Genève, amateur. Une gouache représentant une vue des environs de Genève, sous verre, H. 15 pouces, larg. 21 pouces. »

(3) Evian, sur la rive méridionale du lac Léman, à huit lieues de Genève.

(4) Genten Thall est une vallée du canton de Berne, dans le pays de Hasli. Quant aux autres lieux désignés ici, l'orthographe douteuse de J. Vernet en rend la recherche difficile. Le Breithorn est un des pics de l'Oberland, au sud de la Jungfrau.

A part les deux vues de la chute du Rhin, le voyage de Suisse n'a pas laissé de traces dans l'œuvre de J. Vernet. De retour à Paris, le peintre revient bien vite à ses sujets de prédilection. — « M. Paupe au cordon bleu mar^d de Rubans rüe aux Fers le « 28 octobre 1778 m'a demandé deux tableaux de 30 pouces de « large sur 20 a 22 de haut l'un doit representer une Tempeste « avec tout ce que je pourray introduire de patetique et de « touchant, l'autre une mer calme avec quelque edifice, ou des « choses qui ayent du grand, promis pr dans une annee et plus « s'il le faut. » — M. Paupe était un ami de M. Desfriches, d'Orléans, ainsi que nous l'apprend le *Journal* de Wille. Sa préoccupation du *grand* lui fait honneur. N'est-ce pas, d'ailleurs, une chose étrange que de voir ce marchand de rubans marcher sur les brisées des ministres, des ducs et des financiers, et former un cabinet de tableaux au fond de son arrière-boutique de la rue aux Fers? Singulier symptôme des sentiments d'égalité qui commençaient à pénétrer toutes les classes, que cette émulation dans le goût du beau, et le noble emploi de l'argent! — M. Paupe n'eut ses tableaux qu'en 1781. Il les paya, avec les bordures, 3,180 livres, et se hâta, l'année d'après, d'en commander deux autres, de quinze à dix-huit pouces de haut, du prix de 1,800 livres. En 1784, nouvelle commande : — « Pr M. Paupe « un tableau de (   ) le prix est de 2400 livres il doit « representer un clair de lune avec un feu. » En 1785, il paye « un petit tableau d'une grotte » 144 livres. — En 1786, le voici encore, plus affamé que jamais du beau et du grand : — « Pour « Mr Paupe deux tableaux de 42 pouces de large sur 28 de haut « et plus s'il le faut pour qu'il aye une bonne forme. Un doit « reppresenter une mer calme au coucher du soleil avec un rocher « percé sur le second plant du tableau et une tour ou bastion ou « autre bâtiment male et de grande maniere. L'autre doit etre « une Tempeste avec un Eclair qui fasse beaucoup d'effet, et un « noffrage sur le devant du Tableau, ou bien une incendie s'il me « vient une idee interessante. — Plus un troisieme tableau de la « mesure du clair de lune que je luy ay fait. » — Enfin, nous l'avons dit, c'est cet humble marchand de rubans qui a la gloire de s'inscrire le dernier sur la liste des commandes des *Livres de raison* : — « Le 28 octobre 1788 M. Paupe m'a « demandé un tableau de 20 pouces de large sur 14 pouces deux

« lignes de haut representant un soleil levant dans un brouillard,
« plus deux ovales sur cuivre (1). »

Paulò majora canamus. De la rue aux Fers et de cette honnête boutique qui prospérait si bien entre les mains d'un homme de goût, passons à l'Escurial et à la cour du roi d'Espagne. Roi, Charles IV ne l'était pas encore, il portait seulement le titre de prince des Asturies, lorsque, en 1781, il voulut faire décorer un cabinet de son palais de l'Escurial. — « Par une lettre de M. le
« comte de Vergennes du 12 juin 1781 ou il me marque que M. le
« prince des Asturies qui a demandé que je luy fit six tableaux
« pour cabinnet, m'a accordé 40,000 liv. pour ces six tableaux et
« 18 mois de temps pour les faire ainssy que je l'ay demandé. »
— La dimension des tableaux est indiquée plus loin : — « Me-
« sure des tableaux qu'on m'a demandé pr le prince des Asturies
« — un de 9 pieds 8 pouces mesure de France, et de Castille
« 11 pieds 3 pouces — un de 8 pieds de France, et de Castille
« 9 pieds 3 pouces — un de 5 pieds 5 pouces de France, et de
« Castille 6 pieds 4 pouces 6 lignes — deux de 1 pied 9 pouces
« de France, et de Castille 2 pieds 1 pouce 6 lignes — un de
« 11 pouces de France, et de Castille 1 pied 2 pouces.—Hauteur
« de tous les tableaux 4 pieds 9 pouces de France, et de Castille
« 5 pieds 6 pouces (2). » — On lit encore ailleurs : — « La hau-
« teur de l'orizon des tableaux du prince des Asturies est de 1 pied
« 7 pouces. » — Deux reçus seulement à la date du 30 juillet 1781 et du 11 mars 1782 indiquent deux payements de 10,000 livres chaque. Une dernière note des *Dépenses générales* permet d'affirmer que les tableaux (deux au moins) furent expédiés en 1782 (3).

(1) M. Paupe ne survécut guère à cette commande du 28 octobre 1788. Les derniers tableaux que J. Vernet a peints pour lui, exposés au Salon de 1789, figurent sur le livret avec cette triste mention : « Ces six tableaux sont tirés du cabinet de feu M. Paupe. » Ce sont : « N° 20. Deux tableaux : l'un, une mer calme au coucher du soleil, avec un groupe de figures sur le devant, qui est la famille de « l'auteur ; l'autre une tempête avec le naufrage d'un vaisseau. » — « N° 21. Un incendie pendant la nuit. » On reconnaîtra dans ces deux peintures celles de l'avant-dernière commande. Voici celles de la dernière : « N° 22. Un Lever du soleil dans un brouillard. » — « N° 23. Deux petits tableaux ovales ; l'un un paysage, et l'autre une marine. »

(2) M. Dussieux (*les Artistes français à l'étranger*) cite les peintures de l'Escurial exécutées par J. Vernet. Mais il y a erreur dans la date 1782.

(3) Le *Livre de raison,* on le voit, ne laisse rien ignorer sur ces tableaux : on

A quelque temps de là, une autre Altesse s'avisa à son tour que J. Vernet devenait vieux, et qu'il serait grand temps de lui demander de ses ouvrages, si l'on tenait à en avoir. Laissons parler le *Livre de raison* : — « M. le Compte du Nord ou le Grand
« Duc de touttes les Russies a son sejour qu'il a fait icy a Paris,
« dans le mois de juin 1782 m'a demandé quatre tableaux en
« me laissant le maitre de la mesure, des sujets et du prix ; j'ay

y trouve même l'adresse à inscrire sur la caisse d'envoi : « All illustr^{mo} sig^{re}
« pioñe (*sic*) col^{mo} il sig^{re} dom Francesco Sabatini comendator de l'ordine de San
« Giacomo, marescal de campi e esercizi di s^{ua} maesta catolica et direttore gene-
« rale delle sue reale fabriche a Madrid. » C'est l'adresse officielle : voici maintenant celle du peintre que J. Vernet priait de surveiller le déballage et le placements des tableaux : « M. Sauvan, peintre de l'Académie Royale de peinture a
« Valence en Espagne. » Cet artiste français, transplanté à l'étranger, ne pouvait
échapper aux recherches de M. Dussieux. Il le cite et le nomme Pierre, d'après
M. Robert Dumesnil, qui a consacré aux Sauvan, un petit article dans son *Peintre-
graveur français*. On nous permettra de saisir ici l'occasion de compléter et même
de rectifier ce petit article. Nous savons que M. Robert Dumesnil a puisé ses renseignements à bonne source, c'est-à-dire à Avignon même, chez un descendant des
Sauvan. Les dates qu'il donne pour la naissance et la mort de Philippe Sauvan sont
celles qu'on lit sur un portrait de ce peintre, dessiné par un de ses élèves et conservé avec soin dans la famille : « Philippe Sauvan, né à Arles, en 1698, mort à
Avignon, à l'âge de quatre-vingt-quatorze ans, en janvier 1792. » Mais, depuis la
visite de M. Robert Dumesnil, de nouvelles recherches ont fait découvrir un acte
authentique qui détruit les assertions du portrait. Par cet acte, — en date du mois
d'avril 1789, — dom Pierre Sauvan, nommé professeur des principes du dessin de
la manufacture de soies de Valence au village de Moncada), donne procuration à
Péru, peintre d'histoire, à Avignon, de toucher toutes sommes résultant de la
succession de son père Philippe Sauvan, peintre d'histoire, à Avignon, dont il vient
d'apprendre la mort. C'est donc en 1789 qu'est mort Philippe Sauvan, et non en
1792, et, s'il avait alors quatre-vingt-quatorze ans, selon l'indication du portrait,
conforme en cela aux traditions de la famille, il serait né en 1695. Quant à Pierre
Sauvan, il naquit à Avignon, en 1722, et mourut à Bilbao, dans un âge avancé.
Philippe Sauvan a été un grand ami de J. Vernet, peut-être un de ses maîtres : —
« Ce que j'ay depensé, pour M. Sauvan, » écrit Vernet, pendant son séjour à
Rome, « pr. 6 onces de lacque fine a 7 pauls l'once. 4 20, — pr 15 estampes de
« Frey, 4,95 » En 1749, J. Vernet reçoit, par l'entremise de Ph. Sauvan, la commande et le payement d'un tableau de 60 écus. A son passage à Avignon, J. Vernet
engagea vivement Ph. Sauvan à l'accompagner à Paris, théâtre plus digne de son
talent. Mais cet artiste modeste était de ceux à qui suffit la gloire provinciale. Il
avait sa vie toute faite à Avignon : il préféra y rester, entouré de l'estime de ses
concitoyens. Il a peint un grand nombre de tableaux d'église, quelques toiles histo-
riques ou allégoriques et des portraits remarquables par un coloris blond et fin et
une grande suavité de pinceau.

« fixé leurs mesures a six pieds de large, et quatre ou quatre et
« demy de haut; les sujets doivent etre les quatre parties du jour
« ou marine et paysage comme je voudray. » — L'année suivante
nouvelle demande du grand-duc Paul : — « Le 20 8bre 1783
« M. le Prince Yousoupow, Russe, ambassadeur a la cour de
« Turin, chargé par le Grand Duc de Russie de m'ordonner un
« tableau de six archines sur six vershokes (largeur 13 pieds,
« 10 pouces six lignes et la hauteur huit pieds trois pouces huit
« lignes). Le sujet doit etre une Tempeste. Le jour doit etre a
« droite du tableau ou a gauche du spectateur. Le prix de
« 15,000 livres promis pour le mois d'ottobre 1784. » — Les
reçus manquent, excepté pour la *Tempête*. Toutefois, la note suivante semble indiquer la date du payement des premiers tableaux : — « Ecrit a M. le Comte du Nord ou le Grand Duc de
« Russie le 10e janv. 1783. » — Le payement de la *Tempête* se
fit tellement attendre, que J. Vernet fut obligé de réclamer : —
« J'ay envoyé a Mr Simonin une note pour qu'il la fit passer en
« Russie vers le 15 juin 1785 et ay écrit en même temps au se-
« cretaire du Grand Duc de Russie. » — Il est vrai que la réponse
suivit de près la réclamation : — « Le 19 aoust M. l'ambassadeur
« de Russie m'a remis une lettre de change de 15,000 livres
« payable le 6 8bre 1785 pour prix d'un tableau que j'ay fait pour
« le Grand Duc de Russie. 15,000 livres. » — Ajoutons, pour
en finir avec la Russie, que le prince Yousoupoff commanda en
même temps pour lui un tableau de deux pieds dix pouces de
large sur deux pieds cinq pouces de haut. — « Le sujet doit etre
« de quelque effet piquant, comme Tempeste en marine orage de
« terre ou incendie ordonné le 20 8bre 1783 le prix est de 2,400
« livres. »

D'autres commandes intéressantes appartiennent à cette période de la vie de J. Vernet. On trouvera dans les *Archives de l'art
français* (1) le texte de celle du duc de Luynes. Le marquis de
Cossé avait « une incendie d'un port de mer; » en 1779, il demande en pendant un tableau de 4 pieds 2 pouces 4 lignes sur
2 pieds 9 pouces 4 lignes, du prix de 3,000 livres; « le sujet doit
« etre un jour clair en paysage ou marine. » — Puis vient M. Dumoutier, « officier des grenadiers royaux a Roüen. »—« Sa de-

---

(1) Tome V, page 335.

« meure a Roüen est rüe St Romain vis a vis le portail des Li-
« braires. » — Une de ses commandes fournit un renseignement
bon à relever : — « M. Dumoutier officier a Roüen me marque
« par sa lettre du 18 juillet 1780 que je fasse le tableau qu'il
« attend de moy de deux pieds de large sur un pied et demy de
« haut qu'il me donnera 25 loüis les deux copies qu'il a de mon
« frere d'apres moy... » — L'année d'après, il lui faut un pendant ; — « il desireroit une tempeste ou un clair de lune, mais il
« prefereroit la tempeste. » C'était un foyer d'amateurs que cette
ville de Rouen, grâce à Descamps, qui y avait organisé une école
gratuite de dessin. Après le président de Saint-Victor, après Dumoutier, voici « M. Midy, beau-frère de M. Bachelier, » le peintre
d'animaux, — trois tableaux ; « il demande des montagnes, ro-
« chers, cascades, baigneuses, pecheurs, etc.; » — M. Bour-
gaux, chanoine de l'église de Rouen, — un tableau de 720 livres ;
M. l'abbé Sozay, chanoine de l'église de Rouen, — une *Tempeste*
1,500 livres. Quelques autres abbés amateurs se rencontrent à la
même époque : l'abbé Alaume, — deux petits tableaux, 1,200 livres les deux ; « l'abbé de Bellecise, Eveque de St Brieuc, » —
deux tableaux, 60 louis ; l'abbé Courtois, doyen et vicaire général de l'église de Grenoble, — « un petit tableau a ma fantaisie
« que je dois remettre a M. Perrier bancquier rue de Bourbon
« qui me le payera ce que je luy demanderay. » On n'est pas plus
grand seigneur. Le président Bernard y met plus de précautions,
il a peur des tempêtes : des deux tableaux qu'il demande, « l'un
« doit representer un coucher du soleil et l'autre un clair de lune
« marine ou paysage, *toujours en calme :* le prix est de 1200 li-
« vres chaques. » — Le calme, en effet, sied aux magistrats,
comme la grâce aux marquis : — « Le 25 9bre le marquis de Paul-
« lianne m'a demandé deux tableaux de quatre pieds de large sur
« deux et ... pouces de haut, un doit representer un calme au
« coucher du soleil avec des objets agréables, et l'autre un clair
« de lune avec des effets piquants de lumiere, promis pour le
« plustot que je pourray le prix a été convenû a quatre mille li-
« vres chaques ; » — et — « un tableau pour le marquis de
« St Marc... il faut un sujet gracieux en paysage ou en marine,
« ordonné au mois d'aoust 1782. » — Citons encore cette curieuse commande, qui touche de près à *l'ex-voto :* — « Le 13^e
« janv. 1784 M. Jamy Bancquier rüe des Grands Augustins, qui

« a commission de me demander deux tableaux un représentant
« des vaisseaux qui arrivent de l'Inde et les parents et amis qui
« reçoivents avec joye les arrivants, l'autre une tempeste avec le
« naufrage d'un vaisseau, j'ay demandé 4000 livres s'il avoit
« quatre pieds de large et trois ou environ de haut, et 3000 livres
« s'ils n'avoyent que trois pieds de large hauteur a proportion. »
— N'oublions pas non plus l'ami Desfriches, — « ... un tableau
« de 20 pouces et demy de large sur 14 pouces de haut c'est pour
« faire un pendant a une marine de W. Vandevelde dont les
« figures sur le devant onts de proportion environ deux pouces.
« Le ciel est rembruni, chargé de nuages et celuy que je dois
« faire doit etre bien clair (1). » — Telles sont, avec quelques noms
inconnus, les dernières commandes du *Livre de raison*. Après le
financier Dufresne, un tableau de 1,200 livres, — et M. Barbot,
un clair de lune de 2,400 livres, — s'inscrit, ainsi que nous l'avons dit, le fidèle M. Paupe. C'était le 28 8bre 1788. Passé cette
date, J. Vernet n'ajoute plus rien à la longue et intéressante liste
des « Tableaux qui me sont ordonnez. »

Bien mieux que le recueil de Claude Lorrain, conservé en Angleterre, cette liste des commandes de J. Vernet mérite le titre
de *Libro di verità*. Les merveilleux dessins qui composent le *Livre*
de Claude en font un trésor d'art inappréciable; mais, comme intérêt historique, le *Livre* de J. Vernet est, on l'avouera, bien supérieur. En effet, le recueil des ducs de Devonshire, commencé
en 1648, terminé en 1680, ne représente que trente-deux ans
de la vie de Claude; deux cents tableaux seulement y figurent,
accompagnés de notes vagues, tronquées, incomplètes. Rien de
plus net au contraire, rien de plus explicite que les notes de
J. Vernet : le nom du destinataire, la date de la commande, les
dimensions, le prix du tableau, rien n'y manque; le sujet est caractérisé en quelques lignes, et souvent, par le bonheur naïf de
l'expression, par la grâce pittoresque du style, ces descriptions

---

(1) On peut voir dans l'*Histoire des amateurs français* de M. J Dumesnil (t. III), plusieurs lettres écrites à Desfriches par J. Vernet à l'occasion de ce tableau. L'amateur d'Orléans envoie au peintre un dessin de son Vandevelde pour le guider. Le peintre remet de jour en jour le tableau promis et ne s'exécute qu'à la fin de 1788, après une maladie qui l'a forcé de *mettre le pinceau au croc* pendant deux mois. Le payement consista en deux pièces de vin, de 240 bouteilles chaque. Ces lettres sont charmantes, J. Vernet s'y montra homme d'esprit, et presque écrivain.

rapides atteignent à la poésie d'un dessin de maître. Le *Livre* de Vernet forme le répertoire à peu près complet de ses œuvres depuis 1735 jusqu'en 1788, c'est-à-dire pendant une période de cinquante-trois ans. La liste des commandes comprend six cent trois morceaux, et, si l'on y joint ceux que les reçus indiquent seuls, on arrive au chiffre de sept cent soixante et un tableaux, chiffre considérable qui ne permet pas de supposer un bien grand nombre de lacunes. Le *Livre* de Claude est muet sur le prix de ses tableaux : le *Livre* de J. Vernet donne à ce sujet les résultats les plus curieux. En voici le résumé :

Commandes : 603 tableaux, dont 158 avec indication du prix, sans reçu correspondant. . . . . ci 158 = 117,285 l.
et 210 avec reçu correspondant
Reçus : 353 tableaux, dont 210 correspondant aux commandes } ci 210 = 214,513 l.
et 143 sans commande. . . . . ci 143 = 199,537 l.
plus, 15 tableaux des Ports de France. ci 15 = 90,000 l.
Total 526 = 621,335 l.

Restent 236 tableaux inscrits aux commandes, dont le prix n'est pas indiqué. Or, d'après les données qui précèdent, la moyenne du prix des tableaux de J. Vernet serait d'un peu plus de 1181 livres ; en appliquant cette moyenne aux peintures dont le prix est inconnu, on obtient une somme de 278,716 livres, et cette somme, ajoutée à la précédente, produit un total de 900,049 livres. Tel est donc le résultat financier de la vie de J. Vernet. Un génie incontestable et incontesté, la faveur soutenue du public, cinquante-trois ans du travail le plus actif n'ont pu lui donner ce million qui se gagne si vite ailleurs, sans tant de frais de travail ni de génie.

Il nous reste, pour épuiser les *Livres* de J. Vernet, à relever encore quelques détails intéressants.

En 1772, J. Vernet avait employé le burin de Martini à reproduire une de ses œuvres sous le titre : *les Plaisirs de l'été*. L'année 1781 vit se nouer de nouvelles relations entre le peintre et le graveur. — « Le 8 9bre envoyé a Mr Martini graveur a comte « des 1500 livres que je dois payer pr ma cotte part de la gra- « vure de la vüe d'Avignon. . . 600 livres. » —Cette vue d'Avignon est celle qui fut commandée par Peilhon en 1754 et payée par lui 1500 livres (1). Aubert, joailler de la couronne, en était

(1) Voir, pour l'histoire de ce tableau, page 308, note 3. Quant à l'estampe,

l'heureux possesseur quand Martini entreprit de la graver, ainsi que l'indique l'estampe elle-même, bien qu'elle ne lui soit pas dédiée. J. Vernet venait de recevoir l'importante commande du prince des Asturies : c'est à ce prince qu'il offrit, en témoignage de reconnaissance, la dédicace de la nouvelle estampe, accompagnée de 25 exemplaires. Les *Livres de raison* contiennent à cette occasion un document curieux, sous le titre : — « Estampes de la vüe d'Avignon que j'ay données. » — Cette liste de distribution, trop longue pour être citée en entier, comprend plus de cinquante noms. On y voit figurer, à la suite du prince des Asturies, les protecteurs illustres, les amis, les parents : — le comte de Montmorin et le comte de Vergennes, à côté de MM. Fructus, Michel et Trophe, négociants marseillais chargés des intérêts de J. Vernet, — le « Prince D'Oria, » nonce du Pape, — les fermiers généraux Saint-Amand et Roslin, — les graveurs Née, Saint-Aubin, Cochin (ce dernier reçoit pour lui seul vingt estampes et quatre avant la lettre), — l'abbé Aubert, auteur des *Petites Affiches*, — M. Bret, auteur de la *Gazette de France*, — M. Hermès, le facteur de clavecins et de piano-forte, — Le Gros, directeur du Concert spirituel, — l'abbé Nardy, — l'abbé Cambasserez, — MM. De la Freté, Girardot, Paupe, et madame Montz, les clients du moment, — l'ambassadeur d'Espagne, agent du prince des Asturies, — le maître des novices de la Charité, le supérieur du neveu religieux, — M. Guibert, le beau-frère, — Livio, alors employé à la ferme des tabacs, à Avignon ; — enfin, il n'est pas jusqu'au boucher de la maison qui n'ait part à ces libéralités. Lui aussi reçoit son épreuve.

Un autre document, plus précieux encore, quoique antérieur à celui-ci, c'est la liste des « Visittes faittes en 1779 pr la nouvelle année. » Elle ne présente pas moins de cent neuf noms, assez surpris à coup sûr de se trouver ensemble. En premier lieu figurent les voisins de J. Vernet, logés comme lui aux galeries du Louvre ; — les architectes Gabriel (Jacques-Ange, le fils) et Jardin (Nicolas) ; — le graveur Cathelin ; — Boullée, un autre architecte ; — le littérateur Chabanon ; — César Vanloo, le paysagiste, et « Vanloo de Prusse, » c'est-à-dire Charles-Amédée,

---

J. Vernet reçut pour sa part 200 épreuves. Le 9 mai 1784, Martini lui rembourse 600 sur son avance de 1,500 livres, sur laquelle il n'en avait fourni que 900.

le premier peintre du roi de Prusse ; — J.-B. Pierre, premier peintre du Roi ; — Lépicié ; — Dandré-Bardon ; — l'abbé Lambert ; — Wattelet, l'amateur-poëte ; — l'abbé Lemonnier, un homme de lettres ; — enfin, le curé de la paroisse, M. Chapeau. — Une fois ce devoir de bon voisinage accompli, commencent les courses en ville : — mademoiselle Vallayer (Vallayer-Coster) ; — l'abbé Le Blanc ; — Devisme, directeur de l'Opéra ; — Girardot de Marigny ; — madame Montz ; — le graveur Lempereur ; — le notaire et amateur Duclos-Dufrenoy ; — De Bréan (le comte de Bréhan, honoraire-amateur de l'Académie de Peinture en 1784) ; — Hubert Robert, le peintre de ruines ; — « Neker, » c'est-à-dire Necker, le directeur général des finances ; — le médecin Tronchin ; — le duc de Richelieu ; — Lenoir, lieutenant de police ; — Tronchin du Marc d'or ; — Denis, trésorier des Bâtiments ; — Radix de Sainte-Foix ; — deux Russes, Stogaroff (le prince Strogonoff ?) et Bariatinski ; — M. de Pressigny ; — M. de La Borde, l'ancien banquier de la cour ; — Lepot, d'Auteuil, notaire, patron de Livio ; — Bertin, contrôleur général des finances ; — le fermier général Saint-Amand ; — le maréchal de Ségur ; — De Fontanieu, contrôleur des meubles de la couronne ; — l'architecte Soufflot ; — l'abbé de Bellecize, évêque de Saint-Brieuc ; — le duc d'Aumont ; — l'architecte Bellicard ; — l'abbé de Saint-Non et son frère Richard ; — M. de La Freté ; — le sculpteur Pigalle, et le sculpteur Giraud ; — La Bretaiche (La Bretèche, graveur-amateur) ; — « Beaumarchaix ; » — Bénard, un peintre peu connu ; — Dupin de Francœuil, l'aïeul de George Sand ; — Moreau, le charmant dessinateur qui devint beau-père de Carle ; — Dumarteau (Gilles-Antoine, le jeune), graveur à la manière du crayon ; — Aliamet ; — « mon frère » (François Vernet) ; — madame de Bandeville, — le chirurgien Sorbet ; — Turgot, un ex-ministre ; — le marquis de Villette, et enfin, pour ne citer que les noms connus, Hallé, — Noël Hallé, le peintre, surintendant des Gobelins. Toutes ces visites ne sont pas des politesses gratuites, tant s'en faut : on voit par les *Dépenses générales* ce qu'il en coûtait d'avoir des amis. Chez les grands, on donnait au suisse ; chez les bourgeois, au portier. Les étrennes distribuées par J. Vernet en ce beau jour du premier de l'an, s'élèvent, en 1778, à la somme de deux cent dix-neuf livres. Mais le moyen de lésiner

avec les gens des financiers qui tiennent table ouverte! — « Il y
« a souper chez M. de La Freté tous les dimanches et tous les
« vendredy. » — « M. l'abbé Terray ne dine pas chez luy les
« jeudy, vendredy et dimanche. » — « M. Rollin dine chez luy
« les mardy, le jeudy et le dimanche. » — « M. de La Reyniere
« le vendredy et le mercredy. » — « M. de La Freté tous les
« jours et surtout le dimanche. » — « M. Bourdet tous les
« jours surtout vendredy et dimanche. » — « M. de La Garde
« le dimanche. » — « L'ambassadeur d'Espagne tous les jours
« surtout le dimanche. »

Cette abondance d'amis, cette application fréquente de l'art de dîner en ville, devenaient de plus en plus nécessaires à J. Vernet, à mesure que les années s'accumulaient sur sa tête. Il était bien seul chez lui, le père de famille si heureux des joies de la maison; sa femme en pension à Monceaux, son fils aîné à Avignon, sa fille mariée, il n'avait plus d'autre compagnon que Carle, et ce dernier préférait de beaucoup le bal de l'Opéra à la maison paternelle. Aussi J. Vernet soupe en ville; aussi se fait-il recevoir à la loge des Neuf-Sœurs, au Salon des Arts : il est assidu au Concert spirituel, il est assidu à l'Opéra, où Grétry l'introduit aux répétitions, où Philidor le convie aux premières représentations de ses pièces; il est fidèle surtout à Nicolet, son vieil ami. Mais naguère c'était avec Carle qu'il allait à Nicolet, et maintenant il y va seul : c'est avec Carle qu'il flânait sur les boulevards, aux curiosités de la foire. Aujourd'hui, Carle court à Nogent, où l'attirent deux beaux yeux, pendant que le père Vernet s'en va seul voir les joueurs de gobelet, « les Pigmées, » les Ombres (chinoises), la « Voiture qui va sans chevaux, » le plan de Rome, le ventriloque, l'Amphithéâtre anglais, et « le ballon de M. Robert, » — « le Globe, » — c'est-à-dire les deux premières ascensions aérostatiques dont Paris ait été témoin, le 27 août et le 28 novembre 1783. Ainsi il cherche à tromper la solitude qui se fait autour de lui : mais à chaque instant un coup nouveau vient l'avertir. Ses amis d'autrefois disparaissent les uns après les autres, en lui laissant la triste satisfaction de demeurer leur héritier. En 1778, c'est Adam, c'est Lemoyne : — « Par une lettre du 5 avril 1778
« M. le comte D'Angiviller Directeur-Général des Bâtiments du
« Roy me marque que le Roy m'accorde une pension de cinq cent
« livres dont joüissois M. Adam sculpteur du Roy. » — « Par une

« lettre du 9ᵉ juin 1778 M. D'Angiviller me marque que a
« l'occation de la mort de M. Lemoyne le Roy vient de m'accorder
« une augmentation de pension de 400 livres ce qui fait en tout
« neuf cent livres de pension que le Roy me fait sur les fonds des
« Bâtiments. » — L'année suivante, c'est Chardin : — « Par
« une lettre de M. Le Comte d'Angiviller le 13 décembre 1779 il
« m'annonce que par la mort de M. Chardin le Roy m'accorde une
« augmentation de pention de 300 livres ce qui fait en tout
« 1200 livres de pension. » Enfin, en 1781, c'est Soufflot, une
de ses plus vieilles amitiés ; formée à Rome, alors qu'ils étaient
jeunes tous deux, elle avait survécu à l'absence et aux années. —
« Le 26 janvier 1781 j'ay reçu de Mʳ Coustou la somme de deux
« mille quatre cent livres que m'a laissé en leg feu Mʳ Soufflot
« lorsqu'il m'a nommé son exécuteur testamentaire. » — Tout
meurt autour de lui, et lui-même meurt peu à peu chaque jour
et sent le vide l'atteindre. Déjà l'esprit a perdu la mémoire du
beau, le cœur à son tour perd le culte des souvenirs : — « J'ay
« vendu trois tabatières d'or celle de Madᵉ Geoffrin et celle de
« Madᵉ d'Egmont 1100 livres et celle de Madᵉ de La Freté
« 16 loüis 384 livres ce qui fait 1484 livres. » — Ces reliques
d'une jolie femme et d'une femme d'esprit, il les eût payées cher
autrefois, il s'en défait aujourd'hui sans besoin, — et il achète
une Bible.

Par bonheur, une source de joie lui reste, — ses enfants.
Madᵉ Chalgrin l'a rendu grand-père, et c'est plaisir de le voir
retrouver pour sa petite-fille la tendresse, les gâteries, les cadeaux
dont il comblait jadis Émilie. D'autre part, Carle justifie chaque
jour la prédilection de son père. C'est un peintre maintenant.
A vingt-deux ans, en 1780, il a obtenu un second prix à
l'Académie ; en 1782, il remporte le premier grand prix, auquel
est attachée la pension de Rome, — et il part en effet, mais pas
pour longtemps. Trop de motifs le rappelaient à Paris. Après un
séjour de sept mois en Italie, il arrive à l'improviste. Le père dut
gronder d'abord ; mais j'imagine qu'il se calma bien vite. Ces
deux hommes avaient besoin l'un de l'autre. Aussi gai, aussi vif,
aussi étourdi qu'avait pu l'être J. Vernet dans sa jeunesse, Carle
prêtait à son père un peu de ses vingt ans, et lui empruntait en
retour un peu de cet or dont on a besoin à tout âge. On a raconté
comment Joseph Vernet achetait à son fils — argent comptant —

des calembours dont il allait ensuite se faire honneur en société, et comment Carle, pour battre monnaie, revendait sans pudeur le même bon mot deux et trois fois de suite, abusant de la mémoire fatiguée de son père. Le *Livre de raison* ne mentionne pas, au compte particulier de Carle, cette source de bénéfices, mais il en mentionne bien d'autres. Tous les goûts de Carle trouvent dans son père un banquier complaisant. Carle monte à cheval, mais c'est J. Vernet qui équipe le cavalier et qui nourrit la monture ; c'est lui qui achète une jument et qui la revend avec 700 livres de perte. — Carle est généreux, mais c'est son père qui lui donne, outre ses étrennes, « des étrennes pour donner. » — Carle aime le bal de l'Opéra, mais c'est son père encore qui prend le billet à la porte. Enfin, Carle est amoureux, et c'est son père qui fait les frais des voyages de Nogent. Quant aux études, il va sans dire que Carle n'y dépense rien sans l'intervention de son père. Qui paye les modèles ? Le père Vernet. — Qui fournit les couleurs, les pinceaux, le « Casque de carton, » la « mousseline pour draper ? » Qui met la loge en état, à l'époque du concours, et qui encore, à l'occasion du prix, comble d'étrennes le concierge et les modèles ? Qui, sinon le père Vernet ? — Voilà un père bien dressé. Mais ce n'est pas tout : une fois Carle en état de faire des tableaux, à qui les vend-il ? — A son père. Une esquisse, une composition, une étude bien réussie, une tête, il fait argent de tout, et son premier tableau d'un « Cheval de course, » c'est son père qui le lui achète 44 livres pour l'encourager dans cette voie.

Livio, moins heureux, n'a pas sa part de ces folâtreries domestiques. Les absents ont tort. Il ne reparaît guère à Paris que de loin en loin : en 1785 il est enfin nommé receveur général des tabacs à Avignon. Il passa ensuite par différentes places et finit par être employé à la direction générale des subsistances militaires. Lui aussi vivait de l'esprit de Carle, dont il avait, dit-on, grand besoin. Il est mort vers 1812.

Avec l'amour paternel, un dernier sentiment restait encore vivace dans l'âme de J. Vernet, l'amour du pays. Il voulut le revoir avant de mourir. Le 15 septembre 1785, il partit avec Carle pour Avignon, non sans emporter un petit livre à dessiner. — « Je suis retourné à Paris, » écrit-il le 15 octobre, « et j'ai dépensé « a mon voyage d'Avignon 2154 livres. »

Au mois de janvier 1786, J. Vernet interrompit, pour ne plus la reprendre, sa note des *Dépenses générales,* cette mine inépuisable de faits nouveaux, qui nous a fourni tant de renseignements autobiographiques : les notes de journal, souvenirs, reçus, etc., s'arrêtent à la même époque. La liste des commandes seules se continue jusqu'en 1788. On voit, par la correspondance de Desfriches (1), que pendant ces trois dernières années de sa vie, la santé de J. Vernet reçut plus d'une atteinte, et qu'il dut plus d'une fois « mettre le pinceau au croc. » Quelques événements bien connus marquent cette période finale. En 1787, Carle se maria, il épousa la fille du dessinateur Moreau ; en 1789, il fut agréé de l'Académie de Peinture et de Sculpture. C'était, ainsi que nous l'apprend le *Journal* de Wille, le 24 août : — « D'après le cérémonial en usage dans cette académie, dit M. Charles Blanc (2), le récipiendaire était introduit par un huissier qui le présentait à chacun des membres, auxquels il devait faire un salut. Lorsque Carle Vernet fut arrivé devant son père, ils oublièrent tous deux les lois de l'étiquette, et se précipitèrent dans les bras l'un de l'autre, aux acclamations de l'assemblée, qui, pour la première fois depuis sa fondation par Louis XIV, voyait un père et un fils siéger en même temps dans son sein. »

Le Salon de cette même année 1789 fut pour Joseph Vernet l'occasion d'un suprême triomphe. Il s'y montra avec plus de quinze tableaux parmi lesquels se trouvaient ceux de M. Girardot de Marigny et de M. Paupe, et un *Coucher de soleil* pour M. Imbert, premier chirurgien du duc d'Orléans.

« Peu de temps après l'exposition des tableaux, dit la notice placée en tête du catalogue de sa vente, M. Vernet fut surpris d'une maladie dont les symptômes effrayants causèrent de vives alarmes dans sa famille. Il prévit le premier, et presque dès l'instant même, qu'elle terminerait ses jours ; et son âme, partagée entre ses enfans et celui qui inspire la confiance et donne la force, attendit patiemment le moment redoutable de la séparation. Il arriva le 3 décembre 1789, mais sans être précédé des signes terribles qui l'accompagnent ordinairement, et plutôt semblable à un sommeil doux et paisible. Ainsi mourut le célèbre Vernet, à

(1) *Histoire des plus célèbres amateurs français,* par M. G. Dumesnil, t. III, p. 67 et 69.

(2) *Histoire des peintres français au* XIXe *siècle,* par M. Charles Blanc, t. Ier, p. 282.

l'âge de soixante et quinze ans : les années avoient respecté ses talens, les progrès de la maladie respectèrent aussi les facultés de l'entendement. Plein de leur ancienne énergie, jouissant de toute sa gloire et la méritant toujours, il fut jusqu'à la fin digne de lui, et l'on peut dire, en se rappelant les derniers momens de sa vie, qu'un même jour a vu s'anéantir l'homme de génie, le grand peintre et le bon citoyen. »

L'acte de décès de J. Vernet n'a pas été publié. En face des *Livres de raison*, il y avait lieu de croire que J. Vernet n'est pas mort aux galeries du Louvre. En 1784, il avait pris un logement en ville, se bornant à conserver au Louvre son atelier et celui de son fils. — « Le 28 janvier j'ay loüé 3 chambres dans une maison « des chanoines de saint Loüis et j'ay donné pr denier adieu « 3 livres » — et ailleurs : « A la portière de la maison du « chapitre de saint Louis... » — Or, il y avait alors à Paris trois églises de ce nom : — Saint-Louis en l'Ile, — Saint-Louis de la rue Saint-Antoine, l'ancienne église des Jésuites, — et Saint-Louis du Louvre, église collégiale située rue Saint-Thomas du Louvre. Il n'est pas probable que J. Vernet, conservant son atelier au Louvre, soit allé chercher une chambre dans le quartier Saint-Antoine ou dans l'île Saint-Louis ; il a dû rester dans le voisinage des galeries (1).

Quelques mois après la mort de J. Vernet, ses enfants firent une vente de ce qu'il avait laissé. Elle eut lieu le mardi 20 et le mercredi 21 avril 1790, en son atelier du Louvre, par les soins de Le Brun. Les tableaux y sont en petit nombre : — Deux Pannini, — un Locatelli, cadeaux d'amis ; — un Berghem, — un Breughel, — un Téniers, ou dits tels, — et trois esquisses de l'école de Rubens ; — une esquisse de Lafosse, — deux paysages d'Allegrain, — une gouache d'Hubert, de Genève, amateur dont il

---

(1) Malgré ces présomptions, Vernet est bien mort aux galeries, ainsi que l'atteste l'acte suivant extrait du registre des décès de Saint-Germain l'Auxerrois :

« Ledit jour (vendredi 4 décembre 1789) sr Claude-Joseph Vernet, peintre du Roy, conseiller de l'Académie royale de peinture et sculpture, âgé d'environ soixante dix-sept ans, époux de Delle Cécile Virginie Parker, décédé hier aux Galeries du Louvre, a été inhumé en cette paroisse en présence du sr Antoine Charles Horace Vernet, peintre du Roy, son fils, des Srs Jean François Thérèse Chalgrin, architecte du Roy et premier architecte de Monsieur, son gendre, et de Honoré Guibert, sculpteur, son beau-frère. Signé : VERNET ; CHALGRIN ; H. GUIBERT. » A. M.

a été question, — enfin un tableau de Guaspre, que J. Vernet avait acheté en 1777 au prix de 240 livres et pour lequel le neveu sculpteur fournit une bordure de 48 livres. — Il faut y joindre un petit tableau de madame Vallayer-Coster imitant le bas-relief, — et deux vues du Vésuve par Ignace Vernet (voir plus haut ce qui a été dit de ces tableaux et de leur auteur), plus vingt-deux tableaux de différents maîtres.

De Joseph Vernet, le catalogue mentionne : — 1° « Un grand tableau représentant des soldats passant dans une gorge des montagnes des Alpes par un tems orageux, dans sa bordure. — Haut. 5 pieds; larg. 3 pieds et demi. » — Ce tableau est sans doute le même qui figura au Salon de 1789, sous le n° 28. — 2° « Un tableau ovale, représentant un Paysage au Soleil Levant, on voit un fond de montagnes, des fabriques et des Blanchisseuses sur le devant, sans bordure; — Haut. 25 pouces, Largeur 20 pouces. » — 3° Deux copies d'après Salvator Rosa, probablement de la main de J. Vernet et de sa jeunesse. — 4° « 33 tableaux ou études, peints d'après nature, tant à Rome qu'a Naples, de différentes grandeurs, sur toile sans cadre. » — 5° « 27 ébauches, tant sur châssis que sans châssis, de diverses grandeurs; » — et 6° plus de cinq cents dessins au crayon, à la plume ou à l'encre de Chine, sur papier blanc ou bleu, parmi lesquels on remarque beaucoup de vues de Tivoli, — une vue de Genève, — une vue de Nogent-sur-Seine, — deux vues d'Avignon, — seize dessins des vues de la Suisse, — une étude d'après nature pour les Ports de France, — vingt-deux études de bâtiments maritimes, — cinquante-sept études d'arbres, — une vue de la fontaine de Vaucluse, — et un grand nombre de croquis de figures et d'animaux.

Le catalogue comprend encore six dessins de Cochin et deux dessins de Puget à la plume, représentant une galère en construction. Les estampes sont en assez grand nombre : on retrouve là les livraisons du Voyage de Naples et du Voyage de la Suisse, les suites de Piranesi, les arabesques du Vatican. Parmi les estampes encadrées figurent les deux Ports de Toulon et de Marseille avant la lettre, — la Tempête et son pendant par Balechou, — la Conversation espagnole et son pendant, par Beauvarlet; — un souvenir de Carle Vanloo, — le portrait de « M. de Pombelio, » d'après Michel Vanloo, par Beauvarlet (1), — et le portrait de M. le marquis de Marigny, d'après Tocqué, gravé par Wille, témoignage d'une reconnaissance que rien ne put affaiblir. — Les estampes d'après J. Vernet sont très-nombreuses ; enfin le Catalogue se termine par « plusieurs paquets d'outremer, » trois chevalets et autres ustensiles de peinture.

En terminant ce travail, il convient de jeter un regard d'ensemble sur celui qui en est l'objet. Notre but, nous l'avons dit, n'a pas été de présenter une appréciation nouvelle du talent de J. Vernet. Nous avons voulu publier l'histoire de sa vie, telle qu'elle se trouve écrite de sa propre main dans les documents qu'il a laissés ; nous avons voulu, derrière le peintre, voir l'homme, et c'est pourquoi nous l'avons poursuivi au milieu des plus menus détails de son existence, afin de dégager sa personnalité, et de la montrer telle qu'elle ressort de ses propres révélations. Certes, le récit de cette vie longue et laborieuse n'a rien qui prête à l'épopée, au drame, ou au roman : point d'aventures de cape et d'épée, point d'intrigue ténébreuse, point de passion à grands ressorts, pas même la banale complainte de la misère ; — en un mot, pas de héros ; — rien que la chronique bourgeoise d'un homme de bien et d'un homme heureux. C'est là toute l'originalité de J. Vernet : plus d'un de ses contemporains l'aurait payée bien cher. Au milieu de la cohue du xviiie siècle, la figure de J. Vernet se détache pure, calme, modeste : pure à côté de Boucher et de Baudouin, les polissons de l'art ; calme à côté de Greuze, le mari battu et volé ; modeste entre Natoire, l'acharné coureur de ruban, et Pierre, le plus riche des sots. J. Vernet a su se tenir loin des honneurs qui ne servent qu'à fagoter les ambitions vulgaires, loin des cupidités financières qui énervent le talent ; il a su se contenter de la médiocrité dorée, la fortune des poëtes, — assez pour satisfaire les goûts, pas assez pour les blaser. — Peintre, il n'a pas craint d'aimer la vérité ; il n'a cassé ni bras ni jambes, il s'est borné à reproduire ce que la nature a d'amusant même dans ses horreurs. Mais surtout il a osé être un mari fidèle à l'honneur du foyer, un père plein de tendresse,

(1) « Louis-Michel Vanloo, fit, en 1767, le portrait du marquis de Pombal, premier ministre de Portugal ; le fond du tableau est de J. Vernet... Ce tableau a été gravé par Beauvarlet et l'estampe exposée en 1773. (L. Dussieux, *les Artistes français à l'étranger*, page 398.) « Le 14 juillet 1773, écrit J. Vernet, mon neveu m'a remis 42 livres pr une estampe du portrait du ministre de Portugal. »

ne reculant devant aucun bienfait pour élargir le cercle de sa famille, un cœur ouvert à l'amitié. Sa vie est un grand exemple. De même que Benvenuto Cellini offre le type complet des instincts bohèmes de l'art italien, de même Joseph Vernet, par la tenue de son talent et de sa vie, est, avec Nicolas Poussin, à un siècle de distance, le véritable représentant de l'art français.

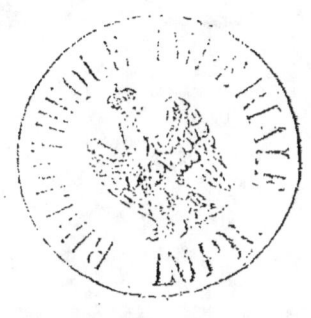

FIN

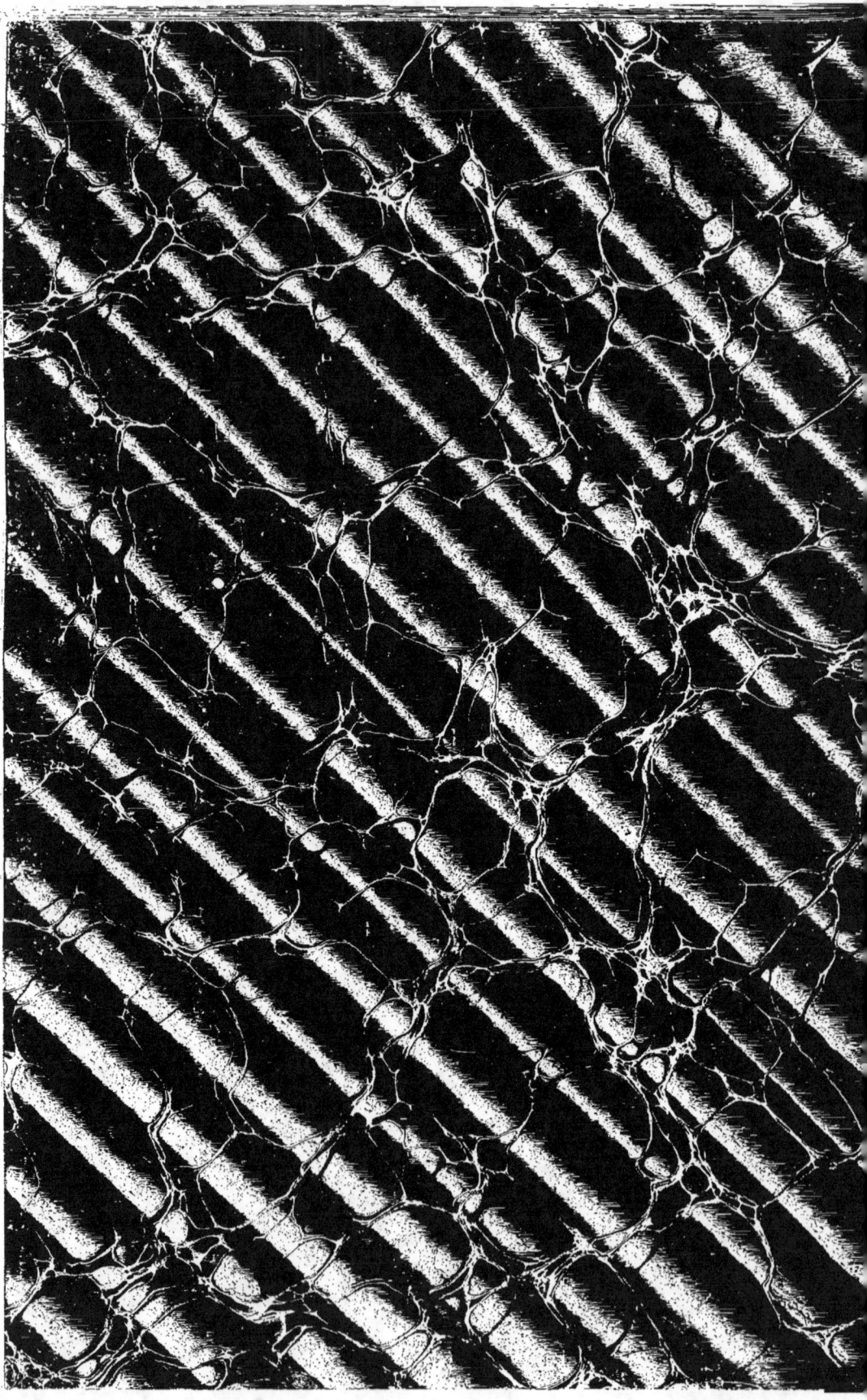

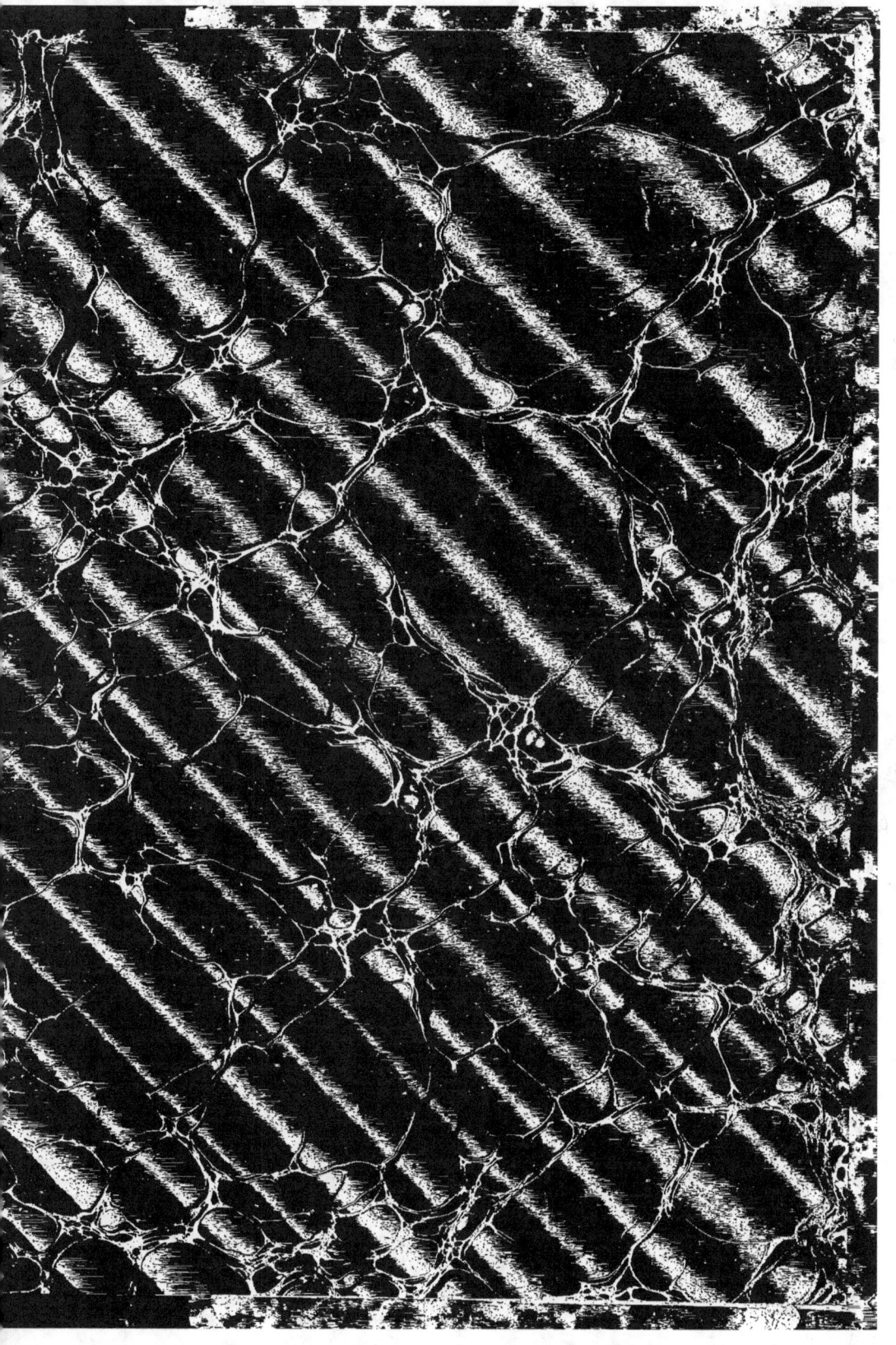

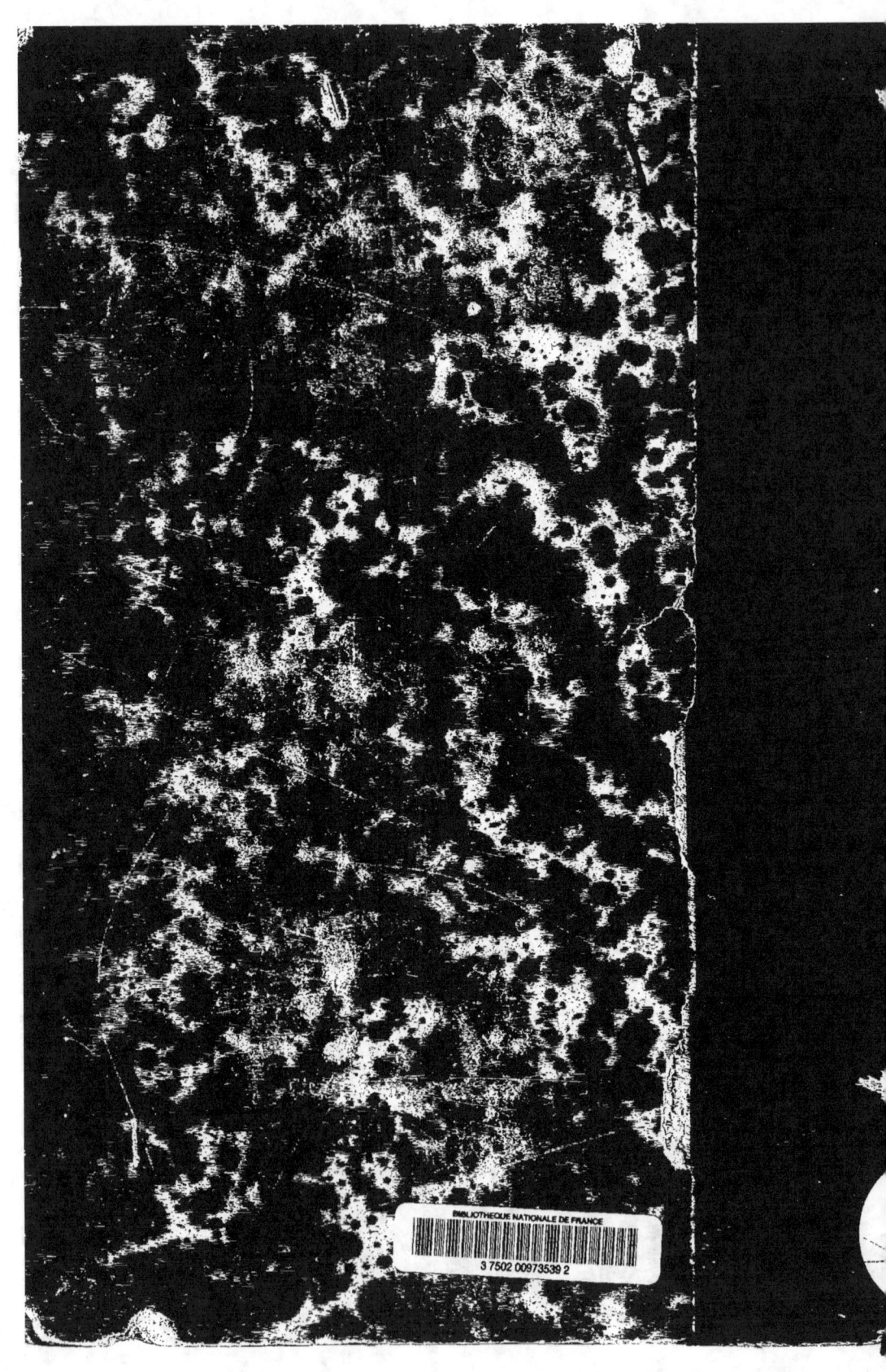

www.ingramcontent.com/pod-product-compliance
Lightning Source LLC
Chambersburg PA
CBHW071042240526
45471CB00014B/286